企业培训管理实操一本通

（制度＋案例＋表单＋法规）

高伟◎编著

中国铁道出版社有限公司
CHINA RAILWAY PUBLISHING HOUSE CO., LTD.

图书在版编目（CIP）数据

企业培训管理实操一本通：制度＋案例＋表单＋法规／高伟编著．—北京：中国铁道出版社有限公司，2020.11

ISBN 978-7-113-26841-1

Ⅰ．①企… Ⅱ．①高… Ⅲ．①企业管理－职工培训 Ⅳ．① F272.92

中国版本图书馆 CIP 数据核字（2020）第 074855 号

书　　名：企业培训管理实操一本通（制度＋案例＋表单＋法规）
QIYE PEIXUN GUANLI SHICAO YIBENTONG (ZHIDU+ANLI+BIAODAN+FAGUI)
作　　者：高　伟

责任编辑：王　佩　　**编辑部电话：**(010)51873022　　**邮箱：**505733396@qq.com
封面设计：仙　境
责任校对：王　杰
责任印制：赵星辰

出版发行：中国铁道出版社有限公司（100054，北京市西城区右安门西街 8 号）
印　　刷：中煤（北京）印务有限公司
版　　次：2020 年 11 月第 1 版　2020 年 11 月第 1 次印刷
开　　本：787 mm×1 092 mm 1/16　印张：19.5　字数：390 千
书　　号：ISBN 978-7-113-26841-1
定　　价：88.00 元

前言

面临知识经济大爆炸的当今社会，企业培训管理和人才培养作为企业核心的能力之一，已经成为企业经营发展的重大战略。目前企业管理能力和所处行业竞争有很大差距，从事企业人力资源工作的人员能力参差不齐，那么结合企业实际经营发展情况，有效开展培训管理工作将成为人力资源从业者长期探索的课题。

员工培训应该培训哪些员工？培训课程如何设置？培训讲师如何挑选？培训时间如何安排？培训通知、培训预算申请、培训合同等文书如何制作更专业、更规范？

培训管理真有这么琐碎？领导质疑：培训花了那么多钱，效果在哪儿？员工消极：工作这么忙，哪有时间参加培训？培训管理果真如此无奈吗？

培训管理作为一门管理理论课程，随着时代的发展，其内容、方法以及管理实践日益丰富。变化的是新的培训理念、方式以及高新技术在培训中的应用，不变的是迭代发展规律，总结培训理论，是“学而不思则罔，思而不学则殆”的方式，是“实践—总结—再实践—再总结”一个不断反复的过程。

本书从培训管理实用性角度出发，对于培训管理定位、理解和认知、培训目的、培训误区、培训作用，培训需求分析、培训计划制订、培训组织与实施、培训效果评估，新员工入职培训方案、企业管理人员培训方案、生产人员培训方案、技术人员培训方案和销售人员培训方案，培训师技能培养、课程设计与开发等方面进行了具体化和方案化的阐述。并且，通过大量的实战案例分析出每项工作的具体执行方案，预见了培训和学习的未来发展趋势。

《企业培训管理实操一本通（制度＋案例＋表单＋法规）》能够顺利完成是团队一起努力付出的结果。参与编写工作的有：孙珊、邵燕、刘宇飞、王陈实、张宏、胡琴、徐小函、宋天重。

本书适合人力资源管理人员、行政管理人员、企业培训师、咨询师以及高校相关专业的师生阅读和使用。

由于时间和水平有限，书中难免存在疏漏之处，欢迎广大读者指正批评。

编者

2020.6

为方便读者学习，可扫描下方二维码或输入网址 *https://pan.baidu.com/s/1uvedRrGh89-Ewn6ChRKC9A*（提取码：ia3h）获取国家关于职业教育及培训的相关政策。

目　录

第一章

全景视角看培训

当今经济形势下，企业人力资源的战略地位空前提升，成为企业当之无愧的战略性资源。人作为核心资源，成为企业管理者关注的核心问题，人力资源被认为是所有资源中最宝贵的资源，开发人力资源可以为企业创造价值。战略性人力资源管理不论是在学术理论研究界还是实际经营中，仍旧处于探索阶段，企业的人力资源管理与经营战略相结合，有利于促进企业提高经营效益、推动人力资本扩展、推动人力资源管理实践，并使企业获取持久的竞争优势。相对于其他物力、财力等资源，人力资源是企业在一定时间、空间条件下，劳动数量和质量的总和。人力资源战略作为企业发展战略的二级概念，是实现企业发展战略目标重要的支撑。在这个系统支撑下，企业应该鼓励员工不断地提高职业能力以增强企业的核心竞争力，而重视人的职业能力必须先重视人本身，把人力提升到资本的高度，企业应该为员工提供一个有利于其价值发挥的公平环境，并为员工提供必要的资源，赋予员工责任的同时进行相应的授权，以确保员工在充分授权下开展工作，在对公司员工的素质能力和绩效表现进行客观评价的基础上，通过投资人力资本形成企业长久的核心竞争力。

1.1 关于学习认知发展

我们首先从学习认知讲起。

所谓人和人之间的不同，本质上就是认知的差距。人是一种没什么特别而又确实伟大的物种。说人类没什么特别，是因为虽然人类历经亿万年的进化，但仍旧不能逃脱生老病死的自然规律的束缚。伟大，在于只有人类可以通过进化，从生理进化到认知升级，在物种竞争中最终站在这个星球的生态链顶端，从而成为地球的主宰。现在，就让我们在正式讲述企业培训管理之前，一起从头梳理一遍人类这一普通又伟大的物种的进化与发展，回溯人类认知革命的起源与历史。

首先，我们看一看人类各个学科的起源及其相关数据：远在 135 亿年前，宇宙大爆炸，物质能量在时间和空间形成了今天的样子，造就了我们现在的物理学；又过了 30 万年，物质和能量形成更加复杂的结构，也就是今天的化学研究的原子和分子；又过了漫长的 100 亿年，一些分子巧妙地结合在一起，形成了有机物，也就是今天生物学的研究对象；到了 7 万年前，智人终于登上历史舞台，“认知革命”从此拉开历史大幕，形成的文化也成为今天历史学研究的对象。最初，狩猎采集时代，人与人之间通过简单的语言沟通，通过分工协作获取猎物。渐渐地，人类开始讨论自己内部的成员，分析出谁是最可靠的首领，可以带领大家获取食物，于是最早的培训组织行为出现了。我们的智人祖先通过认知革命，传达大量关于智人社会关系的信息，组织更大、更有凝聚力的团体，可以对150人的团体进行分工协作。直到今天，邓巴定律也是很多人力资源管理及SNS的基础，即人类的社交人数上限为150人，精确交往、深入跟踪交往的人数为20人左右。随着认知革命的深入，人类文明更进一步，发明了国家、货币、权利等概念，使得更多人达成一个共识，从而为了一个共同的目标一起努力。如果一对一，甚至是十对十的时候，人类连黑猩猩都打不过，但是一旦超过150人之后，人类和黑猩猩的差距已经是天壤之别了，这也就是为什么我们今天可以井然有序地开展国际贸易、网络社交活动、企业培训，凭借一本护照就可以在地球上多个国家间安全通行，这一切都归功于我们人类突出的社交功能。人类在旧石器时代，学会了说话、制作工具和使用火，从此开启人类文明。我们注意到，从这一阶段起，人类已经不是靠进化自身躯体来发展的物种，而是通过学习、认知进步来超越其他物种。进入农耕时代，原来因每天需要花15个小时去打猎采集食物而没有太多时间进行认知升级的人类，随着有些人掌握了耕地技术，他们通过学习与培训，使得越来越多的人掌握了农耕技术，由此人类从食物采集者变成食物生产者，让人类有了稳定的食物来源，人类经历了第一次人口爆炸式增长，逐渐形成了稳定的部落，慢慢形成了大的城邦，人类的文明开启了新的篇章。

公元前3500年，文明之光出现在底格里斯河和幼发拉底河之间的一片土地之间。人类通过学习和培训，逐渐学会了驯化动物和种植植物，掌握了农业灌溉和冶金技术，还不断探索风能等自然资源的利用……文明之光是如何照耀了上千年呢？这是因为文字的发明。公元前3000年到公元前2500年，苏美尔文字系统逐渐引入越来越多的符号，成为能够表意的文字，即楔形文字。祭祀可以用这种文字来记录神的指示，国王也用这种文字颁布法令。同一时期，埃及的象形文字也出现了。在公元前1200年中国也发展出了完整的表意文字。随着人口增多，村落变成了城市，由新兴的宗教贵族和军事首领统治，于是国家这种组织形式的雏形初现。要想在新型的组织机构下获得更高的社会地位，从同类中脱颖而出，唯一的途径就是通过学习进行认知升级，超越其他人，攀上管理者的统治地位。5000年前，一位埃及父亲在送儿子上学的时候，苦口婆心地对儿子说："学习写字要用心，学会了写字就可以把任何重活都甩得远远的，还能当名气很大的官。孩子啊，用心学习吧，因为实在没有什么比学习再好的事了。在校学习一天，得到的好处一辈子也用不完。"我们中国也不例外，4000多年前就有了学校。那时，学校的名字叫"庠"。高一级的大学叫"上庠"，低一级的小学叫"下庠"。夏朝（约公元前2070—公元前1600）时，学校被分成四个等级，按级别叫作"学""东序""西序""校"。商朝（公元前1600—公元前1046年）时，又把这四种学校的名字称为："学""右学""左学""序"。后来的朝代还有在王府里设立的学校，叫"辟雍""成均"等。到汉代（公元前 202 年—公元 220 年），最高一级的学校称作"太学"，下面分别称"东学""西学""南学""北学"。再后来把"太学"改为"国子学""国子寺""国子监"。汉代是中国古代教育史上一个比较昌盛的时期。汉代的学校分为官学与私学两种。其中私学的书馆亦称蒙学，系私塾性质，相当于小学程度。

有了学校这种专门为人类升级认知系统的专业化机构以后，人类的升级速度开始爆发式增长，前所未有地渴望了解这个世界，人类投入大量时间和精力希望找到支配自然界的法则。在公元前 5 世纪的西方世界，出现了苏格拉底、柏拉图、亚里士多德三位伟大的思想家，涉及知识领域不光包括哲学思想，还开创了当今世界的逻辑学、物理学、生物学和人文学科等学科，创办了世界上第一所传授综合性知识、进行学术研究、提供政治咨询、培养学者和政治人才的学校。从此以后，西方各国的主要学术研究院都沿袭它的名称——Academy。在同一时期的东方，出现了伟大的思想家、教育家孔子，他提出人的天赋素质相近，个性差异主要是因为后天教育与社会环境影响，因而人人都可能受教育，人人都应该受教育。他创立的儒家思想，对中国几千年的文明，甚至对今天的中华文明，都还起着巨大的深远影响。

如果一个人从宋朝初期昏睡过去，睡了 500 年，醒来的时候已经是明朝，他睁开双眼看看周围的世界，并没发现什么不妥，一切也还是那么熟悉。但是一个人从明朝中期昏睡 500 年，再次睁开双眼的时候，看到今天我们看到的这个世界，遍地都是高楼大厦，满街的汽车，抬头会看到飞机，每个人手里还拿着一部手机或是笔记本电脑，他一定会被吓懵。

在过去的 500 年间，人类的认知水平通过教育培训，一代代迭代升级出现了指数级的爆发，在公元 1500 年时，也就是明末清初的时候，全球才不过 5 亿人，截止到 2019 年我们这个地球上已经生活了 70 亿人。

在 1500 年的时候，全球生产的产品和服务大约为 2 500 亿美元，全球 GDP 已经超过了 60 万亿美元。现在的一艘战舰回到哥伦布的时代，只要数秒就可以摧毁哥伦布整个的船队，更能轻松击沉当时世界所有强权的海军，自己连个划痕都没有。16 世纪以前，没有人能够绕地球一周；1521 年麦哲伦船队耗时 3 年，几乎所有船员在探险过程中牺牲，完成首次环航地球；1873 年，科幻小说家幻想人类只花了 80 天就环游地球一周；而今天的人类坐着飞机，只需要花费 48 小时就可以环绕地球一周。500 年前的人类还被束缚在地面上，虽然已经拥有了长城和金字塔上千年，但是依然羡慕着天空中的鸟儿能自由飞翔。但是到了 1969 年 7 月，人类已经成功登陆月球，这是过去 40 亿年来地球上任何生物都无法完成的壮举。而到了今天，我们用的一部手机的运算能力，已经超过当年美国阿波罗号登月的计算机运算能力。

牛顿等科学家的出现告诉我们，大自然这本书所用的书写语言是数学。牛顿提出的三大运动定律只要三个简单的数学公式就解释了宇宙发展变化的规律。19 世纪科学家又发现了相对论和量子力学。过去的两百年间，数学还发展出了一个新的分支：统计学。纵观历史就能知道这些进展对人类有多大的影响。在中世纪的欧洲，教育的核心是逻辑、语法、修辞，数学就是简单的算术和几何。1620 年培根提出了“知识就是力量”的科学宣言，几个世纪以来，科学为人类提供了新的工具，科学禁得起实用性的检验，能让我们做出新的东西，现代性大学为当今的人类提供着科学的知识。学科之间的交叉，知识快速迭代，复合型人才的培养成为当今一流大学教学工作的重中之重。人类文明走到今天，是依靠科学的知识形成新的科技，系统地一代代传递完成的。这个传递的过程，个人到个人的个体传递就是学习和认知在发挥着作用，以此为基础，促进认知传播、经验交流上升到组织内外发展阶段就是培训。纵观人类发展历史，何尝不是一部学习认知和培训发展的历史！

1.2 管理发展与培训管理

上一节从人类认知发展和认知能力发展角度来介绍，那么本节我们换个角度，从管理与培训发展角度来看。培训管理发展是随着管理进化发展而逐步进化的，可以说培训管理离不开企业发展，培训发展不是一蹴而就的，每个阶段管理积累具有一定现实意义，那么纵观管理发展各个阶段，呈现以下周期特点。

一、经验管理阶段

经验管理指凭借个人经验，以分析、借鉴成功的管理案例为主要方法进行管理。从资本主义企业管理发展的历史来看，18 世纪末开始到 20 世纪初，经验管理大约经历了百余年的时间。随着人们迈向了工业社会后，早期的企业家们普遍选择依靠个人经验，通过简单的分析计算来运作管理企业。以当时的企业规模、市场条件和技术含量来看，不断积累的经验管理对生产力的发展发挥了积极的作用。经验型管理模式起源于 18 世纪末的工业革命。在这一阶段，欧美各国工商企业开始出现经验管理模式，其建立在原始粗放型、家族化、小作坊式生产运作模式基础上，管理过程中的人治化、非科学化、随意化、非规则行为严重，类似于当代中国民营企业所发生的一样。在此期间，著名的英国古典经济学家亚当·斯密出版了《国民财富的性质和原因的研究》（简称《国富论》），对社会化大生产过程中劳动分工的必要性进行了详细论述，提出了劳动分工是企业提高效率最重要的手段的观点。英国人安德鲁·尤尔 1835 年出版了《制造业的哲学》，进一步发展了亚当·斯密的劳动分工理论。经验型管理的主要理论为“细致精密的生产线分工是提高企业效率最重要的手段”。人事管理活动被纳入制度化和规范的轨道，管理工具的范围不断扩大和深入，企业雇主认知发生了重大变化。在相当长的一段时间内，培训管理的特点更多是以“组织需求为先导”作为原则，培训更多是管理者达到相关经营目标的管理工具，培训需求管理多为自上而下，培训内容聚焦在技能型培训，培训方式以单项讲授和操作演练为主，培训工作被管理者视为“成本中心”，培训过程中很少考虑外部环境、战略影响等，培训的管理者达不到“引导培训”或“创造需求”的境界，他们只是扮演着实施者的角色，主要负责培训工作的组织与实施。当然从培训发展角度来看，培训的经验管理阶段又是培训管理发展必不可少的阶段，可以说此阶段经过“培训管理”原始资本积累才可以有更进一步的发展，我们国家目前绝大多数企业仍然处于“生存”的发展阶段，所以研究外国的管理实践，结合我国企业发展的实际情况，进行经验教训总结具有现实意义。

二、科学管理阶段

现代经管教育把科学管理概括为一门科学，相对前面的经验管理而言，不是仅凭经验办事，而是以最大限度的产出取代有限的产出，每个人都发挥最大的工作效率，获得最大的成功，从具体表现而言，就是用高效率的生产方式代替低成本的生产方式，以加强劳动力成本控制。

美国的管理之父泰勒的代表作《科学管理原理》问世后，代表漫长的经验管理时代的结束，科学管理时代到来。企业家们不再仅靠个人的经验、直觉来管理员工，而是用社会科学和自然科学（如调查研究、数学模型、数学工具等的方法），取代个人管理经验。直到 20 世纪 20 年代，人际关系理论诞生，该理论后来发展成行为科学理论，直到 60 年代又发展成为组织行为学。该理论经历了古典管理时期和行为科学时期两个阶段，古典管理理论时期，人被视为经济人，企业家追求高利润，工人追求高额工资，过分强调科学方法和规章制度，注重科学性、精密性和纪律性，导致轻视人的感情因素，把工人当作机器的延伸。行为科学时期开始出现社会人理论，认为人还有着社会方面和心理方面的需求，追求人与人之间的尊重、友情、安全、归属感。麦格雷戈的 X 理论和 Y 理论、马斯洛的需要理论（生理、安全、情感、尊重、自我实现五级）便应运而生。这个管理时期，培训管理者既是组织战略的促进者，又是培训的实施者。培训管理发展到这个阶段开始关注影响企业发展的核心要素“人”的作用，我们可以看到，在整个培训管理体系，发展是全方位的。首先在培训管理组织架构上，单独设立培训部门，使其不受相关部门的层级限制，更好地发挥组织战略促进者的作用。在企业文化建设上，文化建设力量更多影响到情感、尊重、自我实现等阶段的需要，很多企业都试图在“文化软实力”上下功夫，强有力地推动组织中培训文化的发展。最关键的是各部门经理人员和决策层支持“人”的态度有了很大转变，从做事只关注事情转到关注人上来。培训管理理念从过去仅仅是“成本中心”概念成长到“利润中心”，培训管理更多是培训需求管理，其需求管理正在跟企业战略、外部环境、人员发展等因素结合，可以看到培训发展在企业内部具有一定激励因素，并且不是简单意义上的给予一定物质激励，而更多对精神方面激励做出一定探索和尝试。

三、现代管理阶段

任何事物都应该一分为二。科学管理的理论方法尽管被视为企业管理的伟大创举，但也同样存在时代局限。因重物轻人而采用重奖重罚的管理方式越来越无法对人们产生积极性效果。科学管理的思想和框架成为管理理论趋势后，解决温饱问题与经济人假设的困境、脑力劳动比重的增加与外部控制方式的局限、服务制胜时代的到来与理性管理的没落、战略管理的崛起与企业哲学的导航功能、分权管理的发展与企业精神的凝聚作用等情况的出现，都标志着企业管理的第二次飞跃，即从科学管理走向文化管理的时代。而这飞跃的背后，最根本原因是生产力的发展、是生产力与生产关系这对社会基本矛盾作用的必然结果。只有在机械化、自动化出现并基本普及，现代通信和计算机网络技术的发高速展，市场经济不断完善，竞争对产品差异和服务有了更高的要求，才会形成企业文化锐不可挡的趋势，从而孕育出文化管理的强大生命力。直到进入20世纪70年代，管理领域出现新的发展趋势，最突出的就是企业文化热潮的兴起，以及快速发展的信息技术对企业管理的巨大影响。企业已经开始进入了文化管理时代。

这个时期的培训管理特点是，培训管理者是培训战略的促进者，实施者的职能由各部门独立有效地执行。此时培训部门不仅独立于人力资源部门，而且对人力资源部门也具有一定的影响力。培训部的软硬件设备、信息处理以及多媒体通信技术等已经被体系化使用。培训资源管理突显平台化和资源化特点，除了拥有大量的兼职教师和顾问外，还专门配有课程开发人员，为各部门开发备选课程，从而确保实现“超前培训、供应领先”的目的。培训管理者对各部门的培训具有统筹、控制和引导的作用。人际管理的理念有了更多实践发展，人力资本价值被提到空前高度，区别于相对传统的经验管理时代，面对未来年轻化、知识化、互联互通的时代，很多公司创立和发展之初，在公司使命、远景以及价值观中，就加入对员工吸引、参与以及投资的行动要求，在企业文化形成的最顶端，充分体现人力资源管理以及培训管理的战略性。

1.3 培训管理模式发展

企业管理发展到战略人力资源阶段，通过人力资本投入，造就企业的核心竞争力。认为人力资源是一切资源中最宝贵的资源，开发人力资源可以为企业创造价值。员工培训开发是现代企业立于不败之地的重要环节，通过对培训模式的发展研究和学习，可以更好地了解培训管理发展，更进一步掌握企业培训管理的规律。

1.3.1　培训与开发管理传统模式

一、咨询型模式

咨询型培训模式（也称顾问式培训模式）是当前较受推崇的一种模式。它是以协议或合同的方式固化组织的需要和待解决的问题，然后展开调查分析，在此基础上实施相关培训，一旦项目评估完成随即解除协议或合同。咨询意味着对你为什么做、做什么、如何做、在哪里做、何时做提供独立的建议或意见。咨询型模式是一种备受推崇的模式，它与一般性的咨询技能相区分。它既适用于组织外部顾问，也适用于内部顾问。这种方向不仅可以提供组织所需的灵活性和应对力，还能提高个人的满足感和能力。内部顾问能够有针对性地提出解决问题的办法，而通常从外部顾问所获得和利用的知识、技能和经验仍然留在组织中，这样组织会从中受益。咨询过程可以划分为4个阶段：获准进入、调查与分析、完成、推出。

二、持续发展型模式

源自于美国人事管理学会的《持续性发展宣言书》，针对组织内部的理想培训环境问题的“持续发展型模式”是一种为培训职能持续发展提供相应指导的新型模式。它着力解决培训职能的长期强化和提高问题，因而更能满足组织者的需要。这一模式提出了7个活动领域，都是实现组织学习和持续发展必不可少的因素。

（1）政策要形成文件。其表述不应只停留在良好愿望上，要有充实的内容。

（2）责任与角色要求。主要对象包括高层管理者、经理人员、人事职能部门人员以及所有的学员。

（3）培训机会及需求的辨识和确定。对此要有相应的计划、任务说明，并进行专项评审。

（4）学习活动的参与。应通过激励和协商来达到，而不是强迫的。

（5）培训计划。组织要确定从培训工作预算开始的一系列问题的政策和具体内容。

（6）培训收益。对此应分项管理。

（7）培训目标。目标的确定应满足组织持续发展的要求，或以此为特征。

从某种意义上说，该模式更像是一个实践型模式，是一套系统建立培训体系方法。它是对组织持续发展目标的说明，而不是如何达成目标的勾画。尤其需要强调两个方面：首先将有效培训置于更广泛的组织背景中，并且试图探索与其他发展活动的联系；其次，它提出了通向持续发展终极之路的一系列相关活动内容。而这些活动又可以加以区分，并可分别完成。

这一模式的落地效果：持续发展的标准过于绝对，完全超出了培训经理的控制。

（1）公司核心管理层对培训的态度以及企业文化的影响，对组织持续发展必须有积极性、主动性。

（2）组织的高层管理者必须重视组织持续发展的投资，就像重视研究新产品开发和设备的投资一样。

1.3.2 培训与开发管理创新模式

一、系统型模式

系统型模式第一次比较完整地提出培训管理体系，始于1960年左右，最初，系统型培训模式起源于美国陆军教学训练，是目前国外企业采用较多的一种培训模式。该模式在全面调查企业和个人的人力资源培养需要基础上提出来，到目前为止，都是最重要、最常见的人力资源培养模式之一。系统型模式是指通过一系列符合逻辑的步骤，有计划地实施培训。在实践中，步骤的多少和具体细节会有差异，通常包括以下五个方面：一是制订培训政策、二是确定培训需求、三是制订培训目标与计划、四是实施培训计划、五是对计划的实施进行评估和审核。五方面的内容构成一个PDCA的循环过程。该模式的不足之处在于未标明培训职能在开发供应领先能力方面应该起到的积极作用，没有考虑到将现代培训职能深植于培训的必要性，更没有阐明它与培训实施中相关各方之间的关系。

针对该模式的不足，哈利•泰勒对系统做出了修正，并提出了过渡型模式，指出愿景、使命和价值都需要在目标具体关注之前进行。该模式是在1987年英国“国家培训奖”大会上提出来的，因此该模式又被称为“最佳培训实施模式”，该模式注重公司培训实施过程中政府的介入，是对系统培训模式的发展，更具有操作性。该模式更多地描述了公司战略和学习的双环路，其中，内环是系统培训模式，外环为战略和学习。

二、阿什里德模式

1986年，英国阿什里德管理学院在开展的一项科研项目中首次提出新的人力资源培养模式，称为阿什里德模式。该模式按等级水平将培训活动划分为三个阶段：离散阶段、离合阶段、聚焦阶段，如下表所示。

第一阶段，教育、培训与发展在组织中处于次要地位。组织对培训持放任态度，也不期望回报。培训被看作是费用和支出，而不是投资。第二阶段，随着培训和发展活动在组织中的加强，组织进入了整合阶段。培训与发展的组织化大大提高，与组织中各项活动过程的联系更加紧密。该模式认为，只有那些到达聚焦阶段即第三阶段的组织，培训与发展效能的发挥才是最充分的。在第三阶段的组织中，培训与发展已成为组织的内在机能，并且是一个完全连续的过程。受组织目标和个人需要的影响，人们开始从重视正式培训转向重视个人发展。部门经理和个人承担发展责任，而培训人员也担负起更多的职责，既是咨询者、协调人，又是变革的促进者。达到这一阶段的组织被称为学习型组织。

该模式对从目前阶段向所期望的聚焦阶段的发展，规划了清晰的阶梯进程，并提供了组织培训与发展的理想状态与目标。三个阶段的描述作为培训和发展模式，使得组织可借此模型制订培训升级计划。该模式的不足之处在于，它虽然提供了一系列用以评估培养发展进程的有用指标，但并没有涉及确保这一进程发展实施的详细机制。尤其是没有为培训经理提供具体的操作指南。

阿什里德模式的培训三阶段

阶段	离散阶段	整合阶段	聚焦阶段
主要策略	宣传员工发展的竞争优势	经理承担员工发展	自觉学习不断提高
主要观点	1. 培训与组织目标无关联 2. 培训被看作浪费时间 3. 培训的运作是非系统性的 4. 培训是功利性的 5. 培训是培训部的事 6. 培训职能只归培训部 7. 以纯粹的基础培训为主	1. 培训开始与人力资源的需求相结合 2. 培训与评价体系相联系，形成了系统性 3. 既强调基础知识，又强调技能性内容 4. 由于人力资源需求对培训的影响，促使企业关注发展问题 5. 培训由培训人员承担，但由于培训内容范围的扩展，对培训者的技能范围要求扩大了，部门经理作为评价者参与到培训与发展中去 6. 培训通常是脱产的，但通过事业发展，在职培训的价值得到了正式的认可 7. 培训计划更考虑个人需要	1. 面对迅速变化的企业环境，培训发展和个人的不断学习与提高被看成是组织生存的必要条件 2. 培训与企业战略和个人目标相联系 3. 注重员工职业发展，这样亦使学习成为一个完整连续的过程。专家的培训内容涵盖知识、技能、价值各个领域，自行选择培训课程，更加重视评估培训与发展活动的效果 4. 培训的职能范围扩大 5. 将培训看作一个连续的过程重新加以强调 6. 允许失败并将其视为学习过程的一部分

1.3.3 学习型组织的构建

学习型组织建设是营造企业培训文化的主要方法，通过学习型组织建设，能使企业进化为一个善于学习的组织、一个鼓励创新的组织。

学习型组织理论的奠基人当属佛瑞斯特教授的学生彼得·圣吉，彼得·圣吉一直致力于研究以系统动力学为基础的更理想的组织。1970 年，彼得·圣吉在斯坦福大学获航空及太空工程学士学位之后，进入麻省理工学院斯隆管理学院攻读博士学位，师从佛瑞斯特，研究系统动力学与组织学习、创造理论、认识科学的融合，发展出一种全新的组织概念。他用了近十年的时间对数千家企业进行研究和案例分析，于 1990 年完成其代表作《第五项修炼：学习型组织的艺术实践》。他指出现代企业所欠缺的是系统思考的能力，它是一种整体动态的搭配能力，因为缺乏这种能力从而使得许多组织无法有效学习。原因是现代组织的运营特点是以分工负责的方式将组织进行了人为切割，而使人们的行动与其时空上相距较远。当不需要为自己的行动结果负责时，人们就无法有效地学习。

彼得·圣吉在《第五项修炼》中提出了构建“学习型组织”的5项内容，如下图所示。

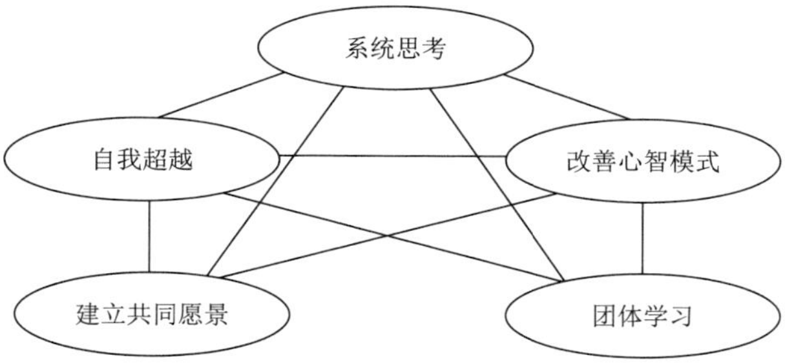

《第五项修炼》——构建“学习型组织”

（1）建立愿景（Building Shared Vision）：愿景可以通过凝聚公司上下的意志力形成组织共识。组织共识是指组织成员共同持有的意向或愿望，简单地说，就是大家想要共同创造什么。学习型组织中个人的方向达到一致，个人也乐于为组织目标奋斗，这是发展组织成员的整体配合与实现共同目标能力的过程。

（2）团队学习（Team Learning）：团队智慧应大于个人智慧的平均值，以做出正确的组织决策，透过集体思考和分析，找出个人弱点，强化团队向心力。在团体中，进行的讨论和深度会谈，可以让每个成员自由交流，以发现远比个人丰富的见解，从而克服有碍学习的自我防卫。在现代组织中，学习的基本单位是团队而不是个人，因而，团队的学习就显得尤为重要。

（3）改变心智（Improve Mental Models）：组织的障碍，多来自个人的旧思维，例如固执己见、本位主义、看待旧事物形成的特定的思维定式，它会影响人们对待新事物的看法。唯有通过团队学习，以及标杆学习，才能改变心智模式，有所创新。人的心智模式影响着你看世界、对待事物的态度，有时可能直接决定你的成功与否。

（4）自我超越（Personal Mastery）：个人有意愿投入工作，专精工作技巧的专业，个人与愿景之间有种“创造性的张力”，正是自我超越的来源。能够不断认清个人的真实愿望，集中精力，培养耐心，实现自我超越。

（5）系统思考（System Thinking）：应通过信息搜集，掌握事件的全貌，以避免见树不见林，培养纵观全局的思考能力，看清楚问题的本质，有助于清楚因果关系。要求人们用系统的观点对待组织的发展，不仅要关注自己的努力，而且要关注自己的努力可能会对合作者带来的影响。

【管理案例】美国通用电器公司（GE）具有悠久的历史，但从20世纪70年代以来，陷入了困境。总裁韦尔奇1981年上任后，认为GE的突破点就是进行组织结构的变革，首先要根治大公司常有的通病——“恐龙症”。GE公司原有40多万员工，其中有“经理”头衔的就达2.5万人，高级经理500多人，副总裁130人。管理层次有12层，工资级别多达80级。韦尔奇很风趣地说：“12个管理层次，就像我穿了12件衣服，我已经没有办法感受到外界温度的变化，我的行动很困难，必须把多余的衣服脱掉。”从1981年到现在，GE公司至少砍掉350个部门，将公司职工裁减为27万，管理机构由12层扁平化为5层，副总裁由130名减到13名。对于这次改革，起初没有一个人支持他，可见改革之艰难。扁平化使得GE在以后的十几年里销售收入增长了2.5倍，税后净利翻了3倍，使得GE重新恢复生机。只有这样的体制，才能保证上下级的不断沟通，下层才能直接体会到上层的决策思想和智慧光辉，上层也能亲自了解到下层的动态，吸取第一线的营养。

学习是心灵的正向转换，企业如果能够顺利导入学习型组织，不仅能够达到更高的组织绩效，更能带动组织的生命力，从而为企业如何构建学习型组织指明了方向。可以说，学习型组织的主要特征为愿景驱动型，而且这个组织是由多个创造性团队结合在一起的，从以往注重行政层级过渡到主动管理的扁平化组织。这里也特别说明，组织的边界也将被重新界定，团队中的所谓领导也扮演着新的角色，在这个团队中更加注重员工家庭生活与职业发展的平衡，并且这个组织会源源不断创造能量。从最终实现功能来看，就个人层面上，学习型组织要为个人创造不断学习的机会，促进组织之中的员工之间探讨和对话的氛围，就团队层面来看，学习型组织有利于鼓励员工学习以及学习共享系统，并且促使成员迈向共同愿景，就社会层面看，学习型组织促进了组织与环境相适应，有利于企业为社会、为广大人民服务，尽到应尽的责任。

学习型组织作用如此之大，那么企业在构建学习型组织时，还应当达到以下具体要求。

（1）明确构建学习型组织各类重要的学习工具。

（2）激励员工取得并保持参与学习活动中的优势。

（3）将学习融入企业文化建设的各种活动之中，树立正确的学习价值观。

（4）采取有效措施消除员工学习中的各种障碍。

（5）对员工学习活动的全面管理。

除了上述构建学习型组织的评估标准，还需要注意影响组织学习动力的要素，面对未来的警觉程度，洞察是否准确；对事物的认知程度，掌握认知能力；对信息的传递速度，沟通是否畅通；对变化的调整能力、应变是否及时等。

要建立学习型组织首需评估组织本身的学习文化，好的学习文化是构建学习型组织最核心的基本要素。组织的每一个层级中学习是被期望且受鼓舞的，人们对于组织学习怀有愿景并且能去适应工作形态。规范化是建设学习型组织的一大要点。无规矩不成方圆，要建设与企业规章制度紧密结合的培训制度。制定培训制度，它既是建设学习型组织的重要标志，也是现代企业管理的重要组成部分。将培训工作与企业规范相结合，把企业各项管理制度作为培训学习的重要内容之一来抓，方能使培训工作落地生根。比如，可以通过组织科学有效的培训，并在实践中修订完善《内部培训师管理办法》《培训操作管理手册》以及《培训实施管理制度》等，将企业文化融入企业的管理机制之内。有了顶层制度机制保障，接下来还是需要在管理机制上面多下一些功夫，学习能力一定是组织最重要的竞争优势。要适应变化中的外部环境，要自身不断改进创新。学习型组织的目标就是通过培养整个组织的学习气氛和文化，推动个人学习和集体学习，充分发挥组织中员工的创造能力，不断改进管理、技术和服务，使组织获得持续的竞争优势。学习型组织能够把知识资源转化为现实的生产力，形成实实在在的竞争优势。虽然一些企业在大张旗鼓地宣传“打造学习型组织”，却未看到企业的学习文化和氛围有任何改进，所以很多时候没有办法落地。结合目前企业发展情况，总结其原因不过有二：一是对学习型组织的认识不足、理解不够；二是认识到了重要性，却缺少实操方法。认识的问题，是对学习型组织的误解。比如，企业认为员工有强大的执行力就够了，认为学习会耽误时间、降低工作效率，认为参加了几次培训就已经算是学习型组织了。学习能力是一种“造血”能力，在工作场所，学习型组织的要义是把学习与实际工作相结合。学习的目的是指导工作、提升能力；实际工作是学习的导向和锻炼过程。工作过程的学习并非等同于教育阶段的学习。在教育阶段，“习”以“学”为导向，“习”的目的是巩固所学内容；在工作阶段，“学”以“习”为导向，“学”的基本目的是要解决工作问题，而工作也是“习”，通过“学”改进工作，通过“习”发现问题，再“学”，再“习”，形成工作中学习型组织的良性循环。正所谓“学而不思则罔，思而不学则殆”。

所以，当学习和工作有机结合，有助于工作效率的提升，而参加了几次培训却仍未将学习融入工作，也无法称为“学习型组织”。尤其出现总是抱怨“为什么没有创新思维，为什么总是相对被动地工作，员工为什么不积极思考问题？”的情况，那么，确实应该好好想一想如何打造学习型组织了。打造学习型组织，让学习能力落到实处而非停留在口号阶段，需要一些实操方法。这些方法是我们在探索思考和考察交流中发现的。众所周知，近些年来新兴的互联网科技类公司大多为年轻化的公司，学习效率高、学习能力强大，对学习的重视程度很高，所以它们都是打造学习型组织实操方法的重要来源。初步整理以下五种代表型方法。

（1）机制式：借用机制的方式管理学习。这是一个相对传统和典型的措施，包括定期的培训、工作汇报等。如要求在工作汇报中，单独列出“学习总结”模块，对近期学习内容和思考做汇总。常见的机制还有读书计划（按要求每月读完一本书，写读后感）、项目分享会（每完成一个重点项目后，要求每人分享一些学习收获）。机制主要依靠强制要求，其目的是督促学习，养成习惯，但同时要注意将学习和工作结合，学习要能有所产出。

（2）任务式：任务式学习是把学习作为工作的一部分，用安排工作任务的方式安排学习内容，甚至学习和工作间没有明确界线。曾看见互联网公司一位部门主管的月度学习计划，他为员工安排好了每周的学习计划，包括指定的学习内容，如“读完《互联网大数据思维》并输出读书心得”，也有带领员工自行探索思考的学习内容，如“找一个竞争对手，与其公司财务经营数据对比”。

（3）标杆式：树立标杆榜样，向榜样看齐，是一种模仿式学习，解决员工不知道怎样学，不知道学些什么等问题。根据管理需要，在企业内部树立学习标杆式人物，这位标杆既可以是公司内部的学习大神，也可以是行业精英。标杆和组织关系越密切，越能起到带动作用。同时，还要通过具体的行为引导给予标杆一定的权威性和偶像特质，比如标杆说了“我完成了某项训练，对我的工作有很大帮助”，那么大家都应该接受此项训练，至于对工作有哪些帮助，仁者见仁，智者见智，可在标杆的带领下共同分享讨论。标杆式学习型组织的本质是利用榜样的力量，让员工发现工作和学习是可以兼顾的，解决员工不知道怎样学，不知道学些什么等问题。

（4）PK 式：引入学习竞赛。PK 也是现在企业常用的学习方式。传统的方式如考试，对近期学习内容做试题测验。现在常见的有内部举办“PPT 大赛”“演讲大赛”的形式，引导大家参加比赛，在准备过程中学习提升某项技能。推广度越来越高的是在工作中的 PK，比如把部门员工分成两人一组，有针对性地进行比赛，看哪一组能够掌握更多工作技巧。PK 式的重点在于对工作效率和知识技能的提升，其好处是能够促进大家更快地学习。

（5）激励式：给予物质和精神鼓励。激励的方式可以激发大家的动力和潜能，也利于形成学习文化。“打赏”就是一种典型的激励，如某团队领导放话“打赏奖金，解决公文报告中格式错误频出问题”，紧接着，就有多数员工响应，学习公文写作规范，并拟出公文模板发放给大家使用，赢得“打赏”。激励式要解决的问题是具体化问题，激励奖金也未必需要很多，可根据具体情况来设定。同时，精神激励大于物质激励，对积极学习的员工要多给予精神鼓励，尤其在其遇到学习瓶颈时期，用称赞和鼓励激励员工克服困难。同时，在此过程中，公司或团队里更容易建立起鼓励学习的文化氛围。

以上五种方式并非独立存在，比如管理任务和机制式可以很好地结合，企业根据实际需要引入其他方法。当然，也会有其他的好方法待我们发现和探索，通过这些实操方法就可有效地把企业建立成学习型组织。学习型组织是平等、开放、包容、创新的，是在学习和交流互动中提升工作能力、改进企业的管理技术，从而形成竞争优势。对学习型组织而言，学习能力虽是一项“软实力”，但对学习的管理要求不能“软”，更不能让“学习型组织”成为一句口号。

1.4 案例分享：基于战略发展构建的万达学院——让培训真正有用

下面以万达学院为例来更深刻地理解基于战略构建的学习型组织。

1.4.1 万达学院介绍

在万达的发展历程中，短板是不断变化的……现在的短板是人才。要想真正解决人才短板的问题，要想真正做好培训，只有靠学校，万达学院是非办不可……我相信，万达学院的优势在五年后就会显现出来。希望力争用十年的时间，把万达学院办成中国一流的学院。

——万达集团董事长 王健林 2009 年集团年会讲话

万达学院已经正式颁发了 200 多名讲师的聘书，都是我亲自签发的，希望总裁、副总裁、总裁助理带头认真讲课，不能糊弄。给万达自己的员工讲课，工作经验是不是认真总结出来了，管不管用，大家心里会打分。

——万达集团董事长 王健林 2011 年集团年会讲话

万达学院由万达集团建立，定位于服务集团战略的人才培养平台。它位于河北省廊坊市，占地 200 亩，由教学楼、行政楼、室内体育馆、室外运动场、企业展览馆、宿舍、餐厅等组成，总建筑面积达 12.8 万平方米，可同时容纳 3 000 名学员，于 2011 年 12 月 17 日正式开学，每年安排万达集团高中层管理人员进行系统培训。学院不是课堂，是解决问题的平台，是帮大家工作的。来学院也是大家为组织做贡献做工作的，留下大家的真知灼见，帮助组织。目前学院编制总计 161 人。凭借多年管理实践，2017 年 8 月万达学院荣获“中国最具价值企业大学”奖。万达不仅仅奉献一座座万达广场，还将提炼和沉淀中国商业地产以及文化旅游度假领域最珍贵、最丰富、最厚重的理论圭臬。

万达学院组织架构如下图所示。

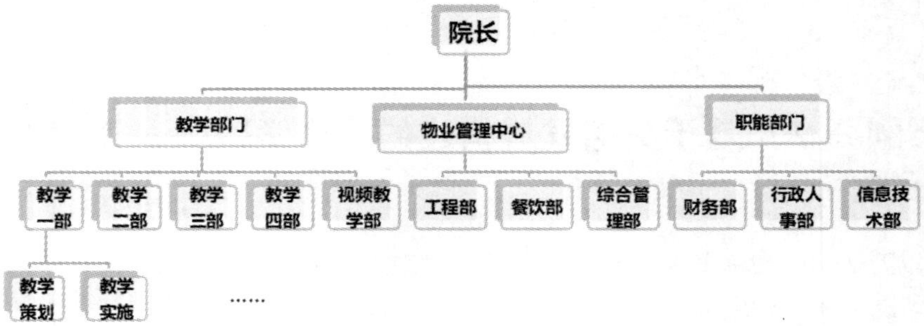

万达学院——适应业务发展的组织架构

1.4.2 培训特色以及办学理念

1．培训特色

（1）主要面对万达集团快速发展所带来的人才挑战，主要应对体现在：新兴产业无案例、短板动态变化、庞大组织效率；另一方面体现在人员管理：新员工大量涌入、错误重复发生、企业知识没有沉淀。

（2）面对公司人才战略，积极树立教学理念。首先确定对企业有用：修复人才短板、修补组织短板推动制度规范完善。其次对部门有用：完成部门年度任务有用，对干部加深了解更有效，知人善任。最后对学生有用：考试（与考评挂钩）产生学习动力，学到有用的、解决问题的方法。

（3）方式方法以及保障机制，万达学院关注公司战略发展中问题案例的挖掘和研讨，从问题案例中我们更能发现普遍的管理隐患和潜伏危机。教学核心是以万达的真实案例，在课堂上，学员分析、研讨真实案例、提出解决方案。综合项目计划，模块化管理，明确集团各部门“要做什么”，万达学院的培训将落脚于“如何做”。从这一目标出发，学院在教学中应用“任务树”方法论，帮助各部门逐级进行任务分解，更好地把握工作中的难点和要点。通过任务树的梳理，学员能够对全年的工作任务“心中有树”，理解年度工作目标，梳理各项工作任务，明确各项工作的关键节点，准确完成工作任务。

基于年度目标及重大问题的课程设计如下图所示。

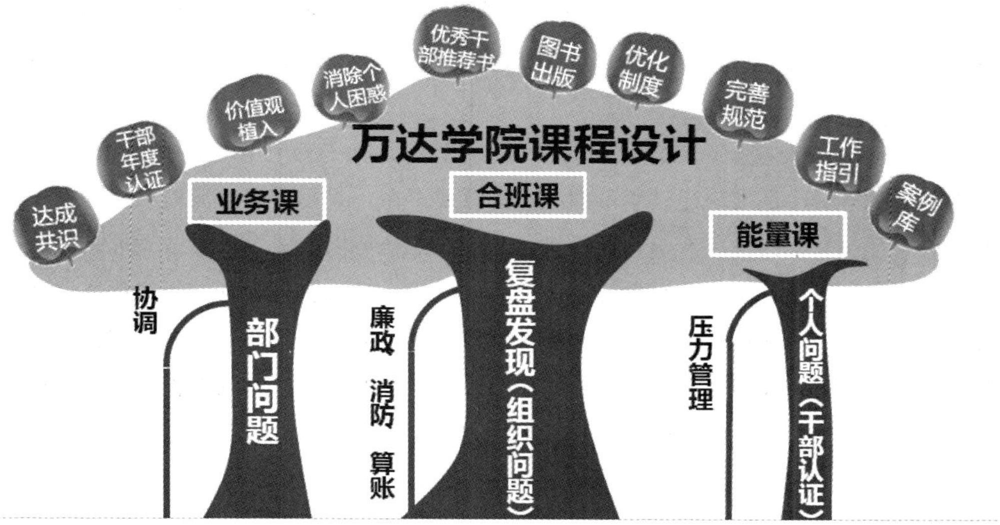

万达学院——基于年度目标及重大问题的课程设计

2．办学理念

第一，快速发展的企业，在发展过程中会出现各类问题，企业大学或培训中心能不能给组织“看病”十分关键。万达学院研究要做正确的事，更要正确地做事，也就是要能准确地发现问题，把握做事的方向。

第二，对于成果落地，有一个“哑铃型”的教学管理思路。一端对接组织诊断，重在发现组织问题；中间的通道则包括两个部分，一是培训实施，二是企业制度的完善。比如集团每两年会进行一次制度修改，以完善组织建构保障；学院会通过发现问题和解决问题，对制度提出优化建议。这样，问题解决完了，就会有一些工作指引、理论、制度、案例等产出。

第三，万达学院也是一个工具研发的地方。这个工具研发的概念是广义的，比如具有万达特色的课程体系、教学方法、需求调研与问题研讨会用到的方法论等，都在其列，其中部分经典培训管理方式方法如下。

（1）“工作逻辑图”从具体工作案例出发，绘制出完成一项工作的动作流程，理解万达制度在具体工作中的应用，从而解决其中存在的边界不清、缺乏有效指令等业务问题。利用工作逻辑图，让学员理解在万达工作的某一类问题的标准动作和标准打法。

（2）“能量集市”中，每个学员都提出自己面对的问题、心中的纠结，让所有学员帮助自己寻找解决方案。每个问题都体现个性化，每个问题都绝对精准。可以说通过能量集市的教学方式，为一万名学员提供交流和分享的平台，让万达内部优秀干部的优秀经验被挖掘、被传播。

（3）“荣誉之旅”课程中，从具体工作问题出发，挖掘问题发生的根本原因、运用集体智慧寻找解决方案、结合自己的工作实际落实具体的行动计划，是万达学院的主要教学方法之一。

（4）在信息化应用上，万达学院的网络学院致力于把“有用”培训个性化地推送到每个学员的桌面电脑，是推动建设学习型组织的重要平台。采用世界一流信息化教学技术打造了全新的企业大学信息化教学管理系统。通过该系统可以完成个人专业发展规划、培训需求调研、学习规划、远程在线学习、课堂实时学习、培训实施管理、智能化排课系统、培训资源管理、培训评估、学习报告、个人学习改善提升、班级学习平台、案例采集等多项功能，实现了对企业培训业务全流程的实时查询、实时统计、实时监控。同时，电子化远程学习也大大降低了培训成本、提高了培训效率。

1.4.3 管理启示

1．管理定位明确

万达学院成立伊始，定位公司战略发展的学习型组织，其企业文化带有万达集团鲜明烙印，学院任务定位明确、组织架构以及管理功能齐备。

2．管理机制保障到位

从学院管理架构组建以及管理团队的配置，再到培训战略规划、需求管理、课程设计、培训讲师管理、培训实施管理以及培训效果评估应用等环节，“细节决定成败”，都可以看到万达学院在细节上下足了功夫。

3．培训内容与业务深度融合

万达学院的成功之处有非常关键的一点，培训内容真正有用，其商业项目复盘、工作逻辑图、能量集市以及荣誉之旅等项目结合企业实际经营管理的“痛点”，立足“有用”二字下足功夫。

企业经营和发展人才的能力是企业竞争优势的来源。成功的培训体系可以有很多特征，而失败且不幸的培训体系却都有一个共同的特点：没有与业务战略相契合。培训体系如果与业务缺乏关联性和协同性，那么各个培训项目计划容易各自为政，从而导致每个项目的投资回报很低，培训工作者不仅费时费力，还“出力不讨好”。企业培训体系是一种战略性工具，它通过实施培养个体或组织的学习知识和智慧的活动，支持公司实现自己的使命。培训体系要真正成为战略规划和实施的一部分，就必须要了解企业中各项业务的需求，从而更好地融入业务战略中，并更好地支撑起业务的发展。检验企业培训体系成功的重要标准就是看人才培养是否与企业的业务战略相契合。战略契合是培训体系推动业务战略实施的前提条件。Corporate University Xchange 曾对 170 所企业大学进行了调查，发现通过公司培训对业务影响的衡量至关重要。提升培训在组织中地位的最好方式就是提升培训体系与业务战略中关键活动的契合程度。换言之，培训体系本身不具有战略重要性，只有当它们支持了业务发展和实施时，培训体系的战略重要性才能体现出来。

第二章

没有硝烟的战争——有效界定企业培训需求

2.1　培训也要讲战略——“从上到下”

从企业组织能力上承接公司经营战略，组织能力建立——个人的职业发展。

BE 公司的培训经理小刘是在 2010 年从行政部门转到人力资源部的。当时公司之所以这样安排，主要原因是她在行政岗位上已经工作多年，自己希望未来在企业中有所发展。而培训岗位看上去专业性不强，且门槛较低，对职业转型来说是不错的锻炼平台。小刘转岗到人力资源部负责培训后，第一项重要工作就是制订下一年度的培训计划。她的做法是，从培训公司及网上下载很多课程，让各部门员工进行勾画，将结果按从多到少排序，从而做出企业的年度培训计划。在这份计划中，英语口语培训被列在第一位。然而，公司并没有海外上市或将业务拓展至海外，抑或与外资合资的计划。

小刘对企业的培训需求管理无疑是存在误区的：将培训需求与管理需求混为一谈，认为开展培训需求分析的途径是自下而上的，将培训需求分析等同于选择课程。

企业培训需要通过系统和科学的方法，如下图所示。根据企业战略和发展特点改变受训人员的知识、技能和态度，从而使其工作行为与企业文化、岗位要求相匹配，以期能胜任当前的工作和迎接未来工作挑战的过程。

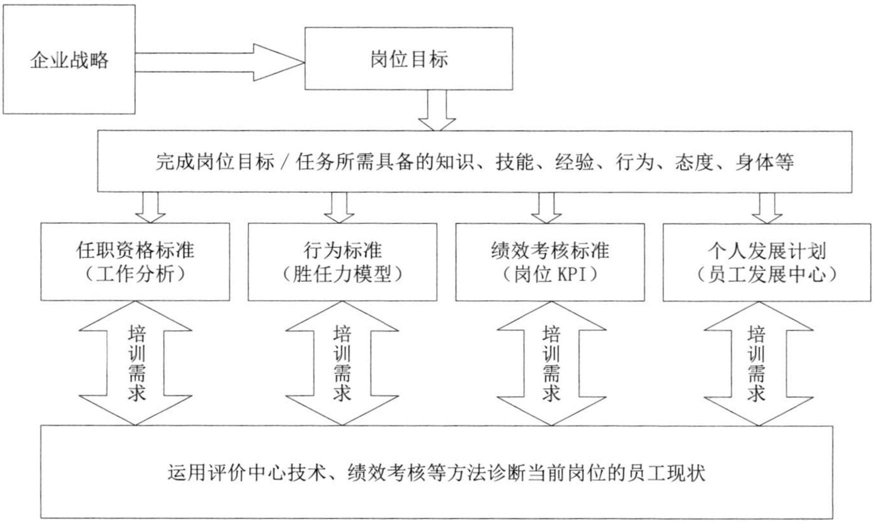

企业培训系统方法

企业战略管理的流程可归纳为“一定二分解”，即首先通过运用战略分析工具（SWOT），分析企业经营的内外部环境，分析出企业内部的优劣势和面临的机会及威胁，继而制定企业的战略规划、发展目标；其次对企业的战略目标进行分析分解，以求落实到业务和职能部门中去；最后再对业务以及职能目标进行分解，将目标细化到每个岗位上，形成岗位目标。对企业战略进行分解以形成岗位目标后，可以着手描述完成岗位目标和工作任务所需的知识、技能、经验、行为、态度、身体等，同时通过工作分析来建立企业的任职资格标准、通过企业胜任力模型明确岗位的行为标准、通过岗位 KPI 确立岗位的绩效考核标准和通过员工发展中心确定员工个人的发展计划，再接着通过评价中心技术、绩效考核、访谈等方式多方面、多角度地测评和诊断员工现状，这个现状和前面的四个标准的差异就是“培训需求”。

2.1.1 企业培训原则

企业的培训原则包含：战略性原则、系统性原则、实用性原则、主动性原则、制度化原则和效益化原则等 6 项原则，见下表。

企业培训 6 原则

1	战略性原则	是指企业培训工作要以企业的整体发展战略和目标为前提，满足其需要，以战略的眼光来开展培训工作
2	系统性原则	是指企业培训工作是全员性的、全方位的、循序渐进的贯穿员工职业生涯全过程的系统工作
3	实用性原则	是指企业培训工作要按需施教、重点突出、学以致用，从工作实际需要出发，根据受训对象的实际需要和特点来安排
4	主动性原则	是指企业培训工作要和员工的发展相结合，变“要我学”为“我要学”，促使员工主动参与，充分发挥员工的主观能动性
5	制度化原则	是指企业培训工作要有一整套的制度为保障，制度要严谨、机制要灵活，尤其是培训自身的评估和考核机制，谋求与绩效管理、薪资福利和晋升机制的有机结合
6	效益化原则	是指企业培训工作是企业运营的一个环节，是企业风险最小的一项投资活动，要考量其投入和产出，以实现价值增值和提高企业经济效益

小张是某公司的 HR 专员，由于 HR 经理离职，公司考虑到他是老员工，平时工作勤恳，就让其接替 HR 经理的职位。上岗后发现他在处理工作时缺乏更高的职业素养，同时，其他部门也反映与其配合有较大问题。公司考虑到他刚上任，就安排其外出培训，回来后经过一段时间观察，发现情况并没有好转。后来经过与他聊天及周围同事反映，发现其性格比较内向，主动发现问题、解决问题的能力不强，同时，还与销售部的几位员工有矛盾。

请思考：

1．小张的培训有没有“基于任务”？

2．小张的培训有没有“解决问题”？

3．小张的培训有没有“改变行为”？

4．小张的培训有没有“养成习惯”？

带着这样的思考，后面逐一进行解答，见下表。

思考案例

人物	主要人物	小张
	次要人物	其他参与者
场景		相关人员正在思考为什么经过培训后小张的绩效依然没有提高
情节		因 HR 经理离职，小张被提升；上岗后因不胜任被送出去外训，回来后没有效果
关键词		HR 专员、HR 经理、老员工、工作勤恳、缺乏职业素养； 配合有较大问题、外出培训、观察一段时间；经过与他聊天及周围同事反映

2.1.2　企业战略对企业培训的要求

一、基于任务

在企业实际管理中，紧密贴合企业发展战略方向和要求是培训的第一要义。具体通过以下四点，使得培训是符合企业战略的：根据岗位目标 / 任务搭建课程体系、根据岗位目标 / 任务变化进行及时调整、依据 IDP 建立学习路径图、寻找差异并对症下药。

（1）根据岗位目标 / 任务搭建课程体系：指对不同岗位的工作目标和任务进行分析，归纳、提炼和总结，确认各岗位下的员工为了达成目标 / 完成任务，所必须具备的知识、技能和态度，从而进行针对性的课程设计和开发，以形成课程体系；

（2）根据岗位目标 / 任务变化进行及时调整：及时跟进课程体系的规划和更新，以确保课程体系是围绕工作任务来设计和开发的；

（3）依据 IDP 建立学习路径图：设计出既要满足企业发展要求、且又结合员工个人情况的个人发展计划，并促进计划的有效实施。和员工共同指定学习地图，设计员工在公司成长路径的培训和学习计划；

（4）寻找差异并对症下药：将员工的知识、技能、态度等现状评估结果与岗位所需的知识、技能、态度等进行结合分析后，有针对性的开展相关培训，查漏补缺，提高培训的实用性。

二、基于解决问题

企业实际管理中，培训的第二个重要目标是“解决问题”，具体通过以下五点来满足企业战略的要求：

（1）明确培训需要解决的是什么问题：即在培训实施前，明确培训目的和培训需要解决的问题。问题要明确清晰、具体。切忌笼统，一概而论。且对培训完成后的效果和达成标准也许清晰明确；

（2）及时培训考核和跟进：根据培训前制定的考核方法和标准，进行严格的考核，并拟定相关的跟进计划，以利于培训效果的评估和培训问题的解决；

（3）培训先于人的工作任务变化：如是适岗培训，培训就要在员工发生岗位异动前对其进行目标岗位所需的相关培训，而不是滞后、被动的应付；

（4）培训层面的绩效整改方案：针对绩效考核中出现的各种问题，分析哪些可以通过培训解决及据此设计相应的培训方案。

（5）企业运作问题在培训层面的对策：针对企业运作过程中出现的各种问题，重点分析哪些问题是可以通过培训解决，并据此设计相应的培训方案。

现在让我们回顾“小张的培训需求”这一案例，小张的培训有没有做到“解决问题”？答案很显然是没有，这是因为培训前没有对小张出现的“缺乏职业素养和部门配合”问题进行分析诊断，没有明确培训的目标和需要通过培训角度来解决问题。

三、改变行为

在企业实际运作中，企业战略对培训的第三个要求是“改变行为”。培训根据行为标准设计训练方法、跟进、反复和激励、辅导来满足企业战略的要求。

行为标准是岗位胜任力特质所要求和描述的行为表现，同时培训是一个系统的方法论，对于“行为标准”类的培训要以训练为主，通常有岗位实践、角色扮演、实验实习、教练辅导等。

训练要根据实际效果不断修正反复进行，一定要有跟进计划，不能“雷声大雨点小”，期间不得放任管理、随意管理。比如，在生产型企业中，员工的标准化作业对品质和安全来说都是至关重要的（标准化作业就是动作、行为等按照程序和要求有序进行），不能随机地“凭感觉”完成。这种标准化的训练就需要跟进和反复进行。曾有研究表明，一个行为连续坚持 99 次就会成为习惯。只有这样，才能将个人的行为改变为企业需要的行为。

行为的转变非一日之功，培训的重点应该是对行为的反复练习，同时培训的真正效果取决于学员是否在工作中反复地应用学习所获得的行为。而员工通常不会主动运用不熟悉的行为，这就要求必须有人能够监督、激励并辅导他们在工作中使用这些行为，最好的人选就是员工的主管或辅导人。

我们回顾“小张的培训需求”这一案例，小张的培训有没有做到“改变行为”？答案很显然没有，因为小张外出培训“回来后经过一段时间的观察，情况并没有好转”，仅仅做到了“静静地观察”，并没有主动设计一些训练方案进行跟踪，同时在这一过程中也没有激励和辅导等。

四、养成习惯

在企业实际运作中，企业战略对培训的第四个要求是“养成习惯”，培训通过严谨的制度、灵活的机制，营造氛围、树立典范、加强宣传、奖罚分明来满足企业战略的要求。

培训是企业运营活动中的一个环节，是企业大系统中的一个子系统，俗话说，“麻雀虽小、五脏俱全”，更何况培训系统为确保培训的各个环节有效实施，需要有相应的制度体系作为保障，这也是有效的培训体系所必需的。制度要严谨，同时要有激励与约束相结合的灵活机制。培训制度和机制的建立保障了培训的有效实施，同时需要营造一个良好的氛围，积极树立各种典范、标杆以发挥环境的良性影响作用，变“要我学”为“我要学”，充分发挥员工的主动性和能动性。以前常说“酒香不怕巷子深”，现在是“酒香也怕巷子深”，企业内要注重宣传，畅通信息沟通渠道。同时要严格各种考核、奖罚分明，不能只停留在口号上，学会用文化来影响人。

回顾案例，小张的培训有没有做到“养成习惯”？显然没有，因为“后来经过与小张聊天及周围同事反映，发现小张性格比较内向，主动发现问题、解决问题的能力不强，同时，小张还与销售部的几位员工有矛盾”，说明没有一个健全的体系和完善的系统对其进行评估，培训及人力资源相关流程欠妥。

2.1.3　企业培训如何支持企业战略的落实

企业战略的有效落实就是企业各部门和岗位目标的有效实现。首先基于岗位的工作任务需要最大限度地提高人和岗位之间的匹配性，使人尽其才、人尽其责；其次在工作中要善于发现和解决问题，以改善工作绩效；然后需要依据员工发展评价中心和企业胜任力模型规范员工行为和提升员工能力，以实现组织和员工的协同发展；最后要整合各种资源以优化体系、完善系统。所以，企业培训需要从匹配、改善、提升和优化四个方面来支持企业战略的落实。

一、匹配

匹配即合适，只有量体裁衣，才能做到衣服合身。古人云：“天生我材必有用。”人和岗位的匹配指的是要根据岗位的需要来选择合适的人，而非颠倒、因人设岗。在实际工作中根据岗位上的人与岗位需要的实际差异来做有针对性的培训，以提高人岗匹配度，更有效地实现岗位目标，从而确保企业战略的有效实施。所以，培训通过匹配人和岗来支持企业战略的落实。

回顾小张的培训需求这一案例，当“HR 经理离职，公司准备让小张接替 HR 经理的职位”时，可以通过以下四个步骤使得培训通过提高人岗匹配度来支持企业战略的落实：①运用相关测评工具对小张的现状进行评估；②将评估结果和目标岗位需要进行比较，得出差异；③根据存在的差异有针对性地设计培训方案；④进行培训考核，合格则准予异动，不合格则延长培训期或不予异动。

二、改善

改善指的是绩效的改善，如前所述，在实际工作中，企业战略要求培训对员工绩效考核中出现的可以通过培训解决的问题制订整改方案，以提高和改善员工的绩效，从而确保企业战略的有效实施。所以，通过培训改善员工绩效来支持企业战略的落实。

回顾小张的培训需求这一案例，当“上岗后发现小张在工作时缺乏更高的职业素养，同时，其他部门也反映与他的配合出现较大问题”时可以通过以下四个步骤使得通过培训改善绩效来支持企业战略的落实：①对小张工作中的问题进行收集整理；②对这些问题进行分类分析以找出真实原因；③根据真实原因有针对性地设计培训方案；④在培训前明确培训可以解决的问题、培训后应该出现的效果以及确认培训考核办法等。

三、提升

提升指的是员工综合能力的提升，如前所述，在实际工作中，企业战略要求培训依据员工的个人发展计划（IDP），建立学习路径图以提升员工的综合能力和满足员工个人和组织的共同成长需要，从而确保企业战略的有效实施。所以培训通过提升员工综合能力来支持企业战略的落实。

回顾小张的培训需求这一案例，当“公司考虑到他刚上任，就安排其外出培训，回来后经过一段时间观察发现情况并没有好转”时可以通过以下四个步骤使得培训通过提升能力来支持企业战略的落实：①需要让小张明确 HR 经理岗位行为标准、能力要求；②对“没有好转”的原因进行分析，可以通过培训来提升的，继续培训，否则无须培训；③根据所需设计培训方案和训练方法；④对行为训练、能力提升反复进行并实时跟进。

四、优化

优化指的是体系优化、系统完善。培训是企业运营的一个环节，同时战略对培训有基于任务、解决问题、改变行为及养成习惯四个要求，这就需要培训有一个健全的体系和完善的系统，来确保从培训需求分析到培训效果评估的有效执行，从而确保战略的有效实施。所以培训通过体系优化、系统完善来支持战略的落实。

回顾小张的培训需求这一案例，最后终于发现了培训失败的真相。因为小张的异动程序不合理，没有经过评估和考核直接由 HR 专员异动到 HR 经理，制度不够规范、流程不够合理，一开始的异动就是不合理的，直接导致了后续小张培训的失败。所以在实践中，要有健全的体系来保障培训的有效实施，同时，培训实践又不断优化体系，从而使得培训通过“优化体系”来支持企业战略的落实。

2.2　组织人岗匹配度分析——“从下到上”

小张今年刚刚毕业参加工作，到公司任行政助理职位，到岗工作一段时间，实际工作上的表现与岗位职责有一定差距，结合自身的困惑，他找到人力资源部负责人李经理，一起研究分析了他的岗位要求。

一、岗位情况说明书（见下表）

<table>
<tr><th>岗位</th><td>行政助理</td><th>直接上司</th><td>行政部经理</td></tr>
<tr><th>所属部门</th><td>行政部</td><th>岗位定员</th><td>3</td></tr>
<tr><th colspan="4">工作职责与任务</th></tr>
<tr><td colspan="4">①协助行政总监完成公司行政事务工作及部门内部日常事务工作
②负责员工招聘、入职、转正、调薪手续工作
③协助审核、修订公司各项管理规章制度，进行日常行政工作的组织与管理
④参与公司绩效管理、考勤等工作
⑤协助行政总监进行内务、安全管理，为其他部门提供及时有效的行政服务
⑥会务安排：做好会前准备、会议记录和会后内容整理工作
⑦负责公司快件及传真的收发及传递
⑧参与公司行政采购事务管理，负责公司各部门办公用品的领用和分发工作
⑨对外相关部门联络接待，对内接待来访、接听来电、解答咨询及传递信息工作
⑩按时完成公司上级领导交办的其他临时性工作</td></tr>
<tr><th colspan="4">职位素质能力要求</th></tr>
<tr><td colspan="4">①学历：大学专科及以上学历；企业管理、工商管理、行政管理等相关专业。英语水平较高
②经验：具备行政管理、人力资源管理、企业管理、公共关系管理、文秘写作和计算机应用等相关工作经验
③知识能力：具备人力资源管理、企业行政管理、公共关系学、心理学、教育学、高级办公自动化软件应用和领导科学艺术等相关知识；具有较强的管理能力、决策能力和谈判沟通能力，在团队管理、员工培训、交际谈判等方面有自己独到的见解和方法
④个人素养：品德高尚，积极热情，有强烈的上进心；有团队合作精神；性格开朗，胸怀宽广，有较强的亲和力</td></tr>
</table>

二、员工自身情况说明

（1）教育水平：大学专科。

（2）所学专业：文化事业管理。

（3）技能技巧：在校所学与该职位相关的课程有人力资源管理、项目管理、市场调查、客户心理学、会计学等，熟练使用 Word，Excel 等办公软件，具备基本的网络知识、Photoshop 软件运用技能。

下面提供一个个人能力分析的案例，见下表。

个人能力分析（案例）

序号	项目	个人分析
1	专业学习能力	好，感兴趣的课程就会学得好、学得快
2	沟通表达能力	较好，能够充分表达意愿，与上下级保持良好沟通
3	团队合作意识	较强，“独木无法成林”，我一直谨记这句话，不论什么工作，团队合作都是很重要的
4	管理能力	班级管理工作做得不错，工作岗位上可能会有所欠缺
5	建设创新能力	一般，视野不广，导致创新能力不强
6	应变能力	一般
7	换位思考能力	好，能够主动换位思考（包括工作、个人情绪等方面）
8	任务分配能力	好，能够合理安排工作时间，工作效率高
9	抗压能力	好，喜欢忙碌的生活，并且能够在排解自身压力的同时帮助他人排解压力

三、员工自身水平与职位要求的差异或欠缺

仍然以小张为例，对比小张的自身水平与职位要求的差异，如下图所示。

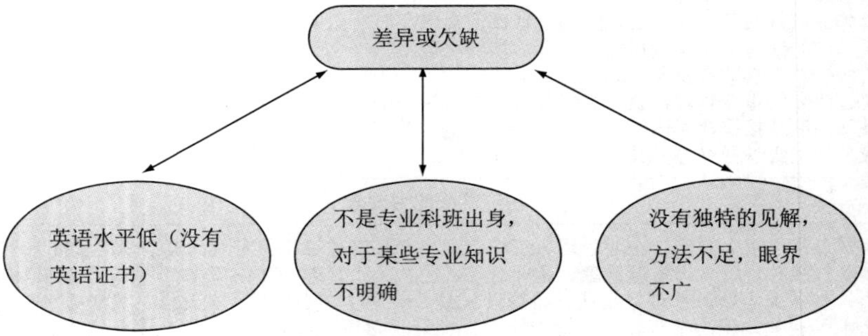

对比员工自身水平与职位要求的（主要）差异

四、分析差异或欠缺的原因

（1）英语对小张而言没有任何吸引力，且一直以来英语水平都不高，因而没有参加任何有关英语的等级考试。这也是找工作的一个巨大阻力。

（2）小张是学文化事业管理的，虽说也是管理，但小张所学的内容基本上都是对文化产业的管理，而对于行政助理这一职位，小张唯一涉及的课程就是人力资源管理，所以在起点上就输给了专业科班出身的人。

（3）大学专科院校毕业的学生虽然动手操作能力强一点，但是见识到的东西略少，眼界不开阔。所以缺少独特的见解。

（4）虽然在校一直担任班干部，但是小张感到班级管理和企业管理是两个不同的概念，

小张自身对于企业管理没有任何经验，因而是不足的一个方面。

（5）应变能力一般的原因还是小张遇到突发事件的情况较少，而且他觉得应变能力不是与生俱来的，是通过经验累积而来的，作为一名应届毕业生，小张是初生牛犊不怕虎。他相信自己时间久了也会有很强的应变能力。

五、制订培训方案

通过以上分析，小张严重意识到自己在很多方面的不足，为了能够胜任工作，他为自己制订了以下培训方案，见下表。

培训方案

序号	培训项目（课程）	培训方案
1	提高英语水平	1. 报名参加英语培训班 2. 提高英语口语水平 3. 报考英语等级考试
2	增加专业知识储备量	1. 阅读关于企业行政管理方面的书籍 2. 参加短期培训班
3	提高创新能力	1. 广泛了解常识 2. 增加自身对事物（事件）的深入认识 3. 用发散性思维去考虑问题
4	加强对突发事件的应变能力	1. 阅读有关突发事件应对的书籍 2. 向有经验者讨教

通过以上对个人和对职位的分析，李经理引导小张总结自身不足，并且为不足之处量身定制了学习培训方案。最终，在李经理的引导、小张主管部门经理的帮助下，小张终于取得了很大的进步，在工作上感到游刃有余了。

2.3　基于三大维度排序培训需求：紧急性、潜在价值和可操作性

2.3.1　需求调查方法

培训需求分析是企业培训的出发点，也是最重要的一步工作。如果需求分析不准确，接下来的培训就会偏离轨道，做“无用功”，浪费企业的人力、物力和财力，却收不到应有的培训效果。企业要进行有效的需求分析，就必须采取合适的方法和工具。

一、调研问卷法

调研问卷法是有效的收集资料和数据的方法之一。一般由培训部门设计一系列培训需求相关问题，以书面问卷的形式发放给培训对象，待培训对象填写之后再收回进行分析，获取培训需求的信息和数据。

调研问卷法进行培训需求分析，可以遵循以下 5 个步骤，见下表。

调研问卷法的实施步骤

步骤	内容	说明
1	制订调研计划	明确调研目标及任务并具体化，调研才能紧紧围绕目标展开
2	编制问卷	调研问卷（表）是调研问卷分析法的基本工具，通常采用选择题和问答题的方式
3	收集数据	发放调研问卷（表），并组织回收、整理
4	处理数据	统计数据，将问题进行汇总、分析
5	得出结论	根据分析结果得出结论，编写调研报告，提交调查结果

在设计调研问卷（见下表）的问题时，应该注意下 4 个问题。

（1）问题尽量简短，并注意使用简单的、固定用法的术语，避免使用读者不了解或者容易引起歧义的名词；

（2）一个问题只涉及一件事，避免“结构复杂”的问句；

（3）题目设计要简单，不要使作答者做计算或逻辑推理；

（4）避免出现诱导答案的问题，保证作答者完全陈述自己的观点。

培训需求调研问卷

姓名：　　　　　　　部门：　　　　　　　岗位：

您对现在岗位的工作程序	非常熟悉	比较熟悉	一般	不太熟悉	很不熟悉
您对本行业的新知识	非常熟悉	比较熟悉	一般	不太熟悉	很不熟悉
以您现有的知识，您对现在的工作	非常胜任	比较胜任	一般	不大胜任	很不胜任
备选课程	培训需要程度				
	很高	高	中	低	不需要
专业知识					
专业技能					
创新性思维					
目标管理					
成本管理					
时间管理					
沟通与表达技能					
会议管理与技巧					
团队领导与协作					
商业礼仪					

续上表

办公室自动化					
心态培养和压力管理					
潜能开发					
年　月　日					

备注：填表时在对应的内容下面用“√”标明。

二、访谈法

访谈法也是数据收集的一种重要方法。它是指为了得到培训需求的数据和信息，与访谈对象进行面对面交流的活动过程。这个过程不只是收集硬性数据，比如事实、数据等，还包括印象、观点、判断等信息。

访谈法可以遵循以下 7 个步骤进行，见下表。

访谈法的实施步骤

步骤	内容	说明
1	访谈计划	确定访谈目的、项目，准备相关资料，确定相关人员名单
2	访谈预演	进行访谈练习，总结经验，发现问题及时更正
3	访谈开始	向访谈对象做简单介绍，营造适合交流的访谈氛围
4	收集数据	通过向访谈对象提问获得信息，基本工具为访谈记录表
5	访谈结束	对访谈内容进行小结并让访谈对象确认，重问没有充分回答的问题
6	访谈总结	整理访谈记录表，总结访谈记录并收集归档
7	访谈综合	综合访谈中的发现及结论

为了更好地应用访谈法，可以搭配使用访谈记录表（见下表）。

访谈记录表

访谈对象：　　职位：　　访谈人：　　访谈时间：

具体问题	访谈记录
员工的性格特征、个人素质	
员工特别出色的知识、技能表现	
员工特别需要学习的知识和技能	
员工对工作的热忱、关心度	
员工有望取得的成绩或者晋升的职务	
对员工参加培训的意见和建议	
其他需要说明的内容	
备注：	

记录人：　　日期：

三、现场取样法

现场取样法一般较多使用于服务性行业的培训需求调查（如饭店、卖场等），是通过选取培训对象现场实际工作的部分片段进行分析，以确定培训需求的一种分析方法。现场取样法主要包括两种形式：拍摄和取样。拍摄是指在培训对象的工作环境中安装监控摄像机等拍摄设备，对培训对象的现场工作过程进行实际拍摄，事后通过录影带进行观察分析，得出培训需求结论。拍摄的影像要记录一定的信息，见下表。

拍摄样板示例

拍摄对象：	拍摄地点：	拍摄人：
拍摄时间：	是否隐蔽拍摄：□是　□否	
分析项目	员工表现	
服务态度		
顾客反映		
必备工作实施情况		
沟通表现情况		
工作完成情况		
存在的问题		
拟改善的内容		
备注：		

制表人：　　日期：　　后期剪辑：　　存档部门：

取样又分两种形式：一种是“神秘访客”，由取样人乔装成顾客，在培训对象不知情的情况下与其进行沟通、合作或者买卖活动等，事后以取样人对取样对象工作表现的评价和分析为依据，确定培训需求；另一种就是客户录音取样，选取培训对象与顾客对话的录音作为需求分析的依据，总结培训需求的信息和数据。取样分析报告中要反映必备的事实信息，见下表。

取样分析报告

取样对象：	岗位：	取样人：
取样时间：	取样地点：	
取样形式（用“√”标出）	□神秘访客　□客户录音取样	
分析项目	员工表现	
工作态度		
专业知识		
工作技能		
沟通能力		
工作完成情况		

续上表

存在的问题	
拟改善的内容	
备注：	

制表人：　　　　　　　　日期：

四、观察法

观察法多用于生产型或服务性行业，是指到培训对象的实际工作岗位上去了解其工作技能、态度、表现，以及在工作中遇到的主要问题等具体情况的一种方法。为了提高观察效果，一般要设计一份观察记录表（见下表），以作为需求分析的参考依据。

观察记录表

观察对象：	部门：	岗位：
观察地点：	观察时间：	
观察内容	记录	评价
工作态度		
工作方法		
工作熟练程度		
工作制度遵守		
工作沟通与协作		
灵活性与创新性		
工作效率		
工作完成情况		
时间管理		
突发事件应对		
备注：		

记录人：　　　　　　　　记录时间：

五、小组讨论法

小组讨论法是指从培训对象中选出一部分有代表性且熟悉问题的员工作为代表，通过讨论的形式调查培训需求信息。小组讨论法的形式比较灵活，可以是正式的也可以是非正式的，可以通过头脑风暴、组织对照等多种方式进行。在小组讨论开始之前，会议的组织者或主持人要事先确定讨论的形式和内容，以便有效地控制讨论的方向和进度。会议一般会形成一份讨论记录表（见下表）。

讨论记录表

讨论时间：	讨论地点：	
讨论形式：	主持人：	
小组成员：		
讨论主题：		
讨论项目	内容	结论
问题一：		
问题二：		
问题三：		
问题四：		
备注：		

记录人：　　　　　　　　日期：

六、档案资料法

档案资料法即利用现有的有关企业发展、组织目标、岗位工作、人员分析等方面的文件资料，对培训需求进行综合分析的方法。由于档案资料信息纷杂，通常需要利用表格工具进行提炼归纳，见下表。

资料信息归纳表

归纳人：	归纳时间：
归纳方式（用“√”标出）：□资料收集　　□资料整理	
资料份数：	
资料完整情况：	
资料信息分类	内容
企业信息	
外部信息	
管理层信息	
部门信息	
岗位信息	
个人信息	
备注：	

整理人：　　　　　　　　日期：

七、关键事件法

关键事件法是指通过分析企业内外部对员工或者客户产生较大影响的事件，以及其暴露出来的问题，确定培训需求的一种方法。常见的典型事件如顾客投诉、重大事故等。对于这类关键事件，要应用关键事件收集表（见下表）记录存档。

关键事件收集表

员工姓名：	部门：	岗位：
访问者：	访问时间：	访问地点：
访问背景陈述：		
访问内容及其描述	工作中遇到的重要事件	
	事件发生的情境	
	采取的应对行动	
	事件结果	
	经验教训	
分析及评价	导致事件发生的原因和背景	
	员工的特别有效或多余的行为	
	关键行为的后果	
分析及评价	员工自己能否支配或控制上述后果	
	员工事件处理欠缺的方面	
备注：		

制表人：　　　　　　　　　日期：

八、自我分析法

自我分析法即通过培训对象的自我评价，比如对岗位知识、技能、掌握程度等内容的分析，来判断个人培训需求的一种方法。自我分析表如下所示。

自我分析表

姓名：	部门：	岗位：
项目	分析	
岗位任务所需条件		
岗位工作胜任情况		
工作成绩		
工作失误及遇到问题		
自身优点		
个人不足		
应加强哪些方面的学习		
学习目标及学习标准		
学习方式		
部门主管意见：		
备注：		

年　月　日

2.3.2 需求分析方法的使用

一、各方法优劣比较

上面提到的培训需求分析方法各有优劣，企业可以根据自身状况自由选择。培训需求分析方法对比见下表。

培训需求分析方法对比

方法	说明	优点	缺点
调研问卷法	将有关事项转化成问题以问卷形式进行调查	成本低；信息比较齐全；可大规模开展	针对性强；很难收集具体信息；难保证回收率
访谈法	可根据访谈的对象和内容灵活变换形式	方式灵活；信息直接；易得到支持和配合	主观性强；分析难度大；需要高水平访谈员
现场取样法	包括拍摄和取样	资料直观、真实	实施设备成本高；可能以偏概全
观察法	到员工的工作岗位上了解员工的具体情况	可以得到有关工作环境的信息；所得资料与培训需求相关性较高	可能会影响观察对象的行为方式；观察结果只是表面现象
小组讨论法	选择有代表性的成员组成小组进行讨论	全面分析；允许当场发表不同观点	持续时间长；讨论需要保证组织性和结构性
档案资料法	利用现有文件资料综合分析培训需求	耗时少；成本低；信息质量高	不能显示解决办法；需要分析专家
关键事件法	以影响较大的事件来收集培训需求信息	易于分析和总结	事件具有偶然性；易以偏概全
自我分析法	通过个人情况来判断自己的培训需求	信息真实、直接	只代表个人情况

二、确定需求分析方法

培训需求分析方法的选择主要取决于培训本身的要求，企业必须首先依据自身条件，再结合各方法的优点和缺点，最后确定培训需求的分析方法。这里给出3个建议，见下表。

确定需求分析方法的建议

建议	说明
多种方法混合使用	选择两种或多种方法进行组合，可以弥补缺点，提高效果
允许自由意见	允许培训对象就他们认为重要的问题自由发表意见
做好充分准备	分析进行之前一定要明确目标，找准关键数据和关键人

不同的企业使用调研分析方法的侧重点也有所不同。如一个20人的小企业通过访谈就可以知道每个员工的基本培训需求和岗位差距，而一个2 000人的企业的培训需求调查靠访谈却很难实现，而用调研问卷法则更容易，也更能了解到普遍情况。又如在具体方法的使用过程中，调研问卷和访谈法都是自上而下进行，由于职务、工作等缘故，被访对象反映的问题不一定是真实情况，因此没有现场取样的方法直观和可靠，但是现场取样方法在使用的时候也有一定的局限性，不能覆盖企业管理的各个层面。

企业在实际操作中，可以结合自身特点，综合利用各种方法进行培训需求分析，得出培训需求结论。

2.3.3 需求解读分析方法

一、中层管理人员技能培训需求分析报告

1．培训需求分析实施背景

2018 年 5 月，通过对中层管理人员进行年度培训需求调查，了解到企业现任的中层管理人员中大部分在现任的管理岗位上任职时间较短，并大多是从基层管理职位或各部门的业务骨干中提拔上来的，这部分管理者集中反馈需要提升管理技能。通过需求调查分析，把管理技能的提升列为中层管理人员需要培训的重点内容之一。

2．调查对象

企业各职能部门管理人员，共 40 人。

3．调查方式及主要内容

（1）调查方式：访谈、问卷调查。

①访谈：由人力资源部经理作为培训需求分析的主要负责人，同企业各职能部门负责人（共计 40 人）分别进行面谈，并与企业部分高层分别就这 40 人的工作表现进行沟通。

②问卷调查：问卷调查共发出 40 份，回收有效问卷 35 份。

（2）调查的主要内容及其分析。

①岗位任职时间：从下表可以看出，50% 的中层管理者到现任职位的任职时间都不足一年，这足以说明其管理经验尚待提高。

岗位任职时间调查表

任职时间	1 ～ 6 个月	6 个月至 1 年	1 ～ 2 年	2 年及以上
中层管理者人数（人）	4	16	8	12
所占比例（总人数 40 人）	10%	40%	20%	30%

②管理幅度：从下表中可以看出，20% 的中层管理者的直接管理人员在 10 人及以上，40% 的中层管理者的直接管理人员在 4 ～ 6 人。目前有 8 个管理者没有直接管理下属，但只是暂时的，因为企业对这部分业务正在进行调整或重组，所以管理者角色认知是其必备的管理知识之一。

管理幅度调查表

管理幅度	无	1 ～ 3 人	4 ～ 6 人	7 ～ 9 人	10 人及以上
中层管理者人数（人）	8	0	16	8	8
所占比例（总人数 40 人）	20%	0	40%	20%	20%

③制订工作计划：从在访谈及回收问卷中获得的信息来看，大多数中层管理者是以月度或者季度作为制订计划的时间单位，很少有制定长期规划的。从与他们访谈的信息中得知，在具体制订计划的过程中，在如何围绕总目标制订具体的可行性计划、如何确保计划的实现等问题上，他们存在着诸多不足之处，因而制订工作计划是其所需的重要内容。

④授权与激励：授权和激励是管理者的重要管理技能之一，根据培训需求调查的结果来看，其中35人都表示自己会授予下属一定的权限并激励员工，但在工作中具体如何操作，40%的人员表示希望得到此方面的培训。

⑤高效团队的建设：团队作用发挥得好，就能产生1+1>2的效果，至于如何带领及组建一支高效的团队，60%的人员表明自己缺乏这方面的技巧。

⑥员工培训：所有此次培训对象的管理者都会对员工进行培训，但只有10%的人员制订了员工培训计划且认真执行，10%的人员认为没有时间对下属进行培训。由此可以看出，他们多数意识到对下属进行培训的重要性，但真正能落实的人比较少，而且他们对于培训技巧还需要学习。

（3）培训计划建议。

①安排时间。

②设置课程。

培训课程安排表如下所示。

培训课程安排表

培训课程	培训课时
1. 管理者的角色定位与主要工作职责	2
2. 部门工作计划的制订与执行	4
3. 有效的授权	4
4. 员工激励	4
5. 高效团队的建设	4
6. 培训技巧	3
7. 如何与上级领导进行有效沟通	2
8. 如何与下属员工进行有效沟通	2

二、销售人员培训需求分析报告

人力资源部对公司销售人员进行了培训需求问卷调查，收到有效问卷103份。经过对问卷进行统计分析，撰写此分析报告，以作为开展销售培训的参考和依据。

1. 销售人员总体概况

（1）销售人员调查数据分析。

从公司销售人员的学历上看，大专学历占79.6%。从男女比例来看，男女员工的比例约为 28.8%、71.2%，以女性为主，公司男女比例较不平衡；年龄层次上，19 ～ 28 岁员工占 87.4%，共 90 人，可以看出本公司销售人员以“80 后”为主；在“在本公司任职时间”一栏内，53.4% 的人任职未满一年，有约 22% 的员工仍在试用期；在“是否有销售经验”一栏中，32.6% 的人回答从未做过销售；在回答“是否对销售有信心”时，66% 的人表示“没有足够的信心”；在回答“如何看待自己的销售业绩”时，约有 46% 的人表示“完成每月的销售任务很困难”，只有 15% 的人回答可以按时或超额完成销售任务；在回答“您在销售中面对的最大困难是什么”时，有 72% 的销售人员认为，目前的最大困难是“不知道如何有效沟通”；在回答“您认为系统的销售训练能否提升销售技能”时，有 70% 的销售人员选择“能”。

（2）主要结论。从调查问卷显示的内容，我们可以得出如下结论。

①大部分销售人员没有进行过系统的培训。

②有一半以上的销售人员在公司工作不到一年时间。

③有占公司 1/5 的员工刚刚进入公司，非常需要专业的业务指导和培训。

④有 1/3 的员工没有任何培训经验，非常不利于销售工作的开展。

⑤有接近一半的员工难以完成当月销售任务。

⑥绝大多数员工认为可以通过系统的培训提升业绩，对培训的需求很紧迫。

2．销售人员从事销售概况

调查问卷对销售人员是否有销售工作经验进行了调查，结果显示公司有 1/3 的员工从未从事过销售工作，这一数据也说明了为什么有将近 50% 的销售人员难以完成当月的销售任务。

对于从来没有从事过销售工作的员工，公司应提供销售基础知识的培训，并组织专门的人员进行辅导，结合他们目前的销售实践，让他们了解如何进行更有效的销售。

3．销售人员的任职情况

参加本次调查的 103 名销售人员的任职情况如下表所示。

职位等级表（案例）

级别 / 人数比例	经理级	主管级	业务员
人数 / 人	11	23	69
所占比例（%）	10.7	22.3	67.0

从上表可以看出，公司的培训对象主要分为销售管理者和业务员，而业务员是培训的最主要对象。

4．销售人员培训需求点概况

从问卷统计结果来看，在销售技巧的相关问题中，以下几个问题比较突出，如 72% 的人面临着“不知道如何有效沟通”，其他的问题依次是“不知道如何处理客户异议”“不知道如何成交”“不知道如何很好地接近顾客”“不知道如何有效地介绍产品”“不知道如何处理客户关系”，如下表所示。

销售人员培训需求点分析（案例）

培训需求 / 人数比例	无法找到顾客	不知道如何接近顾客	不知道如何介绍产品	不知道如何处理客户异议	不知道如何成交	不知道如何处理客户关系	不知道在销售中如何沟通
人数 / 人	15	53	48	69	68	32	74
比例（%）	15	52	47	67	66	31	72

5．销售人员培训课程建议

针对本次调查问卷显示的这些实际情况，建议公司从销售心态和销售技巧两个层面对销售人员进行培训。在人员上分为销售管理人员和销售人员两个层次。对销售管理人员主要培训销售队伍的建设和管理、如何管理下属、如何指导下属等；针对销售人员需要有计划、有步骤、分阶段进行培训。针对业务人员，我们建议公司进行课程培训，见下表。

销售人员培训课程计划表（案例）

课程名称	主要内容
1. 发现顾客的 N 个地方	告诉销售人员如何寻找潜在顾客
2. 如何接近顾客	告诉销售人员应该如何去接近不同性格的顾客
3. 如何进行产品介绍和演示	告诉销售人员应该从哪几个方面对顾客进行产品演示
4. 如何消除顾客异议	列出客户异议的类型，并逐个给予解决方法
5. 如何成交	通过培训告诉销售人员成交的时机和方法
6. 如何与顾客进行有效沟通	举例说明如何和顾客进行销售沟通
7. 建立良好的顾客关系	通过售后服务构建良好的顾客关系
8. 销售目标管理	告诉销售人员如何进行目标管理
9. 管理自己	告诉销售人员如何规划自己、如何进行时间管理

2.4 案例分享：MM 企业大客户经理胜任能力分析，培训需求用数据说话

数据是掌握事实真相的重要工具，例如医学领域总结出的人类健康数据：一般情况下，一个健康的人的血压范围是高压 90 mmHg ～ 140 mmHg，低压 60 mmHg ～ 90 mmHg；心跳每分钟 60 ～ 100 次；体温在 36℃～ 37℃；每分钟呼吸 16 ～ 20 次。医学领域凭借人

体的这一整套数字来衡量一个人的身体健康状况。如果一个人的血压上压是180，下压是75，就可以断定这个人患有高血压的症状。再比如医生安排体检之前会交代第二天早上要空腹。体检之后医院会出具一份体检报告，化验的项目都能用数据表示，如果超出参考范围之内，就是不正常的表现。血液化验报告当中如果所有项目都是阴性，就表示身体是正常的，但是没有抗体，医生会建议打乙肝疫苗。从非常普遍的体检就可以看出，随着科技的进步，医生不需要自己去掌握各种深奥的知识，只需要观察一些检查数据就能判断出一个人的身体状况。以前在老郎中的看病时代，医生的诊断条件是非常不好的，大部分情况下靠医生号脉，通过观察病人的气色诊断身体，而准确性就会大打折扣。

数据的权威性展现在各领域，反观管理领域，尤其是培训管理领域用数字说话的情况还比较少，虽然很多企业都已经意识到数据管理的问题，也采用了一些KPI指标。但是数据的有效性和可信度还需要进一步斟酌。培训部门每个月做出的培训报告、培训报表中的数据都是非常基础的，比如有人均培训小时指标、出勤率指标、培训费用指标、计划完成率指标、满意度指标、普及率指标等。这些指标都是企业中常用的培训指标。仔细研究，就会发现这些数据都是在培训之后才能得到的，在培训之前无法得到这些数据。所以可以把这一类指标归纳总结为“马后炮”指标。在管理领域，我们不仅要关注“马后炮”指标，更要关注前瞻性的事前指标。

在管理领域“马后炮”指标也有其作用，但是真正的管理还应当关注事情未发生之前的指标，通过这样的指标对事件进行分析、比较，对未来的发展方向和趋势进行预测判断，就能够把隐患消除在摇篮中。这一类指标称为“诸葛亮指标”。

一前一后的一系列指标构成了培训管理的KPI数字模型。现代企业在培训管理中，针对培训需求，有如下误区。

误区一：培训需求的调研看似“轰轰烈烈，不留死角”，其实往往流于形式。因为部门、员工都是站在“以自我为中心”的角度。

误区二：界定培训需求时，要明确培训只是管理手段中的一种，能解决一些问题，但不是万能的，这一点要和管理层达成一致意见。

误区三：要“对症下药”。“久病成良医”的个例还是很少见的，不要总依赖过往调研数据。

针对培训需求管理的常见误区，我们需要选择科学的培训需求分析模型，进行有效管理。

一、Goldstein模型

20世纪80年代，I.L.Goldstein、E.P.Braverman、H.Goldstein三人经过长期的研究将培训需求评价方法系统化，指出培训需求评价应从三个方面着手，即组织分析、任务分析和人员分析。

- 组织分析：确定培训对象。
- 任务分析：确定培训内容。
- 人员分析：确定需要培训的个体或组织。

每个阶段的分析重点、目的和方法的侧重点不同。其中组织分析是指根据组织机构的经营战略判断组织内部哪些员工或者部门需要培训，确保需求分析符合组织机构的整体目标以及战略要求；任务分析是指分析该任务所需的各类知识，包含专业知识技能和态度情感需求等，从而确定所需要的培训内容；人员分析是指通过分析员工之间的绩效差距，从而确认是否需要培训。

该模型以系统观对需求分析进行层次上的分析，以组织经营战略为指导，整合组织、任务以及人员的“需求”，是业内目前得到普遍认可的需求分析模型。然而该模型尚未考虑到外部环境对需求分析造成的影响，以及没有关注到员工自身的情感需求。更重要的是，该模型目前没有具体的分析方法和有效工具，影响了该模型的有效普及。

二、培训需求差距分析模型

美国学者汤姆·W·戈特将“现实状态”与“理想状态”之间的差距称为“缺口”。该模型是通过对“理想技能水平”和“现有技能水平”之间关系的分析来确认培训需求的。模型显示，只要形成“理想的状态”，现实状态便自然与其构成差距（包含现有知识程度和希望达到的知识程度之间的差距、现有能力水平与希望达到的能力水平之间的差距、现有认识和态度水平与希望达到的目标之间的差距，现实中劳动者素质与理想中劳动者素质之间的差距等）。因差距的形成，而产生相应的“培训需求”，即培训需求 = 理想状态 - 现实状态。而任何培训活动都旨在缩小、消除这种差距。

培训需求差距分析模型弥补了Goldstein模型在人员分析层面存在的操作性不强的缺陷。然而，不难看出的是，该模型未能对企业战略给予足够的关注。该模型关注的是员工的“必学内容”，并以此缩小“存在差距”然后对此类“学习需求”做出响应，给出相应的培训方案。该模型的有效性依赖于一个前提“培训活动 = 提高绩效”。而进一步的分析则表明，这一前提又包含两点内容：①绩效问题全部由知识、技能和态度决定；②培训能够百分之百学以致用，转化为员工绩效。

可是，实际上我们都了解到，Joe Harries 的研究显示：绩效问题最常见的不是缺乏知识与技能。G.Rummler 更是强调“仅靠培训几乎从未解决过问题”。尽管如此，该模型对于“培训重在缩小差距”的思想还是具有里程碑意义的。Robinson & Robinson 总结出的绩效咨询模型既能从企业发展目标出发研究理想的绩效行为，又能考虑到员工现有水平与其理想状态的差距，从提高绩效的角度来讨论培训需求。

三、胜任特征模型

胜任特征（competency）是指能将某一工作（或组织、文化）中表现优异者与表现平平者区分开来的个人表层特征与深层特征，主要包括知识、技能、社会角色、自我概念、特质和动机——即任何可以被可靠测量或计数的，并且能显著区分优秀绩效和一般绩效的个体特征（由 McClelland 于 1973 年提出）。而胜任特征模型就是指担任某一特定的任务角色所需要具备的胜任特征的总和。这种胜任特征分析并不局限于组织、任务或人员分析中的某单一层面，同时强调了需求分析和培训结果应能提高的受训者对未来承担工作的胜任特征。胜任特征如同冰山一样，露出来的部分仅代表表层的特征如技能、知识、社会角色、自我形象等。这些形象能够感知到，但不能预测或决定能否有卓越的表现。而处在水下部分的深层特征，如行为动机等则决定着人的行为表现。

可以看出胜任特征模型不但可以弥补 Goldstein 模型在任务分析方面存在的操作性不强的缺陷，而且该模型强调了培训的“岗位绩效导向”，将员工培训引入了解决绩效问题的范畴。然而与培训需求差距分析模型一样，该模型未能足够重视企业战略对培训需求的影响。胜任模型从员工开发工具发展为有效的培训需求分析工具后，注意到了企业经营战略变化会产生新的胜任特征需求或改变原有的胜任特征要求，也带来了企业员工培训需求的变化。然而，因为建立胜任特征要求非常专业的访谈技巧以及后期的分析技巧，并且耗时成本非常高，导致国内多数企业（人力资源管理刚刚起步）而言，难度较大，适用性不强。比较发现，Robinson & Robinson 总结出的绩效咨询模型兼备关注战略与业务发展需求以及在构建岗位绩效行为可操作性强这两大优势。

我们借用 MM 企业大客户经理来做胜任能力分析。

1．静态培训需求

静态培训需求是指完成岗位要求所需要的胜任能力所对应的培训课程，它是针对组织和岗位要求而产生的，是与岗位同时存在的。从传统的能力定义来看，培训需求应该落实到课程上。组织层面、岗位层面、个人层面这三个层面的需求分析，再加上岗位职责分析，就能够确定静态培训需求。所以静态需求与岗位相关，与人没有关系。当公司成立、岗位设定了以后，就存在静态需求。

2．动态培训需求

动态培训需求是指某位员工到了指定岗位后，其现有能力与岗位要求以及员工的个人发展需求之间的差距所对应的培训课程。按照定义来看传统的培训需求应该是动态需求，也就是我们常说的员工培训需求。

3．静态培训需求与动态培训需求

我们通过下图解释动态需求和静态需求。首先，这个模型对应一个岗位——大客户经理，红色线是岗位要求线，绿色线是现有水平线。

数字定义如下。

1 是基础级：了解基本知识。

2 是晋升级：有一定知识及经验，能在简单和没有帮助的情况下运用。

3 是专业级：非常了解，能在复杂的情况下运用，同时能对新员工进行辅导。

4 是专家级：绝对掌握，能在复杂情况下运用且能创新，并因其专业知识而著名。

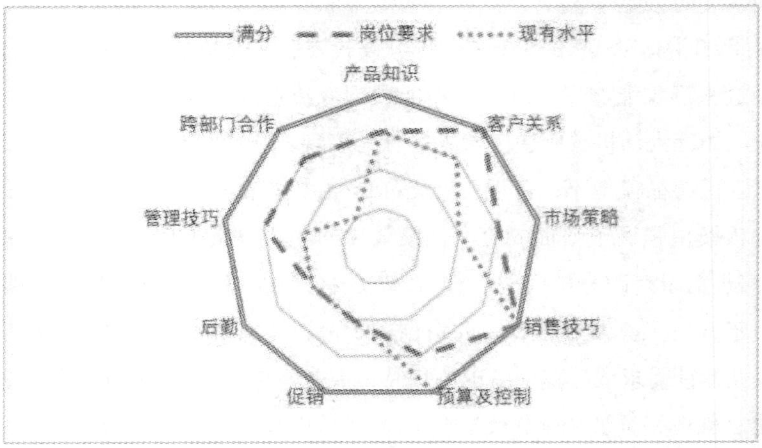

大客户经理能力胜任图

对大客户经理这个岗位来说，其对产品知识的要求达到专业级，另外市场策略、预算及控制、管理技巧、跨部门合作共五个方面也需要达到专业级。尤其，客户关系和销售技巧都要求达到专家水平。而后勤和促销这两方面只要达到晋升级就可以了。

现在假设每一项能力对应一门课程，比如公司有一门课是产品知识课程，能够帮助员工让他的产品知识水平达到专业级。还有一门课是高级客户关系课程，能够让他的客户关系达到专家级水平。还有市场策略课程、销售技巧课程等。可以看出每一项能力跟课程是一对一的关系。请思考一个问题，在经理这个岗位上，静态培训需求应该有几门课？九种能力所对应的九门课就是岗位的静态培训需求。

接下来有一个叫张谦的大客户经理，他的胜任力模型如下图所示。

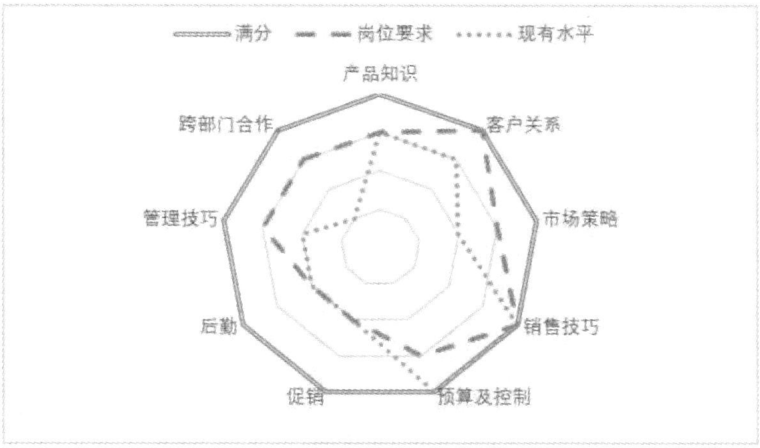

某大客户经理张谦的能力胜任图

静态培训需求跟岗位跑，动态培训需求针对个人。张谦的现有水平线是绿色线，与岗位要求线之间存在差距。根据动态培训需求的定义，张谦有四门课的动态培训需求，分别是客户关系、跨部门合作、市场策略和管理技巧。

从上面这两张图中就可以清楚地区分静态需求和动态需求。

为了加深对这两个概念的理解，下图是一个生产经理的胜任力模型图。

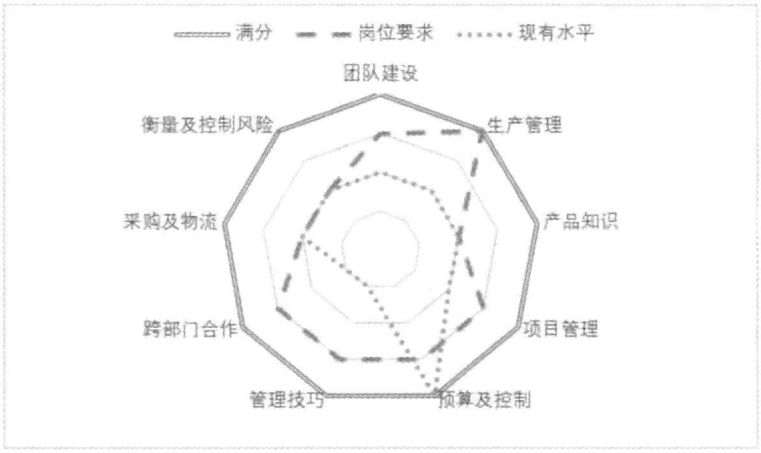

生产经理的胜任能力图

首先红色线是生产经理的岗位要求线，他的生产管理水平要求达到专家级，跨部门合作、管理技巧、预算及控制和项目管理要求达到专业级。

假设能力与课程是一对一的关系，静态培训需求应该是九门课。他的现有水平是蓝色线，根据与红色线之间的差距，可以看出他的动态需求是跨部门合作、管理技巧、项目管理、生产管理、团队建设这五门课。

4．静态培训需求和动态培训需求的基本原理

静态培训需求和动态培训需求相当于我们熟悉的平均线理论，传统的需求调查针对人来做。下图是静态培训需求的原理。其中，纵坐标是培训需求的数量，需求数量越多，表示这个人的水平越低。

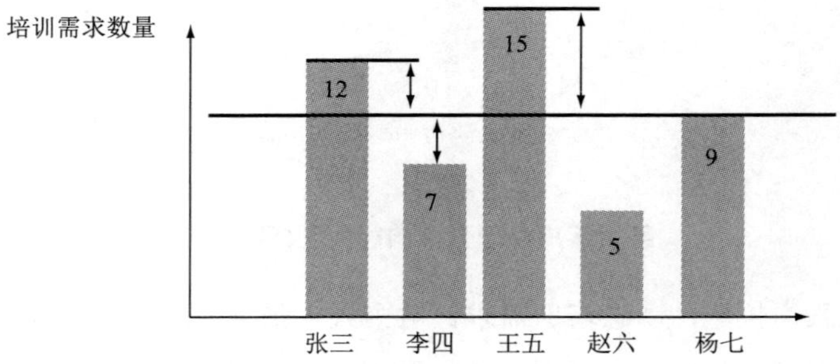

静态培训需求原理

所以在上图中，张三的水平比较低，李四水平比较高，他只要 7 门课程就够了。王五的水平最低，参加完 15 门课程达标之后才能把工作做好。赵六的水平最高，杨七则处于平均水平。这就是传统的需求调查，基于人的需求完成。

对一个主管来说，如果他是这些人的上司，要提出 15 门课的需求，对自己本身要求也会很高。首先他必须对各种课程非常了解，才能根据下属的情形安排适合的培训。这是不太现实的，所以现在换一个角度。把代表平均值的 9 门课的静态培训需求先做出来，然后，在这 9 门课的基础上根据员工的各自情况增减课程。

所以这种办法就是把培训需求分为两方面来做，一方面做静态培训需求，然后针对每个人的情况把静态培训需求变成动态培训需求。这样做的最大好处是可以对未来的需求进行前瞻性预测。就像平均线理论，静态培训需求相当于岗位的平均需求，动态培训需求就是在平均线上进行增加和删减。

关于静态培训需求，我们要掌握具体的操作方法——培训矩阵，才能在实践的培训工作中应用该理论。

理论问题解决之后就要关注如何解决操作问题。下表是一个培训矩阵，左边是课程，课程体系很关键。上面是职位，按照一个部门来做培训。一个部门的人数可多可少，多的可以达到几千人，不可能把这些人的资料全部打印出来，所以要集中反映到图表当中，这才叫管理。同样，不能针对每个人做培训计划，但是每个部门的职位最多就十几个，可以针对职位进行培训课程安排。

培训矩阵

课程类型	职位课程类型	生产主管	质检主管	工艺工程师
文化类	入职培训	1	1	1
	5S	1	1	○
质量类	ISO 9000	1	1	1

注：“1”表示有此需要，“○”表示没有需要。

操作原则：

- 以部门为单位。
- 控制在一页纸上。
- 谁来操作。

在操作过程中需要简化统计数字，用 1 表示有此需要。比如生产主管需要入职培训，就用 1 标示，这样能够一目了然，便于统计。

第三章

培训也有方法论——快速构建有效的培训体系

3.1　培训管理体系的相关因素

3.1.1　企业文化与战略

一、企业文化

在培训体系建立的过程中，首先引起我们思考的是培训体系的影响因素。为什么有的公司培训体系丰满，课程体系丰富，有的公司培训体系精简，只有核心课程，而有的公司甚至没有培训体系，只有一些零散的课程？经验不够丰富的培训工作者，通常会有一种错觉，总认为大型组织丰富的培训体系代表着先进、高水平和专业性。而实际上，培训体系的建设，同组织的其他体系建设一样，都需要从企业文化出发，这关系着企业最为本质的东西。

谈到企业文化，我们会想到使命、愿景、价值观。使命代表着我们是谁，愿景代表着我们想成为谁，价值观代表着处世原则。这些是一个组织不同于其他组织的根本命题，正是对这些问题的回答，使得企业的管理者深化、坚定对组织的认识和澄清。

1．使命

使命回答我们是谁的问题。所谓我们是谁，隐含的问题包括，我们的客户是谁，以及我们为客户创造什么价值。这个问题听起来距离日常管理很远，离培训好像就更远了。实际上，许多组织的迷失，与使命的不清晰有很大的关系。在组织经营过程中，常常会面对许多诱惑和机会，选择做什么或者选择不做什么，就是企业发展决策的重要命题。比如，我们常常看到这样的新闻，某某企业主业不振，靠炒期货一年赚十几亿，涉嫌操作期货市场被调查。

使命与企业培训体系的关系，就是培训体系应该紧密围绕着使命开展的。这个问题的根源在于，使命代表着“我们是谁”“我们的客户是谁”“我们给客户创造什么价值”。培训体系存在的意义就是围绕着“我们的客户是谁”和“怎样提高给客户创造价值的能力”这个命题。组织经营管理中，培训负责的是能力建设的问题，培训体系的存在就是深化能力建设，体系化能力建设的问题，通过培训体系的建设，使得组织对于客户的价值有所提升，这就是培训体系建设的“元问题”。

现实中，就像前文提到的某主业不振的企业一样，看到期货市场有利可图，就去开展期货业务，舍本逐末，也是在培训体系建立中常见的问题。比如，领导力是个热门话题，那么培训体系中要不要包括领导力建设呢？业内人士都在谈论移动学习，那么我们的企业要不要将移动学习提上日程呢？这些工具、资源都非常引人注目，但究竟是不是我们的组织所需要的呢？还需要回到使命上来。

2．愿景

愿景回答的问题是“我们要走到哪里”的问题。愿景代表着组织未来发展的方向和远大理想。乍看之下，愿景也是一个非常宏大的课题。我们建设培训体系，也需要围绕着组织的愿景开展。这里的思考，更多的是一种培训体系建设的规划与实施的节奏。我们需要从组织的愿景中，找到培训体系衍化的轨迹。思考培训体系，应该先思考“在我们的组织中，理想化的培训体系是什么样的”，其次是“理想化的培训体系与现实的培训体系是什么关系”，以及“我们在建设培训体系时，应该具有怎样的规划、路径和节奏”，从而能够更好地完成培训体系建设的系统工程。

3．价值观

价值观回答的问题是“我们的处世原则”。这一点在日常管理中是一个经常被提及的话题，它代表着组织在市场中、社会中的行为准则。价值观是企业文化中可视化程度最高的，经常见诸公司的墙上、网页上和印刷物上。这些具体的形式，有一部分是企业当前价值观的真实反应，有一部分则是管理者的一厢情愿，而多数是管理者的理想化构想。

我们在思考价值观与培训体系建设的关系时需要明确几个问题：组织对于人才的态度，组织对于培训和学习的态度及组织对于氛围的态度。

组织对于人才的态度，实际上代表着组织对于能力的态度。组织在实现愿景的过程中所需要的能力，是通过引进人才还是通过培养人才？如果通过引进人才，那么就会倾向于招聘成熟的人才，招来即用，培训体系的构建就应该围绕着文化融入、工作规范和经验复制等。如果通过培养获得，那么培训体系建设就应该围绕着全面能力建设、经验分享和文化塑造。组织对于培训和学习的态度，与人才培养的态度一脉相承。如果组织更关注人才培养，那么培训体系的建设将会呈现出梯队性，培训与企业人力资源管理模块的衔接也会更加紧密，战略性培训的比重也将会增加。强调学习的组织，通常还会为员工提供丰富的培训资源，激发员工的主动性和规划性，培训体系更多的与人才发展体系相结合。最后，是组织对待氛围的态度。有的组织强调开放生态，那么培训体系就需要注意培训要素之间的连接，培训体系使得人们的交流更多；有的组织强调纪律，那么培训体系就应该更加制式化，强调对于规范知识、动作和标准的澄清，培训具有很强的功能性，是员工行为的字典；还有的组织强调自主性，那么培训体系设计中就需要考虑加入员工讲师的思考，培训的课程体系也会尽量开放和多元化。

二、企业战略

企业战略当然同培训体系的建设高度相关。战略纵向分为战略制定与战略实施，横向划分为竞争战略、产品战略、技术战略、人才战略等。其中，培训体系应当关注的是战略的实施，即通过能力提升的方式，帮助企业实现战略实施。

企业战略与培训体系的关系十分紧密，首先体现在培训规划方面。在这里，需要开展的工作，是基于组织的现状和近期战略、规划培训的重点、资源投入等。这里面有几个关键问题需要回答，一是培训目标，二是培训制度，三是培训管理团队，四是培训课程，五是培训资源。

培训目标首先需要明确企业对于培训的愿景，希望培训在企业管理中扮演的角色，从而建立长期的规划和短期的工作重点。培训还天然具有企业文化载体的职能，还需要在培训目标中规划企业文化在其中的穿插和体现，有时是培训的组织形式，有时是具体的课程内容，有时是宣传内容。此外，还应该确定培训与企业长远发展之间的关系，即培训体系建设的步骤和规划。最后，要回答企业培训和人才的关系，包括哪些人才通过培训获得，哪些人才通过招募获得。

培训制度是企业管理制度的一部分。其中需要将培训的适用范围、管理原则、各部门的职责分工、年度培训方案、项目审批、经费管理、内训师管理政策等一并明确。需要注意的是，制度的设计需要与人力资源整体策略相一致，并配合使用，从而达到良好的效果。

培训管理团队一般有两种存在形式，一种是属于人力资源部的一个子职能，由专员负责开展培训相关工作；一种是独立的管理学院，全面开展组织的培训工作，一般与人力资源部平级。培训管理团队的搭建，主要与组织对于培训工作的定位相关。在企业管理学院的形式中，一般企业规模相对较大，标准化要求程度较高。这里的标准化有时是企业的基层操作员工的标准化，有时是基层管理动作的标准化，有时是中层管理行为的标准化，或者是某种全员标准的普及化。因而，采取企业管理学院的组织架构常见于大型组织中。依附于人力资源部的培训部门，标准化程度通常不高或者管理情境多变，更强调培训与人力资源职能的配合性。

培训课程一般从企业的核心业务能力、基础素质和管理能力出发设计。核心业务能力通常与企业的核心业务体系高度相关，一般是对主业经营业务的分解，从而能够满足相关业务人员的学习需要，它一般适用于具体的业务工作者，此部分的体系建设通常需要业务专家的参与。基础素质能力，更多的是指一个员工作为职业人所应该具备的素养，这其中包括对行业的认知、公司的认知、基础工作技能、职业精神等，这一类实际是企业的通用性培训体系内容，如沟通表达、公文撰写、办公技能等，是伴随员工终身的能力素养。最后，是管理技能。管理技能面对的是企业的管理者，如领导角色、领导力、管理沟通等，是一定管理层级的管理者需要掌握的能力素质。

培训资源分为内外部资源。内部资源一般可以理解为内部培训师和内部培训支持系统。内训师的概念由来已久，对应上文提出的课程体系，培训业务能力的培训师一般可以从业务骨干中选拔，培训基础素质能力的培训师可以由人力资源部门或培训部门提供，而管理能力培训师可以从公司管理者中选拔。内部资源的优势在于，可以更加贴合组织的现状开展培训，不会让受训员工有“没有见过羊的人教我们怎么放羊”的荒谬感，另一方面培训的参与度通常较高。外部资源，主要指的是外请培训讲师。外请培训讲师的优势在于，可以为组织带来新的思想和启发，观点碰撞，从而推动学员的认知。外请讲师还可以选择专业水平较高的老师，使得学员能够增长见识，激励学习。

3.1.2 战略人力资源管理与培训体系

从战略人力资源管理的角度来看，培训体系与其有着较为紧密的联系。首当其冲的问题是，要不要开展培训。由于在战略人力资源管理的视角下，一切为了战略服务，一切动作均需要和战略保持一致性，因而，培训体系并不一定存在，甚至培训都不需要存在。我们可以考虑从市场中购买成熟度足够高的人才，其自身的专业能力使得我们不需要培训即可以直接上手工作。这样的决策，与用人模型也有很大的关系。我们知道，在战略人力资源管理中，对用人模型有两种分类。

第一，是基于买卖的雇佣关系。即把员工视为一种资源，把人力资源作为生产资料的一种，在落实战略的过程中，需要什么样的人力资源，雇佣即可。需要什么级别的人才，都是通过雇佣来实现。由于能力可以被雇佣，那么培训开发的重点就不再是能力建设，而是落到人与组织的衔接、人与人的衔接上面。在这种情况下，培训体系相对简化，一方面，比如需要入职培训，帮助员工迅速与组织建立联系。（通常在购买型的人力资源雇佣模型中，人员通常流动性会相对较大）。另一方面，需要将组织的标准与人才充分沟通，如各类业务标准，规范制度等，以使得人才能够与组织匹配。此外，培训需求集中在员工之间的关系建立，如各类拓展活动、年度外出活动等，通过组织活动，使得人才之间更加熟悉，以提升组织的运作效率。在这种情况下，针对业务能力、管理素养，以及职业化等普通培训的量会有所减少。

第二，在以承诺为基本雇佣模式的人力资源战略下，培训开发的重要性才更加凸显出来。首先，培训开发，是企业对待人才培养的理念不同。在这种理念下，企业会视培养为企业的责任，是企业对待人才态度的一部分。在这种战略的企业中，通常会考虑招聘毕业生等，通过承诺的雇佣关系，维持相对稳定的人员关系，通常会培养忠诚、稳定、学习、责任等企业文化，因此，培训的作用自然成了战略人力资源的有机部分。在这种情况下，人才培养是一种投资行为，企业在人才初级阶段与人才形成雇佣关系（毕业生），在培训中，既包括基于岗位的特殊培训，也包括通用的培训，也会管理能力的培养。此外，培训的体现形式，也会呈现出多元化的情况，因为在这种战略下，人才培养的成效是重要的考量。因而，可能会出现导师制、轮岗、扩大管理职责、后备人才计划等培养活动，而不只是单纯地局限于培训一种形式，培训更多地成为培养体系的一个有机组成部分。

还有一种观点，培训体系与战略的关系是作为一种福利存在于全面报酬中。在日常管理中，通常把培训与拓展活动机会、休闲娱乐机会、外出机会、学习机会相杂糅，使员工在日常工作中，把培训当成是一种福利待遇，从而获得满意度的行为。在这种观点中，培训的存在与满意度产生了联系。这里管理逻辑欠妥的地方在于，员工满意度并不一定是管理的目标。管理的目标是什么呢？一个组织让员工满意就会获得成功吗？或者说，员工有所不满意，会意味着组织管理的不成功吗？事实并非如此。管理是为了让组织步伐一致，实现共同目标。在实现目标的过程中，管理会有取舍，就一定会有人不满意。反过来看，员工满意度高，组织一定成功吗？员工满意的情况有很多种，比如对薪酬满意，对闲暇时间满意，或者对工作自由度满意，或者对福利满意。这些都只能代表组织管理的一部分情况，并不能说明组织整体管理是否有效。因此，我们不否认培训是全面报酬的一部分，培训也有助于提升员工的满意度，只是，我们认为讨论员工满意度的意义过于片面，不应当成为我们管理决策的目标和出发点。

3.1.3　课程体系的构建

在课程体系的构建中，我们需要站在组织能力的角度思考问题。即一个组织，为了实现自己的目标，需要具备哪些方面的能力。那么每个组织所需要的能力当然是不一样的，这就牵扯到能力素质模型的构建问题，即严格来说，首先应该构建能力素质模型，基于一个组织的能力素质模型，我们才能知道这个组织需要什么样的能力，进而需要什么样的课程。

这里我们只讨论通常的情况。一般来说，企业需要的，首先是通用能力，即员工的职业化程度，针对普通员工；其次是专业能力，即与专业相关度较高的专业能力，这里既包括业务人员，也包括其他支撑类人员；再次是领导力，只针对领导者或潜在领导者。下面对这几方面课程内容的边界展开讨论。

一、职业化培训

谈职业化培训，首先我们对职业化这个概念进行阐释。什么是职业化？职业化实际有两方面内涵：一方面是工作的标准化和规范化，一方面是恰当的工作行为。职业化培训，也是围绕着上述两层含义开展的。一方面，工作的标准化与规范化培训，指职业技能。比如公文写作、办公软件使用、机器设备操作、日常规范等。在这个意义上，职业化培训给予员工最为基础的能力素质，并且在通常情况下，这种基础的能力素质是适用于多数企业组织的。另一方面，我们谈到职业化的时候，意味着职业素养。这一类培训，通常意味着更软的基础素质。比如，敬业心态、沟通能力、团队协作能力、执行力的提升。员工经过此类培训并合格后，应能够表现出基础的职业化成果，由一个校园人、社会人成为一个职业人。

在具体的表现形式上，很多企业组织会将员工的职业化培训以一个新员工训练营的方式集中实施。尤其是校园招聘的新员工，欠缺必备的职业技能、职业素养，通过一个集中的职业化培训能够使得其完成从校园人向职业人的转变。通常这类培训还被赋予了其他功能，比如组织文化的灌输、员工之间的关系建立等。事实上，由校园人—职场人—本企业的人，涉及两层递进关系，因而新员工培训才会越来越受到重视，投入也越来越多。此部分内容，会在第九章展开讨论，在此暂不赘述。

还有一些企业组织，走得更远一些。将新员工培训上升到定位培养。这就不再是简单的培训课程堆叠，还涉及导师制、信息化手段、个人发展计划、晋升机制等一系列管理政策的配合。这一类企业，通常将人才培养视为一项重要工作、系统工作，而人才培养的源头就是新员工的培养，因而具有的意义也有所不同。

二、专业化培训

专业，即专门从事某种职业。专业的含义来自对组织战略的分解，即为了组织实现某个战略目标，需要具有某些专门从事某种职业的能力来实现，因而组建了各个部门，部门之下产生了岗位，这些都是专业分工的逻辑。在日常管理中，岗位是专业的基本单位，因而专业培训的分类也通常按照此逻辑划分，如业务培训、职能培训。专业培训，即是从课程的角度构建能力标准，使员工能够提升专业能力。

一般意义上，组织的人才都应该是专业的。因而专业培训，常见于对新员工的培训，其目标通常围绕着使员工能够快速达到组织的基本能力标准。对专业培训应用比较成熟的行业，多见于业务人员频繁更迭的行业、企业和岗位，比如保险公司业务员、通信公司的客户服务人员等。人员更迭越频繁，专业培训的规范化程度越高，经过流水线式的专业培训，人员即可上岗。

在多数企业中，老员工本身从实践中获得了很多专业的训练，而社会招聘员工也正是由于其专业的优势，企业才会花大价钱把人才吸引进来。那么员工对于专业的培训，更多的形式是交流。比如，以外请的方式与不同领域、机构的专家进行专业话题的培训交流，其目标更多在于引发本专业的员工的思考。专业人才具有判断力，他们通常不需要别人告诉什么是专业的，他们更多依靠专业的思维碰撞，得出自己的结论。

三、领导力培训

领导力也是培训课程体系的一个关键组成部分，越来越受到组织的重视。关于领导力培训的课程也非常繁多，各类培训机构、企业大学、商学院以及独立培训师都在开展领导力培训的课程，因而，本文对领导力培训不再进行一般性的阐述，只从培训组织者的角度，给出一些领导力培训课程的构建意见。

首先是领导力培训课程的内容。事实上，领导力的概念很宽泛，既包括领导角色认识、决策、授权，也包括培养人、激励人等，课程内容非常之多，如果只是照搬其他公司的课程体系，很难在自己的公司中真正有用。这里有几个原则，供参考。领导力的培训内容，一定是与组织的能力素质模型高度相关，即在某一个企业中，需要一个管理者具有什么样的领导力特质，每个组织之间一定是差异巨大的。组织文化、业务模式、人员特点、管理情境都不尽相同，在这种情况下，对于领导力的要求当然是不同的。

其次是领导力培训的受众。为什么领导力培训会非常火呢？这是因为，通常在企业中，首先最受到重视的是领导者，对这一群人倾注的资源非常多，也包括培训资源。领导是一种自上而下的行为，这无可厚非。我们也要同时认识到，对于中层管理者、基层管理者、新晋管理者甚至管理后备军的领导力培养也具有很高的价值，基层管理者也同样不能满足于“面包屑”，他们也需要优质的培训。所以，对于领导力课程的分层设计就变得有价值起来。具体的课程内容，仍然和领导力素质模型相关。一般来讲，新晋管理者，更加偏重于领导角色认知、转换，领导力概念建立；基层管理者，更加偏重于影响、决策、绩效沟通等具体的领导技能；中层管理者，领导力通常不是痛点，培训一般要强调与组织战略的承接；高层管理者，从领导力培训来看，其需求在于高层视野的打开，如跨行业的交流、碰撞，都会是不错的选择。

3.1.4　资源体系的构建

培训资源体系主要包括供应商资源、内部讲师资源、实物资源。

一、供应商

培训在很大程度上需要与培训公司打交道。市面上有非常多的培训机构，从合作的角度来看，很多供应商都有自己擅长的领域，有的擅长领导力、有的擅长测评、有的擅长拓展、有的擅长行动式学习。在供应商的选择上，比较建议选择擅长专业领域的供应商，术业有专攻，通常效果更好。

除去培训公司外，现在的趋势更多愿意聘请业内、高校人士开展培训，也是非常好的选择。业内人士通常是实战专家，他们对于行业有非常深入的领悟，讲课也非常具有实践性，比较适合于同行业之间的交流。在许多开放性较强的行业里，这种交流、互通有无非常普遍。另外，聘请高校老师也是非常好的选择。知名大学的商学院通常都有高管教育中心，会针对性地开设一系列课程，供企业高管人才选择。人数较多，可以选择把老师请进企业，人数较少；可以将高管送到高校参与公开课。知名高校商学院老师通常在专业领域内具有很高的造诣，对知识认知的高度、萃取的体系性方面往往具有优势。

二、内部讲师

内部讲师是讲师资源的又一个重要来源。用组织内部的人员去担当讲师，有很多优点，其中最基本的，讲师对于组织内部的情况比较熟悉，与实践结合的效果最佳，培训往往能够有很直接的效果。除此之外，内部讲师还有两个重要的应用。

一种是公司管理者作为培训讲师，其培训授课的行为本身就是一种组织承诺。管理者对员工提要求，对其自身也是一种承诺。管理者作为讲师，也可以直接与战略部署工作相结合，可以提升管理的一致性和落地性。尤其是在讲求垂直管理的领域中，来自管理者的标准、方向等要求，能够形成很好的传达效果。

另一种常见的内部讲师应用形式更广泛一些，即内训师制度。内训师即从组织中选拔出一些人才，担当一些课程的讲师。内训师制度有很多优势。其一，可以实现一线经验的有效传承；其二，是人才发展的有效手段。一线经验的传承是组织的重要资源。在公司中，人会流动，但知识和经验应该被传承下来，这是组织的宝贵资源。

三、实物资源

培训活动的开展，离不开实物资源的支持。在资源准备方面，主要需要将各类物资考虑全面，以备所需。

在此，列出一般培训活动资源物料清单供参考，见下表。

培训物料明细表

分类	类别	物料明细	备注	分类	类别	物料明细	备注
行政物料	仪器类	照相机		场媒物料	展示类	宣传桌卡	
		摄像机				台卡	
		投影仪（带线）				公司宣传 X 展架	
		投影幕布				讲师宣传 X 展架	
		电脑				易拉宝（展架）	
		音响 / 麦克风				横幅	
		插座				桁架	
		PPT 播放笔			纸质类	公司报刊	
	物品类	鲜花				公司杂志	
		手提袋 / 按扣袋				公司宣传册	
		工作牌			影音类	公司宣传视频	
		笔				公司简介资料 /PPT	
		备用纸				培训讲师资料 /PPT	
	茶点类	水 / 饮料				背景音乐	
		点心			其他	邀请函（电子 / 纸质）	
		水果					
工具表格类		流程表		人力类		培训师	
		签到表				主持人	
		培训调查表				摄影摄像师	
		评估表				服务人员	
礼品类		专业书籍				技术支持人员	
		公司产品		课程资料类		培训课程 PPT	
		台历				培训教材	
其他：							

3.2　组织内培训氛围的营造

培训是一件团体活动，对于氛围的管理通常会非常影响培训的效果。我们注意到，有的组织对于培训非常重视，培训在管理中扮演了非常重要的角色，也有的组织，培训沦为福利行为。那么是什么造成了培训氛围的巨大差异呢？如何构建学习型组织呢？本节将对上述问题做出探讨。

3.2.1 组织氛围的管理

组织中，培训工作的氛围怎样，是由我们对于培训的定位、作用和参与人所决定的。正如，对于绩效考核大家通常会非常紧张，那是因为绩效考核直接对应薪酬发放以及个人晋升；中层一般非常关注招聘工作，那是因为人手不够就无法完成绩效。对于培训的道理也是同样的。

一、定位

组织中，为什么开展培训工作，对于培训工作的定位是什么，这个非常重要。有的成熟组织，认为培训是公司发展的重要一环，是组织能力建设，组织目标达成的重要保障，因而对于培训的定位也就非常高。从组织架构上看，通常会将培训部与人力资源部单列，甚至成立企业大学，独立负责培训工作。而有的组织，会将培训定位于一种部门与部门之间的交流，培训氛围更多强调专业交流，跨部门交流，以及分享。当然，也有的组织将培训定位得比较低，将其当作一种团队建设或者福利待遇。这些当然是培训氛围管理最为重要的决定性因素。培训的定位，在培训管理者之外，需要被更高层面的权力赋予。这就非常依赖于组织管理者对于培训的理解和战略部署。

二、作用

培训的作用也是一个非常具有弹性的话题。培训在组织发挥什么作用？从最基本的公司介绍、行为规范，到能力达标、能力提升，再到人才培养、人才晋升、绩效考核，培训都可以从中扮演一定角色。培训发挥的作用越重要，培训自身的重要性也就更加显现。因此，从这个层面来说，培训氛围并不是培训管理者一个人去主动营造的，去贴一些标语，或者培训中的体贴热情，或者讲师本身的水平对此方面的影响。培训的作用对于培训氛围的影响是一个客观的结果。比如，某个组织高度重视培训，成立了企业大学，将培训与绩效考核、人才晋升联系起来。这会造成什么结果呢？管理者、员工都非常重视培训。在这个组织中，人才的试用期与培训学时、培训表现相互关联，员工的晋升与培训学时、培训表现直接关联，管理者的晋升与后备人才培养的情况直接关联，即如果没有培养出后备人才，是不允许其晋升至新的层级的。在这种情况下，培训的作用与人才管理结合得非常充分，那么培训氛围的构建就是一件自然而然的事情了。

三、人群

培训氛围的建设还与人群有关。我们这样来阐述这个话题。首先，培训覆盖的人群，一般是自上而下的。通常，几乎所有的组织都是这样认为的，培训的资源是向组织高层倾斜的，这没有问题。同时，我们也发现，在中基层管理者中的培训覆盖，以及员工乃至新员工层面的培训覆盖，也对培训氛围的建设产生很大的影响。这就回到了氛围的概念，氛围并非由组织的高层管理者单向传达，它由整个组织的成员共同参与形成，组织中，更多的人员是基层。那么对于基层员工的培训覆盖，可以理解为，基层员工也需要优质的培训资源，那么并非只是需要培训资源的“面包屑”。在知识型组织中，这类工作通常开展得比较好，如咨询公司、律师事务所、投资公司。这些组织更加扁平，人员之间的层级概念更小，培训资源分配更加均衡。我们也很容易发现，在这些组织中，培训氛围更容易构建起来，学习氛围也更好。

3.2.2　构建学习型组织

构建学习型组织，乍听上去是个很美好但又遥不可及的愿望。学习型组织真的有用吗？有多少人能够真的做到呢？多数人都会产生这样的疑问。

在当前，处于变化的环境中，我们能看到许多昔日的巨头迅速陨落，行业不断被颠覆，热点接连不断，企业失败并非是被竞争，很多时候是被颠覆，“昔日巨星不再重要”。方便面企业被外卖平台颠覆，口香糖被智能手机颠覆，而所有的传统产业都面临着区块链技术的洗礼。太多的例子告诉我们，我们不应该局限于自己的事业中，威胁可能来自与你完全不相关的人。通常，面对这些困境，很多组织又有不同程度的学习障碍。如局限思考、归罪于外、缺乏系统性思维、缺乏主动意识、对经验的错误学习等。这在彼得·圣吉《第五项修炼》做出了很多翔实的阐述，这里不再赘述。当我们结合自己的企业去看的时候，或多或少都能发现这些学习障碍的影子，它们正真实影响着我们的企业。

那么如何构建学习型组织呢？有五个层面的工作需要去做。

一、点燃学习、成长的愿望

在个体层面，点燃学习、成长的愿望。说到底，学习是一件非常依赖个体主动性的行为，这也是我们在开展培训活动时，同样的课程，高潜质人才通常学习效果很好，而在一般员工中效果可能会打折扣。我们不可能强迫一个人去学习，被动学习的效果永远难以理想。那么个体的学习愿望能够点燃吗？我认为这个问题，首先在于招聘员工的时候，我们就应该选拔那些具有良好的学习、发展意愿的人。学习的主动性，更多是来自员工自身。在现有员工中，我们也可以去点燃、引导学习的愿望。组织层面，可以将个人的发展、学习与组织的目标相关联，使得学习的意义在组织层面得到具体化，以人才发展导向、晋升导向、激励导向、考核导向去牵引人的学习成长意愿，在这个情况下，有一部分具有学习发展意愿的人才会被点燃。当然，也无须指望让所有的人都跟着我们一起学习。毕竟，学习动机并不是每个人都具备的。

二、改善心智模式

拥有了学习发展的意愿就有了源动力，第二步需要改善员工的心智模式。这一点，谈上去很容易理解，但做到是比较困难的。举个例子，很多人对于过往遇到的挫折，往往看到的是当时的客观情境和外来因素，有的人能够关注到自身的局限性，但这些都还有改善的空间。我们面对一段经验，可以尝试跳出自我感受、他人行为、事物逻辑的层面，而从事务情境、环境系统的层面来理解整个经验。那么在这种情况下，我们对于自己的决策行为，就有了更深刻的认识。还比如，与他人的沟通，有的人是零阶沟通，关注于自己的表达；有的人是一阶沟通，能够关注到他人的反应；那么，有的人更厉害一些，能够针对他人的反应做出反应，这就是所谓的二阶沟通，怎么看待沟通，这也是心智模式的不同。

三、树立共同愿景

到了这一个层面，就是建立个体与组织的联系了，即学习的目标需要与组织发生关联。这里的逻辑在于，人的学习发展意愿有一部分是与组织有关的，有一部分是无关的，在组织层面，我们要承认与组织有关系的部分，明确、鼓励、引导与组织有关的学习意愿的实现。常见的方式，就是树立共同愿景，也就是组织文化中的愿景部分。我们回看组织愿景并审视它，能否在学习层面建立组织与个体的联系？

四、团队学习

学习型组织构建的关键要素之一在于，学习是一个群体行为，而非个人行为。构建学习型组织的目标是形成团队学习，而非个体的学习。有的人善于从书本中学到知识，而有的人善于从和他人的讨论、交流中学习，这就是团队学习的一种表现形式。团队学习的关键在于，人们在学习过程中，与其他成员相互影响，从而实现更佳的学习成效。这就好比一个重点学校里，学生们都非常积极地学习，大家互相学习，那么这个团体中整体的学习水平都得到了提升；而在普通学校里，有一些学生的学习能力并没有得到充分的发挥。

五、系统性思考

实际上，系统性思考既是一种要素，也是对前面几项关键要素的系统性整合。正是建立在一个系统性思考的坐标上，我们才能够更深刻地理解激发学习意愿、改善思考模式、树立共同愿景和团队学习的意义、价值以及各自的战略部署。另一个层面参考，系统性思考把构建学习型组织中的理论支撑、管理需求、现实情境、管理政策、管理活动相组合起来，形成可以落实的对策，其本身也是推动学习型组织建设的重要部分。

3.3 案例分享：华为培训体系成为公司人才培养基地和公司战略实施的助推器

华为公司成立于 1988 年，主要从事通信网络技术与产品研发、生产、营销及服务，并向各国专业电信运营商提供固定网、光电网络、移动网和增值业务的网络解决方案，成为我国电信行业主要供应商之一。作为我国高科技公司的国际化典范，华为员工培训体系一直在业界享有很高的盛誉。它的规模大、系统相对完善，培训方法及手段多样化，培训内容既广泛又专业、具体，培训质量高，最终成为华为自身快速成长的技术支持和人力保障。

一、视高素质员工为最重要的资本

华为总裁任正非认为“华为唯一可以依存的是奋斗、自律、无私且有技能的人。但如何培养造就这样的人，是件很困难的事情”。《华为公司基本法》作为华为发展的纲领文件，这样写道：认真负责和管理有效的员工是华为最大的财富。尊重知识、尊重个性、集体奋斗和不迁就有功的员工，是我们事业可持续成长的内在要求。其中还明确规定“人力资本增值的目标优先于财务资本增值的目标”。华为会在公司赢利状况好的时候加大规模投资人力资本增值各项活动，即使在公司财务状况不佳时也会秉承人力资源增值优先原则。在华为，培训更是企业发展的一笔重要投资。在这种先进理念指导下，华为的公司培训都是按照计划有条不紊地开展；与此相适应建立了内部的培训师团队，同时也拥有相应的外部智力支持机构和培训师团队。培训已经不再局限于新员工入职或者成为出现问题后的救火行为，反而延伸成为各类人员掌握技能的手段、员工胜任工作的必需以及提高员工受雇能力的责任。

二、建立公司培训体系

华为有一个“分类分层、系统完善”的培训体系，其中涉及新员工培训系统、管理培训系统、营销培训系统、专业培训系统、技术培训系统和生产培训系统这几方面。

1．新员工培训系统

为了启发新员工在学习中的思考，在讨论中互相启发，在竞赛过程中进行实践演练，在活动中尽情展露才华，华为新员工培训采取了半军事化、全封闭的培训方式，把课堂教学、分组讨论、实际演练、团队竞赛和集体活动有效结合。与此同时，为了培养有可持续发展性的新华为人，培训还着重于培养员工的开放意识、服务意识和团队合作精神，致力于增强员工的责任心，使其具有自我批判能力，掌握专业技能，能够在理解公司的经营理念和价值观的同时，认同并追随公司文化。

2．管理培训系统

管理培训系统的课程体系是基于公司对管理者任职资格标准的基础进行设计并研发的，

其受众是面向全公司的各级管理者。它的培训模式是运用“学—练—动”的方式，采用案例研究讨论、分角色扮演、管理游戏等多样的教学方法，使得参与培训的人员能够快速高效地接受并理解培训内容，并使管理行为习惯更加有效，以逐步走上职业化的管理道路。

3．技术培训系统

响应公司“人力资本增值优于财务资本增值”的企业价值观是技术培训系统的宗旨，为了能使人才成长与公司发展互相促进，技术培训基于例行化指导培养和系统化培训相结合的工作思路，从全流程培养的角度，对每一种角色从任职要求和职业发展规划两方面进行设计规划并提供系统化的培养措施，从而培养职业化的工程师及经理人。总的来说，技术培训系统是为每一个技术角色和管理角色提供职业发展道路上由低到高的系统化的培训课程及培养手段。

4．营销培训系统

营销培训系统包括营销上岗培训、提高培训及专项业务培训这三大类，分别对应营销专业任职资格。营销培训聘请了最优秀的指导教师开发课程并进行教学，将公司内、外部资源进行整合，经过多年的探索实践，为学员提供了科学的学习方法并倡导了积极的学习意识，旨在既能满足公司对各级营销干部任职资格的要求，又能满足不同营销人员特定的个人职业发展需求，从而达到从人的素质、知识和技能等方面提高营销人员综合能力的目的。

5．专业培训系统

专业培训系统分为人力资源、计划、流程管理、采购、IT 等专业的培训，培训课程按专业职位任职要求和员工专业发展进行设计和开发，致力于为公司培养专业的人力资源管理专家、计划专家、流程管理专家、IT 网络专家及采购专家，为提高员工业务水平及职业发展规划提供了有计划的系统培训。

6．生产培训系统

生产培训系统的培训管理体制为“集中管理，分层实施”，特别针对各岗位之间学历重心及技能的难度要求均有较大跨度的特点，换言之，根据各个不同岗位的自身特点分别组织上岗技能培训和有针对性的业务培训，并且在此基础上，就多个岗位对知识技能的共同需求组织统一的培训。其培训的内容会紧密地与公司岗位任职资格要求相结合，并分别设置上岗培训课程和岗位提高课程，从而达到本岗位的任职能力要求，并不断进行能力提升。

三、培训内容与公司实际结合

为了使培训内容更加贴近公司实际，华为采用了以下方法。

（1）经典案例库。软件开发中，错误是经常出现的，避免重复错误显得尤为重要，团队避免重复错误的能力与其软件开发质量和开发能力相关度很高。为了避免重复犯错，华为的做法就是对错误进行记录，形成案例库，并组织员工学习。华为公司有很庞大的案例库，记录各个项目犯过的典型错误和开发过程中典型的解决方法。经典案例库建设是通过强制并且鼓励的方式，要求每个部门定期都要提交经典案例，公司进行筛选，通过的案例会对提交人奖励。各个项目组层面也有案例库，这些案例就是项目开发维护中犯过的错误和一些典型解决方法。

（2）市场演习。华为的新员工中想成为营销专业人才的人不一定是营销科班毕业生，所以对于理论并不了解，那么营销理论与知识的培训是必需的。这些理论包括消费者行为、市场心理学、市场定位理论、整合营销与传播、品牌管理等。同时，理论还需要与实践相结合。在理论知识学习结束后，还要搞一次实战演习，主要内容是让员工在深圳繁华路段，以高于市场价的价格卖一些生活日用品，而且规定商品的销售价格必须比公司规定的价格高，不允许降价。

（3）自己编写培训教材。《华为新员工文化培训》《优秀客户经理模型》，以及有关华为产品和技术的各种材料、教材均由华为自己编写，从实际案例中提炼出思想，使得教材不空洞，且非常便于教学。

（4）对培训的效果考核评估。大部分企业在培训结束后，没有考试、评估。华为重视效果的考核和评估。员工进入华为公司后，先进行系统培训，接着是任职资格考试，通过的人才会被录用。并且，培训结果与晋升、待遇等相互挂钩，纳入统一考评体系。

（5）分类培训。对技术性培训分为两类：适应性与提高性。适应性培训促进角色适应岗位，课程主要包括角色认知、岗位职责分析与关键行为解析、工作方法与技能三部分；提高性培训，则为员工提供素质技能提升机会，课程包括更高级别的培训、相关领域的培训等。技术培训在课程基础上形成工作手册，创造学习型氛围，推动“干中学”，为更快、更多培养人才提供条件。

四、重视企业文化培训

企业文化培训为华为人开拓创新提供精神支柱。华为尊崇“狼性文化”，任正非将狼主要优势归结为：敏锐的嗅觉、不屈不挠的进攻精神，以及群体奋斗。因而，集体主义精神和奋斗精神是企业文化的核心要素，这种精神源于华为对自身发展历程的总结。

华为对其新入职员工，首先要进行企业文化培训，形成文化认同和集体意识。除入职阶段进行半年的企业文化培训外，入职后导师培训、日常制度学习都渗透着华为企业文化。企业文化培训伴随着员工职业生涯发展。任正非表示，认同华为企业文化是担任华为的中层管理岗位职位的必要条件。

华为的企业文化培训与企业发展战略是高度相关的。首先，企业发展战略中最重要的是研发和市场。研发和市场人员占员工的比例超过 80%，无论是研发还是市场都需要员工在比较大的压力下工作。除了物质方面的回报，企业文化的培训使得员工有强大的精神支撑来完成高强度工作任务。其次，企业文化在很大程度上减少内耗、提高效率。华为的员工数量已达到了 14 万人，位于全球 140 多个国家。在这样一个公司中，来自不同成长背景的员工，如果没有统一的文化来规范行为，企业内部将产生巨大的沟通障碍与文化冲突，极大地损害企业运转效率。

五、培训方法多样化

（1）培训方法多样化。华为全球培训中心为员工提供了许多培训课程，广泛采用了课堂、案例教学、上机、实习、多媒体培训，并逐步发展基于网络的远程教学，使学员方便得到公司规范化的培训。同时，华为建立了共享平台，包含业务资料信息、案例等，为员工提供了便捷的知识共享和合作平台。此外，还以座谈会、专家沟通、访谈的方式促进员工学习。

（2）通过导师制传授技术和经验。华为建立了导师制度，新员工到岗后，都会安排一位资深员工作为其导师，在工作、生活方面为其提供指导，以帮助新员工快速适应。经验丰富的员工是公司的宝贵财富，而这些员工未来终将要脱离一线。因此，离开一线前，要让他的经验得到传承。公司构建导师资源池，由水平较高的员工组成，要求输出培训，并作为考核的一部分，并且有培训课酬。在新员工成为正式员工的前三个月里，导师对新员工的绩效负责。

（3）军事训练。军事训练多用于新员工培训，主要目的是塑造新员工的精神面貌。大家普遍有以下几点感受：第一，纪律性和集体主义明显增强；第二，增强了责任心；第三，艰苦奋斗、迎难而上的精神。领导对军训工作认真的态度，以及教官们高度的责任心和高标准的要求，深深影响每个新员工。这些素质，对于华为员工来说是必备的。

（4）车间实习与技术培训。对于营销人员来说，这个方法可以帮助认识产品与技术，包括产品的种类、性能、技术特点等，让销售人员对产品了解。对于文科类专业的学生来说，此环节很痛苦。培训的内容多，密度大，而且又没有专业基础，考试又严格，很容易在这个环节被淘汰。

六、以培训促进企业、员工共同发展

华为建立了任职资格体系，为员工职业晋升规划了基本轨道，并提供制度保障。任职资格规定了从事某任职角色的人，所必备的知识、经验、能力、素养与行为的全部要求。建立任职资格体系的目的是：规范人才培养和选拔；树立培训和学习的标杆，以资格标准促进员工学习、改进，提高员工胜任能力。华为设有双向晋升通道，并与岗位需求结合，使有管理能力有潜质的员工成长为管理者，同时也使擅长钻研技术、有技术特长的员工成长为专家，为员工职业成长提供广阔的空间。总之，员工从新员工到职位提升的过程中，每个阶段都有培训工具来实现顺利过渡。

第四章

上兵伐谋——培训规划与计划

4.1 培训规划设计与组织保障

孙子曰："不战而屈人之兵，善之善者也。故上兵伐谋，其次伐交，其次伐兵，其下攻城。"意指凭借谋略取得胜利乃上等用兵之道。企业内的培训管理对于人力资源经理而言亦如此。如何用培训满足企业发展需求的同时，征服员工的学习惰性，综合考量人才培养的超前性及培训效果的不确定性，确定职工培训的目标，选择培训内容及培训方式，这不正是"打仗前"的谋划？

从战略上看，重视培训规划的地位，从战术上看，重视培训规划的作用。企业的培训规划与企业发展战略紧密结合，在规划时需从企业的人力资源规划和开发战略出发，满足组织及员工两方面的要求。充分考虑企业资源条件与员工素质基础，并综合考量人才培养的超前性及培训效果的不确定性，以确定职工培训的目标，选择培训内容及培训方式。

宁波A公司在2016年设计的培训规划中采用知识库和学分制管理相结合、以搭建岗位课程体系、搭建培训平台和讲师团队等方式进行有效规划，具体如下。

在知识库管理方面，A公司主要强调培训内容的管理、搭建存储知识信息化的"仓库"，使员工可以快速自主学习、整合学习资料，着重于员工自主学习的便捷性。在该方面的建设上，需要A公司各部门进行分类，系统地整理共享信息（业务知识类、通用培训类、工作案例类），为后续培训体系的建设打下坚实基础。人力资源部负责审核各部门整理提交的共享信息，进行进一步的归类、修改以及存档。同时人力资源部根据不同岗位人员不同发展时期的课程需求，定时更新完善公司的"知识仓库"。

A公司在学分制管理上，实质上强调了人力资源部对培训记录的管理，通过积分方式激励员工积极参与培训，主要包括制定积分制度；设定课程对应的积分分值；将积分与员工的晋升、绩效挂钩，作为晋升、调薪的依据之一；设立培训基金并制定相应管理制度，让员工可以将培训积分兑换为物质奖励。

在岗位课程体系的搭建上，由培训经理从岗位能力需求上开发课程设置，使培训更具针对性，而且根据各部门岗位、职级，设置相应的岗位课程包，可以极大地增加培训课程与员工职业生涯发展的关联性，提高员工的满意度。

除此以外，A公司注重打造新型的培训平台，通过定期组织跨部门、跨层级的读书会、沙龙活动，开展员工座谈会等方式，使信息在不同部门的员工间，流通得到加强，更多的知识得到充分的分享，使员工的培训形式得以更加丰富多样。

A 公司对于讲师团队的搭建，通过建立讲师管理制度、内建讲师档案、评选优秀导师等方式，提高讲师的授课水平。根据岗位胜任力要求的课程体系，每位通过企业认证的讲师需要定期完成指标与试讲，确认课件符合要求后，才可进入“课件库”。同时也要求各培训师积极开发新课程，尽可能丰富培训的多样性。在外部培训机构的评审上，也会根据公司的培训需求，与针对性高、性价比高的培训机构或讲师进行合作，逐步建立公司的外部培训机构体系。

通过定额员工的培训落实，A 公司建立了合理的效果评估体系（包含内部讲师、外部讲师和学员评估），不断收集部门及个别人才的培训需求，调整培训方式，以达到更好的培训效果。

从 A 公司的培训规划的设计上，不难看出，针对员工对培训内容的多样需求，以及对培训方式的多样期待，A 公司采用了多种管理手段相结合的方式，搭建符合公司发展需求的岗位课程培训平台和讲师队伍，协调各个部门，进行资源与人员的支持和配置，最大限度地保障了 A 公司的人才培训效果。

关于培训规划的设计，北京 S 公司给出了新的思路：从员工个人发展角度，塑造企业的人才培养文化。

S 公司提出的人才培育计划中，在新员工入职后，就通过和人力资源部的沟通，明确自己在公司的职业成长目标（比如一个初级会计，计划在 10 年内做到财务总监或最佳候选人），由 HR 协助列出个人在公司的成长计划书，随着人才在公司实际的成长情况，每年进行一次更新。成长计划书中包含了员工为了达到目标，所需要通过的资格考试、需要参加的专业培训课程。通过定制化的培养，由云数据库进行计划、规划，为员工推送某一阶段（当季度或当月）需要参加的考试以及培训日程。公司也会为员工牵引，积累行业或相关专业的优质人脉，鼓励员工多与行业或领域专家进行定期沟通，积累丰富经验。

人力资源部也会联合高校，请老师进企业，在企业中开办 MBA 等研究生课程，弥补员工想要进修却不能专门腾出时间去高校的不便。通过工作与学习的紧密结合，在企业培养和员工要求个人成长的双重作用下，增强了员工对企业的归属感，并且让员工在企业大环境中，得到自己满意的成长答卷。

在 S 公司的培养架构下，需要的组织保障离不开公司高层、人力资源部门、其他部门的支持。高管方面，不论是管理风格，还是倡导的企业文化，都必须认同人力资源对企业的意义，人才的价值对于企业未来发展的重要性，看重人才培养管理的科学性，并且愿意付出对应的成本（培养费用、员工参与培训的机会成本）。人力资源部门进行具体的统筹事宜，定制化员工的成长培育书，联合高校，聘请专业讲师，云数据管理，定时提醒员工的培训目标与相应计划。各部门需要提供各项支持配合，比如工作上的协调。

员工在部门内有工作上的经验积累、任务历练，有人力资源部门提供导向性的支持，帮助员工有目标性地学习、成长，在慢慢积累了经验和资源之后，接下来要做的，就是等待“机会”了。

4.2 培训三大工程：制订培训规划、培训计划和培训预算

4.2.1 制订培训规划

要制订企业的培训规划，需要向组织提出几个问题。在企业内“收集资料”的同时，回答好问题，自然了解如何规划。

1．管理人员面谈

首先是与企业管理团队的面谈，通过管理人员的角度，了解组织目标和为使组织达到目标而需要解决的问题。在这场面谈中，你获得的信息可以确保你指定的培训规划和组织目标一致。

在访问企业的管理者时，你可以考虑询问以下问题。

（1）组织现在面对的关键问题 / 下一个营业年度组织的目标是什么？

（2）你如何为这些问题 / 目标排列优先次序？请从对组织成功最关键的问题 / 目标开始，对于逐个问题 / 目标，你可以延伸以下疑问。

- 具体问题 / 目标是什么？
- 标志着问题解决 / 目标实现的可操作结果是什么？
- 为什么解决该问题 / 实现该目标是关键？
- 为解决这个问题 / 实现目标涉及了哪些部门？
- 该部门的员工需要做什么或者做出什么改变？员工的绩效需要做出怎样的改变？
- 该部门员工需要学习什么才能解决此问题 / 实现该目标？
- 除了员工绩效，还有哪些因素对此问题 / 目标产生影响？
- 对于此类因素，你计划进行什么样的变革（如：引入新系统，调整工作职责）？
- 这些变革将影响到哪些分部或部门？
- 由于这些变革，员工需要学习什么（比如，如何使用新系统）？

访谈结束后，为了确认信息的有效性，你可以将访谈信息整理成记录，便于核查，确

保准确抓住了信息，并且也可以给管理人员一个机会，以添加自己可能在面谈时忘记的内容。

如果管理人员为解决同一个问题，计划采用不同策略或不同的变革方式时，请确保和管理团队进行及时沟通，令管理团队可以就出现的分歧给出一致的意见，以此确保制订的培训规划支持组织的目标。

（1）管理人员的面谈总结表——问题工作表（见下表）：

- 遇到的问题。
- 解决问题的结果性目标。
- 解决性操作的优先级。

管理人员的面谈总结表——问题工作表

解决 ×× 问题涉及部门	×× 部门目前的绩效	解决 ×× 问题需要达到的目标绩效	造成该问题的影响因素	为解决该问题需要做出的改变	预期的学习目标

（2）管理人员的面谈总结表——目标工作表（见下表）：

- 想要达到的目标。
- 为达到目标的结果性目标。
- 解决性操作的优先级。

管理人员的面谈总结表——目标工作表

达到 ×× 目标涉及部门	×× 部门目前的绩效	达到 ×× 目标需要达到的目标绩效	达成目标的影响因素	为达成目标需要做出的改变	预期的学习目标

2．部门经理面谈

第二部分就是和部门经理的面谈。经过和企业管理人员的面谈，你已经获得了一些重要发现，接下来，需要访问部门经理以获得更加详细的信息。

在此次访谈中，需要带有目的性地进行，访谈过程中，首先需要确认管理人员提出的部门员工需要解决问题 / 实现目标所需要学习的内容是否和部门经理一致；其次收集关于其他影响每个部门的有争议的信息；最后，调查部门员工参加的现有培训有哪些。

（1）在和部门经理的访谈中，你可以和经理分享管理团队认为在解决问题中涉及该部门的组织的问题：

- 每个问题 / 目标的描述。
- 标志该问题解决 / 目标实现的可操作结果。
- 为什么解决该问题 / 实现该目标对组织是重要的？

- 管理团队认为解决该问题 / 实现该目标，该部门员工需要如何做？
- 管理团队认为该部门员工需要学习什么？
- 管理团队感觉有哪些其他因素对该问题 / 目标也产生影响？
- 为处理这些因素，管理团队计划进行哪些变革？
- 由于这些变革，管理团队认为该部门员工需要学习什么？

（2）根据部门实际工作情况，考虑询问部门经理以下问题。

- 解决该问题 / 实现该目标会涉及你的部门中哪些职位（如：具体职位名称、该职位上的员工数量和工作地点）？
- 每个员工今年的绩效如何？
- 在你看来，要解决该问题 / 实现该目标，他们的绩效应该如何？
- 为解决这些因素，可能还需要哪些变革？
- 你部门中的哪些职位会受到这些变革的影响（如：具体职位名称、该职位上的员工数量和工作地点）？
- 由于这些变革，这些职位的员工应该学习什么？

（3）在访谈中，你也需要调查该部门正在面临着哪些争议，以及它们对于组织成功的重要性。对于争议，你可以从以下问题入手。

- 该争议是什么？
- 你认为引起该争议的原因是什么？
- 结果是什么？该争议导致了什么困难？
- 标志该争议已经解决的可操作性结果是什么？
- 可以将该争议与管理团队指出的某个问题 / 目标相联系？如何联系？

（4）如果部门经理认为员工绩效是争议的一个可能原因，可以从如下角度提问。

- 解决该争议会涉及哪些职位？（具体职位名称、该职位上的员工数量和工作地点）
- 目前的实际绩效如何？满足要求的绩效应该如何？
- 要是员工的绩效可以满足要求，他们应该学习什么？
- 除了员工绩效，你认为在解决争议的过程中，还有哪些障碍？
- 为了克服这些障碍，你计划做出哪些变革？
- 这些变革会影响到哪些职位？（具体职位名称、该职位上的员工数量和工作地点）
- 由于这些变革，这些职位的员工需要学习什么？

部门经理的面谈总结表——问题工作表（见下表）：

- 想要达到的目标。
- 为达到目标的结果性目标。

● 解决性操作的优先级。

部门经理的面谈总结表——问题工作表

解决 ×× 问题涉及职位（可详细到具体的职务、人数和工作地点）	部门内目前的绩效	解决 ×× 问题需要达到的目标绩效	对 ×× 问题的影响因素	为解决该问题需要做出的改变	涉及影响到的岗位	预期的学习目标

部门经理的面谈总结表——目标工作表（见下表）：

● 想要达到的目标。

● 为达到目标的结果性目标。

● 解决性操作的优先级。

部门经理的面谈总结表——目标工作表

实现 ×× 目标涉及职位（可详细到具体的职务、人数和工作地点）	部门内目前的绩效	实现 ×× 目标需要达到的目标绩效	对实现 ×× 目标的影响因素	为实现该目标需要做出的改变	涉及影响到的岗位	预期的学习目标

（5）最后需要对部门经理询问员工目前接受的培训情况，如果经理已经提供了现有培训课程表（见下表），你需要从以下角度进行提问。

● 这个课程列表是现今通用的吗？哪些课程是过时的？需要添加哪些课程？并根据需要修订列表。

● 课程目前都有谁参加？

● 课程是强制性的吗？或者说对哪类人员是强制性的？

● 每个课程现在是如何讲授的？（课堂教学、在线培训或者其他方式）

● 课程时长分别多久？

● 课程的费用分别多少？

● 每个课程讲授频率是多久？（季度、年或其他时间间隔）

● 这些课程是市场上最新的吗？需要进行修订更新吗？

● 这些修订的范围有多大？哪些是必须做出改变的？

现有培训工作表

课程	培训对象（职务、人数和地点）	是否强制参加	授课方式	课时	费用	培训次数	是否更新培训内容	课程是否需要继续

访谈结束后，为了确认信息的有效性，你可以将访谈信息整理成记录，便于核查，确保准确抓住了信息，并且也可以给部门经理一个机会，以添加自己可能在面谈时忘记的内容。

3．其他来源

除了企业管理人员和部门经理，还可以从培训主办者（跨部门培训）、主管和员工角度收集资料。你需要对现有的跨部门培训活动的主办者提出和部门经理相同的话题，可以根据他们提供的信息进行补充，可以填写多来源访谈表（见下表）。

在与主管和员工的单独面谈中，重在谈论目前培训是否合适，是否符合学习需要。检查解决问题 / 实际目标或消除争议所需要的绩效。可以提出以下问题。

（1）是什么阻止了要求的绩效？

（2）如果你（或你的员工）的绩效符合要求，结果会如何？

（3）你（或你的员工）按照要求表现的频率有多大？

如果不能确定培训是不是适当的解决办法，也可以通过跟踪在职绩效，来甄别除了知识和技能以外，是否还有其他问题阻止了员工的绩效达到预期。例如，运行不佳的计算机软件或者是不良的工作环境。

多来源访谈表

问题	对该问题的影响因素	为解决该问题需要做出的改变	改变可能影响到的职位（职务、人数和地点）	预期的学习需要

在系列的访谈工作结束后，通过对各层管理人员以及员工的访谈记录的整理和信息挖掘，你将了解如何规划本年度内的培训，以及获得制订培训计划以及预算所需要的材料，并且明确现有培训的问题，并可以获得一些解决思路。

常用培训规划表可参考下表。

培训规划表

<table>
<tr><td colspan="2">培训领域</td><td colspan="2">培训原因</td><td>培训类型</td></tr>
<tr><td colspan="2"></td><td colspan="2"></td><td></td></tr>
<tr><td>拟稿人</td><td colspan="2"></td><td>核准人</td><td></td></tr>
<tr><td colspan="3">部门</td><td>姓名</td><td></td></tr>
<tr><td colspan="3">科室</td><td>职务</td><td></td></tr>
<tr><td>培训地点</td><td colspan="2"></td><td>培训时间</td><td></td></tr>
<tr><td>培训日期</td><td colspan="2"></td><td>培训经费</td><td></td></tr>
<tr><td colspan="3">签名</td><td>日期</td><td></td></tr>
</table>

4.2.2 制订培训计划

培训计划是按照一定的逻辑顺序排列的记录，它是从组织的战略出发，在全面、客观的培训需求分析基础上做出的对培训时间、培训地点、培训者、培训对象、培训方式和培训内容等的预先系统设定。培训计划必须满足组织及员工两方面的需求，兼顾组织资源条件及员工素质基础，并充分考虑人才培养的超前性及培训结果的不确定性。

一、培训计划的制订步骤

1．确认培训与人力发展预算

制订培训计划的最佳出发点是确认公司将为培训和人力发展分配多少预算。在不知道是否有足够资金的情况下制订任何综合培训计划毫无意义。通常，培训预算由公司的决策层决定，但培训经理应该为决策层面的投资提出“建议”，解释为什么公司应该在培训上花钱以及公司将获得什么。在不同行业，公司的培训预算可能差别很大，但外国公司的培训预算通常在营业额的 1% ～ 1.5% 之间。培训经理需要确保有效地使用培训预算，并确保他们为公司的发展做出贡献。

2．分析员工需求数据

公司的培训需求结合了公司发展战略、业务目标、管理层访谈、部门领导访谈和员工诉求，这是关于“谁需要培训什么”的主要信息来源。当然，也可能有时会直接被公司指定，比如为了实施新的生产或财务系统而进行的全员培训。培训经理的职责是负责收集、整理所有的培训需求，有时可能会被部门经理要求给些建议，指出目前有什么类型的培训是最适合部门经理的下属员工。

3．制订课程需求单

根据培训需求，列出一个单子，上面列明用来匹配培训需求的所有种类的培训课程。这可能是一个很长的清单，包含了针对少数员工的个性化的培训需求（甚至是一个单独的个人），当然也包含许多人都想参加的共性化的培训需求。此步骤不适用于规模较大的公司，可考虑问卷调查方式，通过数据的信息化处理，得出共性及个性的培训需求。

4．修订符合预算的清单

通常情况是总培训需求量将超出培训预算。在这种情况下，我们需要衡量培训课程的紧迫性和逻辑的先后顺序。可以通过咨询部门经理，从部门角度看哪些培训课程是目前最重要或者是最适合的。而衡量的标准就是培训投入为公司达到最佳绩效产出。确定哪些课程可能对参与员工的绩效产生最积极的影响，从而提高公司的整体绩效。如果某些有需求的培训无法安排，提出相应需求的部门或者员工群体应该得到回应。并且由培训经理考虑，是否还有任何其他方式来满足需求，例如知识共享、轮岗去完成知识和技能的传递。

5．确定培训的供应方

确认课程清单后，下一步是找到这些培训的供应商。首先考虑是否使用内部讲师或聘请外部讲师。使用内部讲师的好处是成本较低，而且内部讲师更了解组织现状和流程，所以根据课程的内容选择，内部讲师的培训效果可能会更好；然而，当公司内部无法找到讲授某个专业课程的专家时，就需考虑寻找外部讲师了。对于管理类型的培训（特别是针对高层管理者），外部讲师往往有更高的可信度。

6．制订和分发开课时间表

人力资源部应该制订一份包含所有计划运营培训的开课时间表，列明开课的时间和地点。一种通常的做法是制作一本包含相关信息的小册子，例如课程描述。这本小册子将被分发给所有的部门作为一份参考文件（某些组织将复制给所有员工）。

7．为培训安排后勤保障

培训的后勤保障需要确保：我们有地方运营该课程（不管在内部或外部）、学员住宿（如果需要的话）和所有的设备和设施，如活动挂图、记号笔、投影机等。我们还要确保教材的复印件可供给每个参训者。这听起来很平常，但常常出错的往往就是这些方面。最好的做法是假定会出差错，二次确认我们的后勤安排，特别是如果我们使用酒店或其他一些外部的地点进行培训时。

8．安排课程对应的参训人员

即使这看起来像一个简单的任务，安排课程对应的参训人员有时可能会有困难。告知参训人员预订的培训地点，送他们参加培训，告诉他们去哪儿，什么时候到，也许还要建议他们带计算器或在培训前完成一份问卷。公司通常提前两或三个月通知培训报名，以便参训人可以安排好他们的时间表，在培训日有时间参加。很常见的情况是，一些参训者在最后一刻取消报名（通常是由于工作的压力），所以要有备选学员可以候补空余的培训名额。

9．分析课后评估，并据此采取行动

我们希望我们的培训投资尽可能有效。就像任何其他投资一样，应该评估取得的成果。最明了的方式是让参训者上完每门课程后都填写课程评估表格。所有评估表格应由培训经理作为对讲师的授课质量检查。有持续好评代表这门课程取得了成果。如果有持续劣评的课程，就要利用这些数据来决定什么需要改变（内容、持续时间或主持人等），采取行动改变课程，为参训人员进行优化提升。其他的评价课程方法，可以通过要求一线经理让参训人员在每个培训之后举行一个培训小结会。参训人员在课后反馈他们将如何运用所学到他们的工作中去。这是一个非常有效的方法，但培训经理需要说服一线经理来做这件事情。

二、培训计划的制订原则

原则一：培训计划必须首先从公司经营出发，好看更要有用。

原则二：更多的人参与，将获得更多的支持。

原则三：培训计划的制订必须要进行培训需求调查。

原则四：在规划过程中，应考虑设计不同的学习方式，以适应员工的需求和个体差异。

原则五：尽可能多的得到公司最高管理层和各部门主管承诺及足够的资源来支持各项具体培训计划，尤其是学员培训时间上的承诺。

原则六：提高培训效率要采取一些积极性的措施。

原则七：注重培训细节。

原则八：注重培训内容。

原则九：注重培训实效性。

三、培训计划的制订要点

想要制订一个有效的培训计划需要体现以下 4 个方面的内容。

1．培训计划结合企业经营战略

作为一个培训经理，你有认真思考过制订计划的目的是什么吗？培训计划的对象是谁？换句话说，计划是给谁看的？任何工作都是一个说服的过程，计划需要结合企业经营需要，并说服高层得到认可。 计划给谁用？培训目的是为了提高经营效益，受训者能够真正获益才是最终目的。计划有无资金支持？对很多企业来说，培训费都是一笔不小的开支。即使计划再好，企业现有能力不足也是白费。计划是否有可利用的资源？花钱要有“效率”，就要善用一切现有资源。善于开发组合，便可节省开支。

综上所述，培训计划一定要跟公司的经营结合起来，如果单方面满足群众的“喜好”，就成了“无本之木”。因而，做好培训计划首先要了解企业经营的需要。

一般来说，企业希望培训首先是“长期战略”，能够满足企业长期经营对人力资源的需要。对一个想要发展或正在发展的企业来说，“长期战略”至关重要，有时甚至能决定企业的生死存亡。

其次，是“中期战略”，主要是为了满足企业年度经营对人力资源的需要而采取的培训活动。因而，几乎所有训练的最终目的都是提高员工工作效率、改善组织绩效，以达成企业战略目标。在公司内部，对公司未来愿景、经营方向及下一年工作目标最了解的可能就是管理高层。通过与管理高层的沟通，不仅可以了解他们对培训成效的期望值，对培训计划所持的态度，还很有可能得到他们对培训计划的承诺和鼎力支持，这也对下一步工作的开展极为有利。

再次，是职位目的，这是为了满足员工高水平完成本职工作的需要，提高职位所需知识、技能、态度、经验而对员工采取的培训活动。

最后，是个人目的，为了满足员工达成其职业生涯规划目标需要而由企业提供的培训，这对员工个人的良性发展起到了重要的作用。

2．内容要贴近“群众”

虽然该计划必须满足企业的经营需要，但最终参与培训的是企业学员，因此不建议闭门造车。为了制订正确的培训计划，我们必须首先检查去年培训计划的实施情况，然后进行广泛的调查。进行需求调查的最佳方式是制订调查问卷。问卷的设计必须简单易行，能够激发受访者的兴趣。如前所述，计划最终要经过高层的批准才能真正实施。在征求高层意见的同时，也意味着了解到企业经营的需要。

对于职位技能的培训，除了使用调查问卷外，还可结合访谈的形式进一步了解企业需求。具体过程就是向各级管理者和他的下级进行调查，以分析绩效评估表、技能项目需求调查表、重点人群的抽样面谈的方式，确定员工岗位技能差距和重点的技能培训项目。

对于个人职业生涯需求的培训项目，需向员工及其管理者调查，以分析职业生涯规划表、管理者与下级面谈结果的方式，确定培训项目。访谈一方面是为了解需求，另一方面也让被调查者参与进来，多一个同盟军。

最后要注重分析。对于通过调查所得来的数据必须进行系统的分析，找出通过培训可以解决的方法。不可否认，培训确实可以提高员工素质和团队凝聚力，但是培训的效果一旦被夸大，成为包除百病的药方后问题就会出现。对培训期望过高，会导致有些企业在培训后感觉效果不佳。

3．争取资金支持

对有固定培训预算的企业，大多根据员工数量或全年销售额确定一个合适比例。常见的比例为总销售额的 2% ～ 3%，以 5% 为上限。对新公司、新部门或新进人员较多的公司，预算会相对高一些；而平稳且有经验的公司，可相对低一点。但对多数企业来说，培训还是一个“奢侈”的消费，原因就是“经费”永远是短缺的。

作为培训主管不能一厢情愿地“制订”计划，一定要摸清底细，采取“要事第一”的原则，并善于将培训模块组合。下面介绍一套“零基预算法”（Zero-BaseBudgeting，ZBB）以供参考。

零基预算法由美国德州仪器公司的彼得 •A• 菲尔于 1970 年提出，首先由佐治亚州政府采用，取得了很好的成效后为企业界广泛使用。零基预算法的编制和审批程序如下。

（1）在审查预算前，项目主管首先必须明确组织的目标，并将长远目标、近期目标、定量目标和非定期目标之间关系的轻重次序搞清楚，建立起一套可考核的目标体系。

（2）在审查预算时，一切活动从零开始。凡是要求在下一年度开展的活动或项目，都必须递交可行性分析报告，以证明确有存在的必要，并提交具体的计划，说明各项开支要达到的目标和效益。

（3）确定最重要的事项后，根据已确定的目标体系重新排出各项活动的优先次序。

（4）编制预算，资金按重新排出的优先次序分配，尽可能满足排在前面的活动的需要，当资金紧张时，可暂时放弃一些项目。

零基预算法的优点是明显的，但也存在着一些缺点，如审查每一个项目都是极其繁重的工作，需要投入巨大的人力、物力和时间；安排项目先后次序难免存在一定程度的主观性。

零基预算法的真正意义在于把企业的活动与企业的目标紧密结合起来，真正做到“目标导向”，从根本上避免“为培训而培训”的低效行为。

4．计划可利用的资源

优秀的企业都有一套非常完整的培训体系和课程，并且大都有自己的企业大学。根据企业自身的需求，设计出最适合的培训课程，创造最理想的企业学习氛围，这为整合企业资源、最大限度地增强培训效果起到关键作用。完善而有效的培训一定是内外培训的结合，所以内训的地位不可小觑。多数企业也许不能跟世界知名企业相提并论，但是善于挖掘和利用内部资源对企业发展是非常有益的。

一个企业的培训计划因为不同部门、不同人员的培训需求不同，而显得过于庞大和复杂，因此建议分步骤制订：第一步是对现有的培训课程进行重新考量，针对现有培训，可从培训人数、培训期数、授课费用等角度进行历史记录的比较，结合访谈时的问题、目标以及争议，思考现有培训是否为组织增加了效益，有利于组织的发展，以及是否继续编入培训计划和预算；第二步就是为了满足新的学习需要，确认是否需要开发新的培训课程，在这一过程中，你需要识别出不同人群是否有相似的学习需求，使其可以从相同的课程中获益，以使组织更加充分地利用培训预算，获得更大的培训效益。

授课方法与企业的培训预算息息相关。在此过程中，需要根据不同学员的学习需要、工作情况、组织文化以及预期总成本确认各个培训课程的最佳授课方式。首先确认授课的环境：小组环境还是独立学习环境；其次确定授课方式，是基于书本还是基于技术。在明确的授课环境和授课方式后，进行有效的授课方法的选择，比如基于网络的个性化进程培训（学员可根据自己的学习习惯和节奏在网络上自由登录并学习，不限于时间和地点）、课堂培训（传统的培训方式，通过面对面的交流，学员可及时有效地跟老师沟通学习之中产生的问题）、工作帮助（学员根据自己的工作情况，自主查看、学习相应的某一个工作内容）等。在做出选择时，应考虑最佳的学习环境和最节约成本的授课方式之间的权衡。比如所在的企业有着“企业大学”的学习氛围，那么学员在小组学习环境中学习效率最佳；然后如果他们分布在各地，无法进行集中学习，那么此时基于技术的培训方式就是最佳选择。同时，还需要考虑学员的工作情况（出差频繁、无法离开工作半天等）。

总的来说，当计划不同的培训课程时，首先根据培训目标对象的特点确定授课环境，其次根据对象的工作情况，确认课程的授课方式，最后权衡利弊，选择该课程的最佳授课方法。对于每一个课程，将授课方法记入培训计划和预算中。课时的确定，需要你对预期的课程做出经验性的猜测。充分考虑授课方法、可能的培训人数、工作情况约束等。

根据课程分类设计的培训计划表见下表。

根据课程分类设计的培训计划表

培训类别	培训班名称	举办部门	培训人数	培训时间	培训内容	教师	教材	培训地点	备注

根据培训目标对象的特点设计的培训计划表见下表。

根据培训目标对象的特点设计的培训计划表

目标或与问题、目标、争议的联系	培训对象	建议课程	授课方法	课时	已经存在、开发或购买	预算

根据培训对象设计的培训计划表见下表。

根据培训对象设计的培训计划表

<table>
<tr><td rowspan="3">工号</td><td colspan="3">培训类别</td><td></td><td></td><td></td><td rowspan="3">备考</td></tr>
<tr><td colspan="3">培训名称</td><td></td><td></td><td></td></tr>
<tr><td>姓名</td><td>工作类别</td><td>岗位</td><td></td><td></td><td></td></tr>
<tr><td></td><td></td><td></td><td></td><td></td><td></td><td></td><td></td></tr>
<tr><td></td><td></td><td></td><td></td><td></td><td></td><td></td><td></td></tr>
<tr><td></td><td></td><td></td><td></td><td></td><td></td><td></td><td></td></tr>
</table>

以部门来看，全年度的培训计划表见下表。

全年培训计划表

部门	班次	人数	时间	费用（元）	备注
主管：			经办：		

新员工培训计划表见下表。

新员工培训计划表

编号：　　　　　　　　拟定日期：

受训人员	姓　名			培训期间	月　日至　月　日止	辅导员	姓　名	
	学　历			训　练			部　门	
	专　长			专　题			职　称	
项　次	培训期间	培训天数	培训项目	培训部门	培训员	培训日程及内容		
1	月　日至 月　日止	天			职称： 姓名：			
2	月　日至 月　日止	天		职称： 姓名：				
3	月　日至 月　日止	天			职称： 姓名：			
4	月　日至 月　日止	天			职称： 姓名：			
5	月　日至 月　日止	天			职称： 姓名：			

最后确认开发或购买培训。在这一部分中，需要考虑组织内部是否有充足资源（教学设计的专业知识和技能、时间、培训的内容专业知识）以供利用，如果没有，那么外包出去则是最划算的。如果此方面预算不充足，则需要确认是否内部开发或者推迟到有资金再开发。

ZC 公司培训需求与计划管理制度

1. 目的

2. 范围

3. 职责

4. 方法和过程控制

4.1 总则

4.2 培训的目标

4.3 培训的原则

4.4 培训需求的调查

4.4.1 为使培训内容达到更好的效果，在制订全年培训计划时，除了根据行业特点和公司现状外，还需开展培训需求调查。

4.4.2 每年 12 月初，各部门应根据本部门的业务需求、员工个人职业发展规划、员工绩效考核结果等要素分析、制订本部门的年度培训需求计划，并送交所属公司人力资源部门。

4.4.3 每年 12 月上旬，人力资源部门应通过员工访谈、问卷等方法对公司员工培训需求进行调查，并结合公司业务需求、员工个人职业发展规划、绩效考核结果、培训费用等要素分析员工培训需求。

4.4.4 培训需求分析的层次及方法

（1）组织分析：确定培训在整个公司范围内的需求。其方法是把公司现状与公司未来发展目标进行比较，找出薄弱环节，同时对公司发展的外部环境（如政府改革、各种法律的颁布、市场的变化等）和公司内部气氛（如工作效率、执行能力、出勤率、员工流失率等）进行分析研究，确定通过培训是否能引起员工行为向有利于实现公司目标的方向转变。

（2）工作分析：确定员工达到令人满意的工作业绩所必须掌握的东西。其方法是系统地收集反映工作特征的数据，制订每个岗位的工作标准，明确怎样才能达到这些工作标准，确定有效地工作所需的知识、技能、才干和其他一些能力。

（3）个人分析：确定每个员工完成所承担工作任务的好坏。其方法是通过对员工理想工作业绩与实际工作业绩的对比，找出其间的差距，确定为缩小或弥补这一差距所需的培训。

4.4.5　每年 12 月 10 日前，各子（分）公司应将下年度的员工培训需求计划报送总公司人力资源部。

4.5　培训计划的编制

4.5.1　培训计划应在总体经营目标达成和管理现状的基础上，结合总体目标、管理重点、员工培训需求和行业特点等因素来进行编制，并按程序报批。

4.5.2　培训计划包括计划内培训和计划外培训，计划内培训又包括发展战略培训、重点培养、员工发展培训、新员工入职培训等；计划外培训为临时安排如考察学习、论坛讲座、委托培养等。

4.5.3　年度培训计划的编制

（1）每年 12 月 20 日前，总公司人力资源部负责编制公司下年度的员工培训大纲，经分管领导审核、总经理批准后，发至各子（分）公司。

（2）每年 12 月 31 日前，各子（分）公司人力资源部门负责根据总公司下发的年度员工培训大纲和所属子（分）公司的实际情况，编制所属子（分）公司下年度的员工培训计划，经所属子（分）公司分管领导审核、总经理批准后执行，并同时上报总公司人力资源部备案。

（3）次年 1 月 10 日前，各部门应根据所属公司的年度员工培训计划，制定本部门的年度员工培训计划，并送所属子（分）公司人力资源部门审核，分管领导批准后实施。

4.5.4　月度培训计划的编制

（1）每月 25 日前，各部门应根据年度培训计划编制次月的月度培训计划，经部门经理审核后，报送所属公司人力资源部门。

（2）每月 1 日前，各子（分）公司人力资源部门负责编制所属子（分）公司当月的月度培训计划，经所属子（分）公司分管领导审核、总经理批准后执行，并同时上报总公司人力资源部备案。

4.5.5　培训计划应符合下列要求

（1）有明确的培训目的。

（2）有培训的方式说明。

（3）有培训费用的预算。

（4）有具体的培训内容安排（包括培训模块、时间、内容、培训对象及预期达到的效果）。

4.5.6 培训计划的更改

（1）因不可抗拒的因素，如组织机构变更、市场经济因素、政治因素、社会因素、自然条件等因素导致培训计划不能完成或实施，培训计划责任部门 / 人可提出更改培训计划的申请。

（2）培训计划责任部门 / 人在提出更改申请时，必须具体分析培训计划不能完成或实施的具体原因，同时提出更改后的培训计划，经逐级审核通过后，方可执行。

4.2.3 制订培训预算

在编制培训计划时，需要充分考虑培训预算是否合理分配，这直接关系到整个培训管理过程的顺利实施。培训预算包括培训预算拟编、培训预算执行和预算分析与调整，如下图所示。

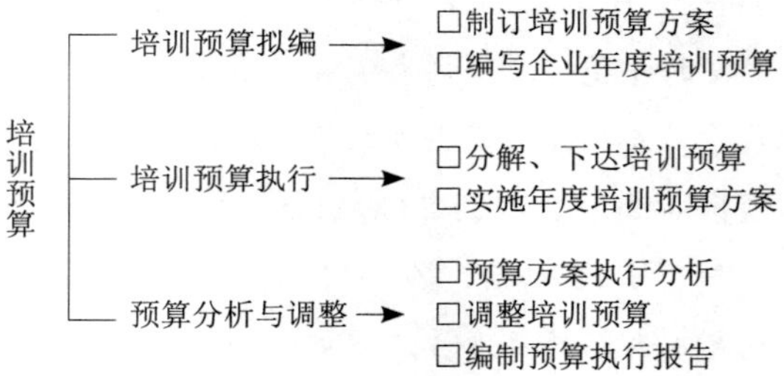

培训预算制订流程

创建培训计划，需要识别可能的经销商、为外包开发或购买的课程定价、为内部开发课程定价（除了确认教学设计人员，还会产生一定的费用，如研究课程主题的书籍、复印课程材料的费用、制作课程的软件费用等）以及其他相关费用（教师授课的差旅费用、培训场地、设备、餐饮费用等）。

记录每个培训课程所需要的费用，计入预算后进行所有课程的加总，即可得到关于执行这些培训课程的估计总预算，当然，还需要添加一定的系数（这需要数学和直觉），来保证培训目标的实现且不超出预算（事情不总是按照计划进行的）。

作为全年培训运作计划，年度培训计划必须回答公司做什么培训项目、怎么做、需要多少资源、会得到什么收益等基本问题。其中预算工作是一个关键的环节，如何做好这项工作对有效开展年度培训工作有着重要意义。年度培训预算的基本任务包括确定年度培训费用总量、明确费用使用方向、预算管理机制和规定等。实践中，很多公司在具体工作方法上，存在着不太科学的做法，最后导致预算质量与效率低下，最终控制效果不明显。

一、年度预算制订的通常做法

实践中，大多数企业在年度培训预算上有一个难解的命题：公司今年到底要投入多少资金？有两种根本的分析方法：经验法和分析法。实践中经验法占主流，如比例法、参照法、（非零基）调整法，由于缺乏科学的预算分析与计算，往往要参考其他企业的经验数据，再略微调整，结果达不到预期目标。

二、年度培训预算制订的几个基本原则

1．基本逻辑

自下而上，先根据年度计划中的项目分解，来确定费用需求分解。然后对于总量进行全局调节。

2．费用需求分析的基本方法

对每一个项目组合进行费用需求分析，参照培训资源供应市场自身组织能力、以往成本费用经验等进行综合。

3．调整费用总量

参照对比企业、自身成本控制能力提升空间、培训资源供应市场费用可指出比例、年度经营状况对比等进行调整。遵循这几个原则，利于管理层对整个培训活动进行全面审核，避免内部各种随意性培训费用的支出，利于提高主管人员计划、预算、控制与决策的水平，利于将组织长远目标和培训目标、培训效益三者有机结合起来。

三、年度培训预算制订的项目组合费用核算的 3 个步骤

1．项目组合设置是否必要

年度培训计划中，培训项目组合是根据调研结果而来，其取舍是一定要慎重的。实践中的某些现象必须避免，如随意定项目来获得公司资源空间的行为。例如，每次开始作预算时，往往会以上年实际发生的项目组合为基础，再随意删减巧妙掩饰后，作为新计划提交高层领导审批。主持审批的领导，明知似曾相识，但因不能透彻了解情况，质疑无根据，又不感觉不太对劲，要么搁置，要么退回再来。结果这个过程大家都很累。实践中，有些培训经理甚至开始抱怨，一提到钱，老板就不高兴。其实，老板不高兴的是乱花、盲目地花钱。

2．项目组合成本与费用分析

基本的讲师来源、课程开发、项目实施费用等必须有一个大概量的确认。关键要求是必须明确费用使用方向，包括费用，如训练行政人事薪资与津贴、福利金、保险费、自有训练场地维护及折旧、自有设备折旧；课程开发费用，如讲师费、教材费、车马费、版权费、

课程设计费；管理费用，如场地费、出差费、器材费、交通费、膳食费、茶水费、加班费、国外差旅费等。

3．项目组合的重要性系数（利于下一步的修整）

主要考察项目必要性重要程度，投资回报率预先估计，最后确定调整系数。

四、年度培训预算费用总量进行调整

项目组合财务需求总和计算出后，肯定会与预算基准即人力规划中年度培训预算的资源分配空间相冲突，必须进行调整。这样可以避免“盲目地根据比例确定预算总量后，大家没事也要编个项目来分钱抢钱的”现象。此时关键是预算基准的确定。

1．结构比例法

结构比例很多，具体内容如下。

（1）以每位员工之预算基准拟定。每位员工每年平均有固定的训练费用，有些公司依职位别区分不同训练经费。

（2）根据人事费用的比例决定。以每年人事费用（薪资、津贴、福利、保险）的 3% ～ 8% 作为总训练经费，分 IDL 及 DL 人员。

（3）依据营业额的比例决定。以每年营业额的 0.5% ～ 3.0% 作为总训练经费，当营业额较小时，比率会提高。

（4）依公司营业利润的一定比例决定。依据每年公司营业利润的 5% ～ 10% 作为训练预算，但容易受不景气影响。

2．纵向比例参照法

根据去年、今年与明年的发展趋势和公司赢利状况，再依据培训策略，确定是加大力度或是紧缩。

3．横向比例法

参照同行业竞争对手的培训资源投入力度和回报率。此时应该考虑竞争对手发展阶段、现时竞争策略，再结合企业自身能力评价、战略目标来确定总量。各企业培训的总预算多少不一，但应该有一个适当的比例。多数国际公司的培训总预算一般占上一年总销售额的 1% ～ 3%，最高为 7%，平均为 1.5%，我国的许多企业都低于 0.5%，甚至不少企业在 0.1% 以下。

五、基于有效预算管理目标的机制和规定

1．综合计算与结构化统计

分类方向很多，按照接受对象分类，如主管人员、新进人员、研发人员、市场人员。按照使用方向接受对象分类，如课程、讲师、组织实施、固定资产。这有利于进行费用控制和培训成本控制策略的制订。

2．动态调整

必须时刻根据每个项目组合的推进与实施，结合项目评估和效益回报分析，适时对整个年度培训计划中的预算进行微调。

在培训计划和预算的初稿完成后，接下来就要确认它是否会回答预期问题。这需要将前期的访谈问题与其做出对比，如此项培训是解决对应问题的适当策略吗？为什么选择的实行方法是最适当的？它最节约成本吗？ 如果不是，是什么使它优于最低成本的？对于组织而言，此项培训的最低收益是什么？

4.3　培训计划的类型

一、根据培训的时间阶段分类

（1）年度培训计划。经过对企业的培训需求分析后，确定了当年的培训目标，因此年度的培训计划体现目标性，确认系列培训的主题。

（2）季度培训计划。根据全年中各阶段的企业经营节奏，合理安排各季度的培训主题的先后顺序。

（3）月度培训计划。详尽安排各类培训课程，主要列出培训活动的项目明细，包括培训时间、培训地点、培训方法以及培训导师（涵盖课程购买）。

二、根据培训目标的分类

围绕企业生产经营目标的培训应列入业务培训方案；围绕提高企业管理水平的培训活动则应列入管理培训方案。

（1）根据培训类型分类：公司内部老师的内部培训、公司外部老师的内部培训、参加外部企业举行的公开培训。

（2）根据培训级别分类：根据培训的范围不同，我们可以将培训分为公司级培训和部门级培训两类。

（3）根据培训方式分类：对于不同的培训项目，我们可以采取不同的培训方式。一般来说，我们可以将培训方式分为讲授法、演示法、研讨法、视听法、角色扮演法、案例研究法、模拟与游戏法等。各种教育培训的方法具有各自的优缺点，为了提高培训质量，往往需要将各种方法配合运用。

三、培训计划的类型选择

不同类型企业，在各个发展阶段培训目标不同，选择培训计划类型也随之不同，但是不管选择哪一类，都需考虑以下五点。

（1）管理层的参与和支持。在获得管理层支持后，将会得到不同部门给予的不同程度的协助，并且培训的目标导向也会更加贴合管理层对公司的发展方向。

（2）和公司治理策略挂钩。因地制宜，不能照搬其他公司的成功培训案例，充分考虑公司实际情况，并结合公司现有治理策略，进行培训管理更容易得到公司上下各层级的认可和接受。

（3）培训目标和公司发展目标 / 业务目标相结合。培训的目标需要贴合公司发展目标，这样才能避免造成培训资源的浪费，并且有助于提高管理层支持度和员工参与积极性。

（4）考虑到培训各阶段的不确定性。

（5）注重双向沟通。

4.4 培训计划的宣传和推广：如何变“要我培训”为“我要培训”

在培训中，学员是否有“习惯性无助”，它最明显的表现就是：学员来了，但感到无用，最后只剩“冷漠”。一个直接的解释就是，当动物对于逃离电击感到无望时，便开始停止尝试逃离，学会了逆来顺受，最后只有呆呆地站在原地。研究者认为这种“无助型冷漠”是通过“学习”而来的。在培训时，学员是否也有这种习惯性无助。在学员不理解原因的情况下，他被要求去参加某一项培训，回来后发现没人在意自己的培训效果（到底自己去学到了什么，学的怎么样都无人问津），工作一切照常进行。即使学员最初对培训产生热情，并尝试学以致用，但一段时间后，尝试无果，他将失去兴趣，培训效果付之东流。最后只剩“顺从”地去上课，然后回来继续“照常”工作，培训也变成了“老板指派”的任务。

培训参与感不高是企业培训的常见问题，问题原因主要归结在培训设计的环节上，比如课程设计不合理、时间安排不科学，被培训者认为培训课程本身没有实用价值，没有解决他们工作中的主要问题。究其根本，就是关注培训能为学员提供什么价值，解决他们什么问题。通过培训计划的设计与培训课程实施环节和课后的积极反馈让学员认识到培训的价值，以此逐步提高员工参与度。

提升员工参与感不仅仅是培训课程实施阶段的责任和工作，在培训前期也不容错过激发员工积极性的大好机会，可以说是培训“营销”的关键时期。假设培训经理已经结合公司发展考量和管理层进行重点问题访谈，员工层面也进行了前期的需求调研等系列的准备工作，培训计划制订完成，那么在培训的前期工作中——培训计划阶段，如何提高员工的积极性，做好前期营销呢？

策略 1：明确活动主题

这条策略看起来无可厚非，让员工来培训，当然要明确活动的主题了，但是信息让培训经理明确了，被培训的学员呢？他们是否如经理所理想化的那样，真的知道自己放弃在工作上的几个小时的工作效率，来到这里培训是来干什么的，是否值得自己的机会成本呢？

让参与学员明确活动主题，提高参与目的性。

策略 2：前期加入员工参与感、投入度

培训前期的需求调研中，不论是访谈还是问卷调查法，聆听员工的声音，让他们感到自己的需求能被关注到，本身就是一种鼓励。

策略 3：利用一切方式，激发员工兴趣度

先不说具体的营销手段，我们营销的目标就是提高员工对培训项目的兴趣，让他们感到培训是有区别于日常的趣味性的，令人感到兴奋以及有刺激的感觉。一般情况下培训经理是如何让学员按时到场的？先有领导要求，后有通知提醒……然而当员工自身感到课程激发了他们的好奇心与兴趣度时，员工自然会想方设法按时到场，他们不想错过有趣的每一分钟。

如何提升兴趣度呢，少不了一番“添油加醋”了。企业中常见的培训文案，多数偏于死板枯燥，为提高培训严肃性，强调目标性，所以文案内容多数简单直白。但是培训文案的主要受众是谁？是员工，他们会喜欢吗？培训经理心中自有答案。

例如，公司为全员范围安排的“差旅费报销与核销”，还有 “档案归档机制说明”，其重要性在于规范化、提升公司管理水平。但对员工而言，多半认为索然无味。如果能尽情发挥想象力，把培训文案制作得吸引人眼球，让员工认为参加这次培训不仅会缩短他们收到报销费用的时间，提高档案管理的办公效率，还能让其觉得几个小时的公司生活变得很有趣，想要迫不及待地来参加，这就算成功达到目标了。

电子邮件的使用对于培训经理并不陌生，但是很多人却并不了解一封声情并茂的邮件的重要性。在通知员工参加培训的时间、地点的同时，进一步激发他们的兴趣，调动他们参与的热情。而不是机械照搬培训目标或者是培训计划里冷冰冰的词语，让他们感到无聊和疲惫。

动用一切企业的宣传资源，如培训手册、海报、企业宣传刊等。公司组织关于制度和业务的培训，对于员工而言并不新鲜，但是如果能用精彩绝伦的语言和各异的方式尽情打动员工的心，激发他们的好奇心和热情，那么前期营销就是为后期的培训效果和员工满意度打下了坚实的基础。

4.5　案例分享：万科事业部制订的人才培养模式

“人才是万科的资本，这是万科核心价值观之一。对优秀人才的需求不会只是我们的一日之渴，它事关公司的长远战略，百年基业。”王石在他的著作《道路与梦想》中曾这样阐述人才的重要性。那么，万科怎样培养人才呢？曾任万科人力资源部总经理的杨彦分享了七大卓越计划中关于人才培养的计划。

一、 千亿计划

千亿计划设定的目标是三年选送 1 000 人去日本学习，花费大约是 1 亿元。该计划来自王石倡导的“提高中国工程质量水平，提高房地产行业质量管理水平，改善万科工程管理和质量文化”的理念。这代表了一个企业的决心和魄力，并非是急功近利可以完成的。

现在已有 500 多人先后在日本学习，长则一个月，短则半个月或者一周，包括一线公司的总经理、集团高管，还包括工程、采购、设计、营销等专业人员以及客服人员。

【本节分析】对于多数企业而言，为培养员工付出的成本都是尽可能紧缩，以不给公司发展造成过多机会成本（时间、费用、人才）。万科的做法无疑体现了一个企业为培养人才、塑造人才的使命感，以及对人才的信任感。

二、跨界学习

在变革的时代，万科也意识到房地产业不仅可以在行业内相互交流和相互学习，而且应该走出去。自去年以来，万科管理学院先后安排了由总裁郁亮亲自带队，每次几十到一百多人的团队，去华大基因、阿里巴巴、百度、腾讯、海尔、小米等企业，通过实地了解这些不同行业、不同类型、不同规模的公司，学习他们的经验。

在万科，推崇“学习是一种生活方式”，为高端人才提供的培训就是跨界学习，向优秀的人学习更优秀的思维，而并不局限于某一个行业，只有这样才会让思维跳出固有的模式，发生质的飞跃。

【本节分析】企业的培训思维久而久之也会成为一种企业文化。万科推崇的“学习是一种生活方式”，无疑从企业培养员工、员工自身培养等方方面面对员工产生影响，而其中影响最大的，一定是员工的自我培养习惯，这是终身的。

三、珠峰行动

一线公司的总经理，包括总部职能部门的总经理是一个企业最核心的群体，如何能对这个群体进行有效的培训对一个企业的发展至关重要。2011 年，遍访了很多名企、商学院之后，将华润的 60 班、70 班，包括后来的 80 班等作为了学习的榜样和方向。

为什么叫“珠峰行动”呢？因为这个班里的每个人都要给自己设定一个挑战性的任务。

最开始的时候要求每个人都登珠峰，但这不够现实，现在修订为每个人都要跑马拉松，女性可以半程、男性可以全程，现在这部分人有约 1/3 已经跑完全程。在这里，你必须要给自己设定一个要跳好几跳才能够得着的目标，这也是自我挑战。最初给这个人群设定的培养目标叫作“培养万科未来事业的接班人”。

王石曾经说过，“世界上最难攀越的山其实就是自己”。每个人心中都有一座山，每个人都有自己的目标。但是要想达到这样的目标，最难克服和最难跨越的可能就是自己的那些困难、弱点，性格中的一些缺陷，或者其他的一些障碍等。

【本节分析】类似“珠峰行动”的培训其实在企业中并不多见，它不局限于培养员工的业务能力或是领导思维。而是把培养重心放在提高员工个人的心理素质上。不错，世界上最难攀越的山峰其实就是自己，当员工在企业安排的活动中从生理上和心理上战胜了过去的自己时（可能是懒惰也可能是胆怯），无疑让员工用实际行动向自己证明，只要想做，用心去做，去坚持，心无旁骛，最后一定能“勇攀高峰”。

四、打开自己

（1）NGO，塑造杰出领导人，这是“合益”（一家全球性管理咨询公司）的一个很经典的王牌课程，三天半的时间，打开自己的眼界与胸襟。前期工作比较复杂，有大量的测评工作，其最重要的目的就是把自己打开，看一下自己究竟是什么样子，包括个人素质、个人领导风格、对于组织氛围的影响力等。这些方面都会以一个报告的形式呈现。

在这个报告出来以后，最重要的环节是每个人必须“晒”报告。班主任，也就是直接上司郁亮，还有分管人事的执行部门都坐在后面，学员要当着大家的面来“晒”自己的长项和弱项，这对于在各地是老总的人，有很大的压力。

这一课对万科员工很有触动。很多人在培训的时候，包括很多特别聪慧、特别能干的老总们，觉得集中四天的时间到深圳总部，可能最大的事情就是能静下心来处理邮件，晚上跟远方的同事连线开会。但是从培训的第一天开始，老总们就告诉秘书这几天的时间所有手机都要关机，不是因为组织上不准接电话，而是因为离开课堂五分钟或者十分钟的时间，对个人将是最大的损失。当培训的内容能够真正帮助学员，能够让学员觉得对他自己是真正有启发的，才能留得住人，留得住心。

两年的时间，还有很多人文、艺术、哲学、历史、经济、军事等这样的课程。比如“中国哲学”是北大的哲学系主任王博老师任课。另外还有讲述《红楼梦》的课程。《红楼梦》跟企业管理其实没什么密切关系，但是作为企业未来的中坚力量，这些人一定是复合型人才。更加懂人的人，才能成为一个好的管理者。

（2）第二门课是“感知世界”，这与万科自己的战略有关，因为万科要成为城市配套服务商，所以对于管理者来说要学会了解这个世界，学会认识这个城市，感知这个城市。

我们对这门课从四个维度来考虑：第一是人口；第二是城市化的进程；第三是社区活动；第四是心理学。做房地产的人如果不了解城市，不了解人，不了解社会，不了解社区，不了解每个个体的心理，在未来是很难做好的。

（3）第三门课称作“领悟模式”，属于战略模块。万科尝试跨界学习，选择了阿里巴巴。阿里巴巴是一个可以把生意模式阐释清楚，而且把它变成现实的企业，所以万科在生意模式方面重点学习了杭州的阿里巴巴。同时他们邀请了老师来讲战略课程，这种战略采购的课程非常多。

万科每次课程之后都有领导力复盘环节，还有 PK 环节，在设计中会有很多的考虑。

这个模块最后到规划落实的阶段，万科请到了哈佛商学院的普鲁斯来授课，普鲁斯曾经在 IBM 战略转型时在那里工作，所以对企业非常了解，IBM 的战略转型是全世界都非常关注的，再加上普鲁斯在哈佛商学院的一些背景以及他对中国的兴趣，都成为万科选择他的原因。

【本节分析】从认识自己到认识世界——全方位塑造人才，由此看出，企业对于人才培养的目光是长远的，培训目标不仅结合企业当下的战略目标或者业务目标，解决的也不仅仅是当下的企业难题。万科的培养目光更加长远，因此从培训规划的设计角度来看，也是长远的。

第五章

天时地利人和——培训活动的组织与实施

5.1 明确培训相关方职责

企业培训是不是人力资源部门的事情呢？培训主导部门是不是仅仅关注了培训的主体方，而忽略了相关方？培训的相关方有哪些，分别又有哪些职责呢？作为培训对象，是否不需要明确自身的职责而只是被动地接受培训安排呢？下面我们分析解答。

一、培训的外延相关方

培训的外延相关方，不能简单说这些外延方的职责，但是作为培训项目负责人，首先要关注到这些外延方，他们是培训项目成功的前提，否则培训项目还未开展，就容易“胎死腹中”。

1．领导者或管理层——关键性的标准

如果企业要组织一场培训，人力资源部门正准备设计一个培训课程，首先需要注意的是不能一开始就陷入课程设计的具体细节中，因为除了课程设计之外，第一时间需要加以关注并认真对待的是公司领导者或者管理层，各管理层级对培训项目的需求各有侧重，人力资源部门首先要打通领导者或者管理层中对培训的不同要求，寻求到最合理最有效的平衡点，达成管理层对培训项目的有效支持。

找到领导者对培训的需求点，其实就是找到了培训的关键性标准，也就是能够从上至下推进培训项目的关键所在，他们会成为有利支持者，从培训的方方面面给予支持，达成培训的落地。

2．预算控制人——资金支撑

组织一场培训是需要有资金预算的，哪怕是企业组织在内部场地，使用内部讲师的培训，或多或少都会产生资金费用，这些培训预算做得详细不仅能获得预算控制人的支持，也能为以后的年度培训获取更明确的预算规划。年度培训规划中，可能有基本培训预算，但具体到培训项目实施前，需要有与本次培训项目实施阶段的详细预算方案。

在进行培训项目的前期审批时，人力资源部门的人要注意培训项目与预算细节的匹配，很多时候细节的纰漏，会影响整个培训项目的前期审批。作为培训预算的控制人，要审核培训预算的合理性，即该项培训项目与年度的整体培训是否一致；与培训项目细节的匹配性，即培训项目中各项的情况是不是与实施培训方案相关，不要出现明明是使用内部场地的培训，但还产生了外部场地租用费的情况。

有效的培训方案中包含着详细的培训预算情况，并附有更详细的说明，能给预算控制人提供明确的预算审批标准，是能快速获得预算审批人批准的重要保障。

二、培训主体相关方的职责

培训主体相关方是培训实施阶段的直接关联方，包含培训项目负责人、培训讲师或者说专家，另外是培训的实施对象。作为培训项目负责人和培训讲师，他们对自己在培训实施过程中的基本职责的认识还是比较清晰的，但是作为培训实施的对象，即接受者，往往不能明确自己的职责，而对培训效果产生一些不良的影响。根据这些情况，我们将详述培训主体相关方的职责。

1．培训项目负责人——培训方案设计

培训项目负责人在获得公司上下对培训项目的支持后，拟定详细的培训方案，设计培训课题及教材。在培训方案的设计上，培训项目负责人对培训策略和与之相关的材料上，需要做出有利于培训方案实施的变动与确定。

在培训项目实施期间，培训项目的负责人需要跟进培训的进程，实时调整培训实施过程中的细节，这些细节包括培训的时间、场地、讲师、课程顺序、培训设备等。其实，培训项目负责人就是十八般武艺都要会，培训实施过程中各式突发情况都需要考虑全面，整个培训实施阶段的调度能力要完全发挥出来。

培训项目负责人在培训过程中需要做好培训记录，并在实施过程中开始跟进培训效果的反馈，这样才能在细节中找到问题，改进培训过程，促进培训过程的满意度，增强提高培训效果。

培训项目负责人还要参与重点培训项目的策划，参与课程的开发，对讲师进行筛选和选拔，甚至对讲师进行前期培训，确保讲师能围绕培训方案展开讲授，达成预期效果。

2．培训讲师（专家）——传授或研究

培训讲师的主要职责就是根据培训需求，编制培训讲义，准备学习材料，收集与课程相关的资料、信息、案例、活动，深刻理解并有效整合培训内容，设计培训授课方式，确保培训内容的专业性与生动性，确保培训方式符合培训对象的学习习惯。这其中，讲授虽然是比较重要的环节与职责，但是所有讲授的内容源于前期的准备阶段，合格的培训讲师会重视讲授的工作，但是优秀的培训讲师会把前期工作与讲授工作放到同等重要的位置。所有在职责中明确前期的职责也有利于培训讲师对工作的理解与开展。

为了让培训具有可靠性，少不了培训专家的付出，这类人最好是在企业中长期生活和工作的人员，并具有对企业战略和文化有深刻了解的人，对专业领域或管理能力有自己独特见解与想法的人员。这样的专家能通过研究企业内外的环境与案例，形成独特的研究领域，并要敢于在培训中提出自己的想法和意见，通过相同的文化传递给培训对象正面的启发，促进培训对象在工作中主动应用培训课程内容。

培训讲师与培训专家，身份和职责既可以独立，也可以重叠，当然作为企业内部的讲师和专家，身份与职责的重叠能更有效地完成培训课程研究与讲授。

3．培训对象——如何做好受众

培训对象是一个群体，具有非常大的共性，却又不乏各自的特性。培训组织者要抓住大的共性，在培训课程正式开始前，提高培训对象对共性的认识，这就是需要培训组织者强调作为培训对象也负有自身的职责。我们需要强化这些职责，才能更有效地提升培训效果。

培训对象不仅仅是培训课程的接受者，更重要的是培训的参与者，参与意识是每个培训对象都应该了解和尽到的责任。如果能在培训课程开始前主动参与课程的设计，哪怕提供非常小的有意义的意见，也能影响一部分培训课程的开展。仅仅被动接受，作为培训对象就不能有效地尽到自身的职责，反而起到反作用。

培训过程中，培训对象或者说学员，要时刻与讲师进行讲授内容的良性反馈。问题可以包括："什么事情能让找到此问题的答案变得更简单或者更困难？什么能帮助或者阻碍事情的进程？让我们总结和归纳此次学习的关键点。"通过对这些问题的提出与反馈，更能推进学习活动的进行与吸收。

培训对象在学习中的五步法是非常不错的能做好受众的方法，这五个步骤是：①培训师通过告知学习内容、原因及如何学习来组织学习活动。虽然第一个步骤主要是培训师带领来实现的，但学员通过积极地参与接受，能很快激发学习动力，能规划自己在课程学习中扮演的角色与参与能力，并明确学习准则。②学员参与学习活动。参与其中就要根据授课方式的不同或发表看法，或参与讨论，或进行案例分析，或完成学习报告。③学员分享并说明自己的感受。分享感受是做总结的开端，只有进行这一步，才能更好地推进学习活动，影响其他学员。④学员明确概念。"我从活动或培训中学到了什么"。完成这一步学习的过程才完整，才从特定的培训情境中学到了知识，如何能将这些知识应用到课程以外的类似情境中还需要下一步的应用。⑤学员应用概念。如何应用所学知识，这一步的价值是什么；如果遇到同样的问题，我如何使用学到的技巧解决。通过这样的步骤，将学习活动应用到自身工作的环境中，使得自身真正能获得收益。

5.2 巧做培训安排：培训时间、场所、讲师、课程、设备等

一、通用型培训的安排

通用型培训大致可以分为讲授型、分享型、研讨型等，是日常通过在室内，一个共同的场所和空间中的培训安排。

一般讲授型的培训安排，通过培训课程计划表（见下表）就能一目了然，给各相关方提供具体安排的信息。

课程计划表

××培训课程							
开始时间	**持续时间**	**课程地点**	**课程名称**	**讲师**	**目标**	**学习方法**	**其他准备与设备**
9:00	45 min	2002 室	欢迎词	×××	欢迎新员工	互相介绍	学员牌、手册、投影
9:50	60 min	1901 室	了解企业	×××	介绍企业	聆听交流	PPT、投影、简介书

实际上，通过培训关键点的选择，还是有很多细节需要考虑的，通过不同培训项的选择，才能组合成最接近完美的培训方案。

1．培训时间的选择

培训一般可以分为两种：企业内训、外部机构组织的外部培训。

外部培训一般时间安排上相对容易，依据公司年度培训计划，以及选择确定合作的第三方机构年度培训课程安排，选好合适自己企业的课程，时间一般是既定的，到对应日期，提前通知相应参加培训人员，安排好工作计划，按时参加培训。

而内部培训不同，时间由企业内部确定，往往日期的安排确定需要通过公司领导审批，领导当然是希望不占用工作时间来安排，毕竟工作时间应该付出工作劳动，培训学习是为了给员工提供知识技能的提升，不应该占用工作时间来安排；而员工考虑的是另外一个方面，企业安排培训，是为了更好地服务于企业，获利最大的还是企业，应该在上班时间内安排；往往在企业安排实施培训时间时形成这样的矛盾，老板不满意，难以实施培训计划，员工不满意，难以达到培训效果。

现在的做法一般有如下几种：①依据培训课程内容进行分类，比如企业文化内容的课程，尽可能争取工作时间内进行，公司企业文化的传导和灌输，相信培训负责人应该能够说服领导。但如果是专业技能的培训，则可以安排非工作时间内进行，技能的提升是个人综合素质提升，而非现有企业才是发挥之地，此类培训只要是有上进心的员工都会积极争取参与的。②依据参与人员层次不同，比如新员工的入职培训，应为公司日常工作内容，适合选择在工作时间内安排为好。基层工作人员，培训内容一般是基于工作内容中遇到的难题进行专项技能提升的培训，应该安排在工作时间进行。中层管理人员可考虑工作日、休息日结合的方式进行。

当然，培训时间的选择是尽可能采取员工能接受的时间，让员工能够积极参与，只有员工的主动参与度高，才有可能认认真真地参与学习，才有可能真正将培训转化为生产力。要做好培训时间、工作时间、休息时间三者较为合理的安排而少出协调方面的错误，在处理几方关系时，以下两个方面可以注意。

（1）充分尊重既定时间安排。这一点是十分重要的，如果某个培训项目，在培训计划中已经明确安排在某一天进行，只要不出紧急情况，都应当按时进行，特别是领导层不能带头来打破这个安排，一旦轻易打乱这个安排，将对后面所有安排产生影响，而且会给大家不重视培训的印象。关于尊重既定时间安排，一是人力资源部门要据理力争；二是各部门不能找借口不想参加培训；三是领导人员要有公正对待的处理原则。

（2）坚持领导为准处理原则。任何发生在培训、工作、休息三者时间冲突之间的协调或安排，都不应当是某个部门或人员说了算，应当上报上级主管来协调，在充分倾听相关意见后做出相对合理的安排，不管是哪一方优先安排，都不应有骄傲自满或打了胜仗的感觉，同时，做出让步的一方也不应郁闷和气馁，更不应有任何抱怨。

2．培训场地的选择

课程的成功与否在一定程度上取决于培训场所的选择，如果地点选错了或者空间太狭窄，都将给培训师增加障碍，影响课程的效果。根据培训形式或者培训课程的不同，相应的培训场地选择或者培训场地布置就会不同。降低这个风险是定义出“理想”的场所，并尽可能使用这个“理想”场所的规范。

首先，考虑授课人数，大致了解培训场所的尺寸，最好能实际感受一下，例如排开桌椅，感受在舒适的环境下能容纳多少人员的培训，空间狭窄的培训场所只适合短时间的培训分享，不太适合长时间的培训课程。例如一个有 12 个学员参加的课程，至少需要 7 平方米的房间。

其次，对培训场所的布置，尽量做到最大限度的舒适与参与度要求，培训学员的座位以保证目光自然交流通畅为宜。培训前要检查好培训场所的通风状况、室温、照明和外面的影响干扰，隔壁房间的噪声等情况。培训场地的布置要根据培训目标、学员规模、主题、学员之间的关系等因素进行设计。尽量根据培训内容和培训讲师的要求，做一个空间布置计划，如下图所示，把误解降到最小。

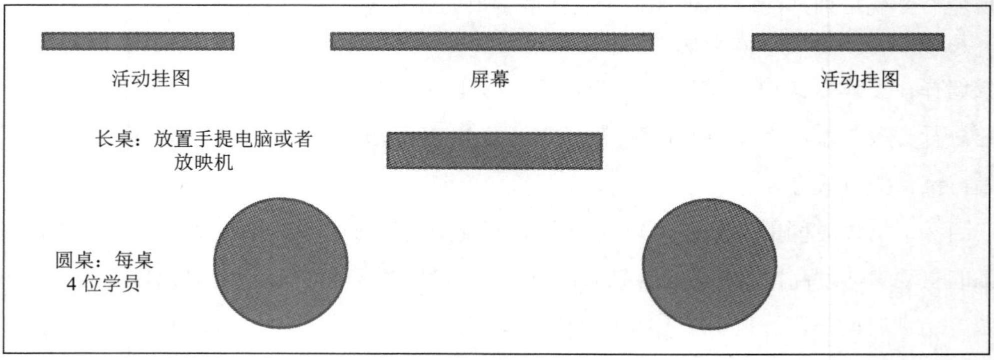

房间布置图

培训场地的布置类型大致分为剧院式、课桌式、方形中空式、鱼骨式、U 字形、岛屿式。下面介绍不同的场地布置适合的培训类型。

- 剧院式。最大限度地摆放座椅，能最大地利用空间，但是没有地方放资料和记笔记，适用于全员培训、论坛等。
- 课桌式。位置摆放具有一定的灵活性，可以有放置资料及记笔记的桌子，还可以最大限度地容纳人数，适用于讲授型培训、研讨会等。
- 方形中空式。前方可设置主持人的位置，容纳人数较少，对培训空间有一定的要求，适用于讨论式培训、学术研讨等。
- 鱼骨式。适合于互动性较强的培训，既可以分组形式充分讨论，也能方便聆听主讲人的发言。
- U 字形：一般适合小型的、讨论型的会议，不特设主讲人位置，可以营造比较轻松的氛围。
- 岛屿式。适合于互动性非常强的中小型培训，小组成员可以充分交流讨论。

根据不同培训形式选择合适的培训场地布置类型是非常有必要的。合适的场地布置能够助力培训效果的达成，并消除培训对象的隔膜，更快地融入培训课程当中。

3．培训师的选择

什么样的培训师才是一个好的培训师呢？相信很多从事人力资源培训工作的从业者，有着这样的疑问。通常我们会从各方面来评估一个培训师，但归根结底的主要两点是：其一，课程内容丰富，观点正确，学员受益。其二，能够将课程知识非常好地传授给学员。不管我们从外部或者内部去选择培训师，都要遵从这两个必要的标准。

如果以上两条基本标准达成，那我们就要通过评估，选择更好的培训师，一般评估从以下几个方面着手。

首先，着装礼仪。第一印象非常重要，称之为“水泥凝固前的三秒钟”。良好的着装表现能够体现培训师的职业化素养，能获得学员的尊重与职业态度的认可。

其次，对培训现场设施的利用、控制和安排。培训师能够充分利用培训现场提供的设施，并能快速熟悉和运用这些设备与设施，通过这些现场设施的传递达成更优的培训效果。

其三，培训师的开场白。好的开场白既能切入培训主题，又能快速拉近培训师与培训对象之间的距离，更能打破固有的第一印象，是能体现培训师功力深厚的要件。

其四，教学形式的组合。也就是围绕课程内容实行多种教学形式的优化组合。培训师要能打破传统意义上的单一教学形式，采用有重点但又有其他辅助形式的教学组合，让培训更生动，达成培训目的。

其五，声色的应用。优秀的培训师能够通过声调、节奏的把握，牢牢控制培训对象的培训传递效果，抓住培训对象的心理。

其六，肢体语言。培训信息的交流，通过文字传递留在培训对象印象中的占 7%，通过声音传递留在培训对象印象中的占 38%，而通过肢体语言传递的信息在培训对象印象中占到 55%，所以优秀的培训师能够通过有效的肢体语言传递加强培训知识的印象。

其七，现场的气氛。培训师通过手到、眼到、脚到、口到，各种神态、步态、有表现力的声音来引导培训对象融入现场培训气氛与环境中，将现场氛围通过培训师自身的行为烘托出来。

其八，时间的控制。培训课程都会有具体的时间安排，优秀的培训师会通过不同的培训时间要求，完成课程培训期间的时间控制，将有效培训信息在培训时间段内传递给培训对象。

其九，课程的内容。课程内容是培训师实施培训的重点内容，它是培训各环节的完整体现。课程内容要足以达成培训目标，能够妥善运用各种教学方法，时间配置符合实际，培训教案容易阅读并理解，所有各环节优秀集合在一起才能完整体现出课程内容的优秀。

最后，教材的制作。优秀的培训师能够将培训教材制作成 PPT，制造出视觉效果，形象生动，能链接相关知识，组织紧凑。

在选择优秀培训师的时候，不外乎以上几条的评估，最后实现培训师的选择。当然对于外部培训师的选择，因为企业内部人力资源部门对外部培训师不是太了解，如果有条件，最好借助专业的外部培训机构，挑选培训质量高并且与企业行业相吻合的培训师，这样培训效果会大大提升，会产生事半功倍的效果。

4．课程安排

通常人力资源部会在年初收集各部门的培训需求，然后整理并归纳出当年需要进行的培训项目，获得管理层在年度培训项目的支持后，在培训项目的实施阶段再敲定具体的培训课程。要做好培训课程的开发和安排，就要先做好下面几步。

（1）了解企业。负责培训规划和培训课程安排的人力资源部要对培训企业的自然情况、独特文化、组织结构、在行业内的竞争状况、提出这次培训的背景以及培训组织方对本次培训的期望等有一定的了解。

（2）了解项目。企业全年的培训计划，由一个个培训项目组成。所谓培训项目就是针对企业一部分特定人群、选取特定的培训内容、采用适当的培训手段、具有明确培训目标的一次性培训活动。它包括培训目标、课程设置、教材选定、教师聘任、具体实施、考试测评、效果反馈等诸多要素，课程开发与安排是其中的一个组成部分。课程开发必须完全服从和服务于培训项目的要求。因此，在开发与设计培训课程时必须让领导者、培训师和培训对象都参与进来，了解项目的开发背景、总体教学计划、课程设置、时间安排、学员状况等，据此进行课程设计。每门课程在进行内容安排与取舍、教材的编写与选用、培训方法的确定与实施、培训形式的选取与安排时都要考虑，怎样做才能满足项目的总体要求，怎样安排才能与其他课程匹配，这样才能很好地完成项目目标。

（3）了解学员。人力资源部要帮助培训师去了解学员的岗位要求、工作技能与经验、需要解决的问题、对培训的期望、培训经验、组成和类别、学员对工作的心态、对培训的态度、人数、性别比例、年龄段、学历比例等。这些资料对培训课程的成败都会产生比较大的影响，一定要在培训前做到心中有数。

（4）了解资源。培训时间、培训场地、培训设备条件等对于安排培训活动起着至关重要的作用，有些培训活动受资源限制较大，必须事先有充足的准备。

培训课程内容设计的目的是按照一定的逻辑关系将课程内容进行组织与合理安排，形成独立的课程，并对课程的重点、难点进行分析，对时间进行合理的分配。课程设计时重点要从培训对象的需求、项目安排、形式需要、资源情况几个方面考虑，特别要注意课程为培训项目的总体目标服务。

培训课程设计时应遵循几个原则，如下图所示。

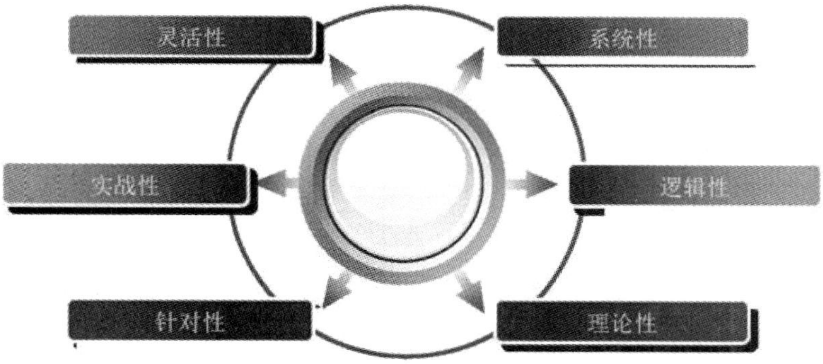

培训课程设计原则

协助培训师做好了培训课程内容的设计，在课程的安排上，人力资源部要根据培训项目想要达成的目的，遵循如下几点来安排课程，并协助培训师达成培训课程内容的传递效果。

首先，将抽象的内容变得生动形象。培训内容往往比较抽象，为了便于学员理解，培训师可以通过最直接、最精练、最准确的一句话来表述“内容”；通过寓言、笑话、游戏、模拟表演来传达“内容”；通过对问题、案例的剖析来启发“内容”；通过联想、对比来强化“内容”；通过培训师与学员的对话来激活“内容”；通过数据、图表、实例来证实“内容”。总之，课程设计要丰富、生动、具体，使学员愿意接受。

其次，使课程的内容贴近实际。本着企业内部培训要为企业服务的思想，培训课程必须紧紧围绕企业的需求而设计。因此，人力资源部要帮助培训师从各种渠道了解企业，时刻把握企业发展的脉搏，了解领导对培训工作的要求、学员目前的心态、知识与能力的水平，从实践中收集鲜活的案例。针对企业目前存在的问题，培训师要结合典型的真实事例向学员讲解相关的理念、原理等；要系统总结实际工作中可能遇到的典型问题、常见问题，并尽量给出解决这些问题的可操作方法。尽量多向学员提供面向实际日常工作的操作流程和评价标准。只有这样的培训课程才会有很强的针对性，学员学习后才感觉解渴，感觉课程离他们很近。这样的课程才会真正得到学员的欢迎，才会有旺盛的生命力。因此，企业内训的培训课程一定要考虑与学员工作实际的结合度。

再次，将工作经验提升为理论。当要推广企业实践中形成的行之有效的工作经验时，培训师必须将重要的操作要点概括、精炼。将操作步骤画成直观的流程，从特殊中提炼出普遍适用的内容。对适用情况、工作环境、操作条件等进行必要的说明，根据不同使用对象进行针对性的调整。

最后，对重要技能进行操作实训。对于岗位要求的重要技能，必须进行有针对性的实训。训练课题的确定要以岗位分工为基础，以操作方法为基础，以故障类型为基础。按照训练目标，确定具体的操作步骤。

总之，选择和安排培训课程是一项系统工程，其中必须牢牢掌握以下几个要点：观点与原理的确定——精炼、准确；关键与重点的把握——突出、得当；框架与结构的搭建——简洁、逻辑性强；素材的搜集与运用——丰富、新颖；时间的分配与安排——合理、松紧有度；课件的设计与制作——专业、精良；教具的准备与演练——细致、周到。

培训课程的最终效果认定，还是要看企业与学员的反映。因此，课程的培训效果当然是检验培训课程是否优秀的重要依据。如果说社会上的公开课，比较注重现场的热烈反映的话，企业的内训课程更多地关注受训者对知识、技能的掌握；培训知识、技巧的应用以及行为和业绩的改善；最终实现为企业的业务带来影响和回报。优秀的企业内训课程一定是从以上几个方面都能够得到良好评价。只有这样的课程才真正称得上优秀。

5．设备媒介

不同类型的设备和不同的媒介各有优缺点。下表列出了各类设备媒介的优点和缺点，根据不同的培训项目，适当的选择设备媒介是需要考虑的一项重要因素，所谓“工欲善其事，必先利其器”。

各类设备媒介的优缺点

媒介或设备	优点	缺点
LCD 投影仪投影的计算机幻灯片	通过动画来展现动态，能够使用声音，给视觉工具带来统一且专业的外观，可以包含数字照片图像。新型投影仪轻巧，便于携带	过度使用幻灯片（用文字替代语言）。幻灯片上的文字过多，难以阅读。设备昂贵，如果未被妥善看管，容易被窃

续上表

媒介或设备	优点	缺点
头顶式幻灯片和投影仪	可以随意变换顺序，价格低廉，容易制作，可以取代黑板。培训师能够与学员保持目光接触	外形比电子幻灯片大，不能转换到其他媒介。手写文字看起来不专业，必须人工操作，无法遥控。屏幕需要调整，以避免失真
35 毫米幻灯片和投影仪	可以很容易地更换幻灯片，而且价格低廉。能够显示逼真图像，可以添加音轨。容易获取，携带方便，可以与前后屏幕投影一同使用。可以遥控，也可以手动控制，而且能够根据屏幕大小调整图像尺寸	制作时需要用到特殊设备，需要花费时间进行胶片处理。室内灯光必须昏暗，并不是所有设备都与不用类型的幻灯片托盘兼容
白板、黑板或翻转挂图	容易使用，价格低廉，适合小组讨论	培训师需要具备拼写和打印的技能。难以阅读糟糕的手写字体。难以向大组显示图像。一些书写板需要使用特殊类型的书写笔，难以完全清洁
录像带、CD 或 DVD	非常适合动态和声音显示，可以立即重播，容易获得商业产品许可	制作成本较高，虽然正在逐渐下降。一些商业产品的许可费用高昂
VCR、CD 或 DVD 播放机	设备成本正在下降，媒介比初始的 VCR 格式更加标准化（VHS 与 Beta）。磁带和磁盘可以擦除和重新使用	为了看清图像，室内灯光必须昏暗。老式播放器比较笨重。新型播放器或笔记本电脑容易被盗。技术正在快速变化，导致老式技术过时
挂纸白板或翻转挂图	可以用于支持小组讨论、课堂协助及头脑风暴活动。纸张和架子可以放在培训室内的任何位置。架子和纸张价格低廉。粘贴图表或附在光滑表面上的塑料片可以随处悬挂，不会损坏墙壁。纸张相对便宜。图表可以提前准备，张贴在教室内。图表可以重复使用	难以阅读潦草的手写体。难以向大组显示图像。将图表固定在课堂墙壁上的一些做法会损坏墙面。如果书写员改变了学员在图表上的文字，学员就会产生被操纵感。老式的廉价架子难以运输，而且容易散架

在运用设备媒介的时候，培训师一定要注意细节问题，使用一些设备的小技巧适当助力培训项目的开展。

当通过计算机或者投影仪在屏幕上显示视觉图像时，一定要注意学员的目光是否跟随屏幕。如果希望学员将注意力放在培训师身上，一定要关闭投影图像。在使用 PowerPoint 时，单击 B 键可以让屏幕变黑，单击 W 键时，可以让屏幕变亮。单击相同的字母或者空格键可以恢复幻灯片。对于可以使用的其他功能，在 PowerPoint 处于 Slide Show 模式时单击 F1 键。

在强调学习点时，一定要面对学员，而不要面对屏幕。尽可能让计算机屏幕面对培训师，这样就不需要转身查看屏幕上的内容。如果培训师可以看到计算机屏幕，站在屏幕上显示在投影图像的左侧，这样能够让学员更容易看到屏幕上的信息。

在屏幕上创建辅助图像。讲义资料和视觉工具有不同的用途。在讲义中提供足够的信息，避免让学员自己写下视觉工具上显示的内容。

考虑准备“隐藏幻灯片”来回答潜在的问题。隐藏幻灯片也可以用于课外练习活动。幻灯片应强化学习目标的说明。幻灯片上的问题应该阐明学习活动并且促进互动。风景幻灯片比肖像幻灯片更容易让学员理解。将文字的行数限制在 6 行之内，字号不小于 32 号，以便幻灯片可以用于大多数受众规模。选择培训课前的幻灯片过渡类型，虽然在幻灯片之间使用多种过渡类型可以增加变化性，但是往往会让学员忽视学习点。在显示文字列表时，采用有限类型的动画。视觉工具的重点应该是学习点，而不是用过多的动画来分散学员的注意力。记住，学员的目光会跟随屏幕。要始终以学习点为重点。

6．课程计划案例

以某公司为期一天的演讲技巧培训课程中的某一节为例，该节主要介绍如何利用便利贴安排演讲内容的次序。本节课分为三大块，见下表。

演讲技巧培训课程——课程计划

开始时间	结束时间	持续时间	课程题目	目标	学习途径	其他准备
9:00	9:45	5	合理安排演讲顺序	向学员介绍安排技巧	培训师利用便条纸演示	PPT 幻灯片
		30		学员现场实验	学员们用便条纸安排演讲次序	便利贴
		10		巩固所学知识	培训师主导式讲评，学员讨论——哪些地方表现很好？哪些地方应当改进？单个演讲应如何组合而成	活动挂图

一节课用三个时间栏非常清楚地说明课程进度。该节课的题目“合理安排演讲顺序”，非常清楚地表达了课程内容。根据不同目标将课程时间分成三部分，每个部分对应学习过程的不同阶段。“学习途径”栏表明了如何讲授三个阶段课程内容：培训师演示、现场实验、结束语。最后的“其他准备”栏表明培训师在课程的每个阶段需要准备的设备。

还有更简化的课程计划，适合那些已经有了丰富的培训组织经验的人，见下表。

合理安排演讲顺序——课程计划

合理安排演讲顺序	（1）介绍演讲题目，以及与上一课的联系 （2）重申本节课有助于学员如何将“血肉放在骨架”上，演示如何运用便利贴安排演讲次序
PPT 演示	（1）真实案例演示 （2）给每位学员发一些便利贴，发现自己的差距 （3）每个人从事一个题目——自己动手 （4）开始运转——走到有困难的学员旁边指导 （5）15 分钟后组成团队，每个成员介绍自己的安排 （6）15 分钟后重新组成大组，展开讨论 （7）简要说明每个学员对该方法的表现，以及应当何时采用本方法 （8）时间：45 分钟（9:00—9:45）

试着为培训项目中某个模块做课程计划，研究一下如何将所有的要素组合起来。

二、特殊培训的特殊安排——实操性、针对性

通常意义上的特殊培训，是指那种非集中进行的培训安排，主要体现在实操性的培训、针对性的培训和自学。

1．师傅带徒弟

制造业最大的特点就是操作工多，针对操作工的培训，除了岗前培训外，就是师傅带徒弟了，有些工种还在师傅带徒弟前专门由教练进行先期操作培训，然后再交给岗位老员工，

在老员工的指导下一边工作一边学习纠正。这种实操性的培训方式可以将培训责任区分得比较分明，但培训进度受老员工或者说师傅的传授技巧影响较大，因此在选择有经验的老员工或者师傅的时候要注意比较，同时要给予师傅带出徒弟以后的奖励，择优选择师傅并固定下来，以保证带出的徒弟达到岗位操作的要求。

2．现场传授

对于设备操作维修方面的培训，大多采用现场培训。最大的优点是让学员能直观地看见，同时现场讲解也易懂，学员掌握快，并在实践中加以运用。缺点是受现场环境影响，一次参加人数有限，一般 3 ～ 5 人，人太多就有可能无法直观地看到操作方面的要点了。

3．学员自学

一般理论知识的学习需要学员自己去补充其不足，由于成人的学习具有偏重经验与理解的特性，让具有一定学习能力与自觉的学员自学是既经济又实用的方法，但此方法也存在监督性差的问题，因此尽量要求学员进行考证类的学习，这样获得证书就是学习成效的证明，并给学员提供相应的奖励机制，激励大家自行学习。

5.3　培训方式的选择

企业在选择培训形式和途径过程时，通常要考虑一些相关因素。

（1）经济性问题。

因为企业培训成本通常比较高，包括经济成本、时间成本、精力成本和机会成本，而培训后效果不可预期，难以衡量，因而关注对培训的投入与产出比。

（2）企业的实力和规模。

对于一些中小企业，更多选择商学院的教师或咨询顾问进行培训，或就企业出现的问题进行培训解决，经常是快要出问题或出现问题后才着手实施，而一些大型企业和外资企业一般都具有系统的培训规划，定期就某些领域聘请业内知名的培训师进行培训，而且采取不同方式的培训，如情景练习、户外拓展训练、沙盘模拟等，通过体验式培训提升员工的团队精神和实际解决问题的能力。

（3）企业的发展战略。

企业在不同的发展阶段，对培训的选择也不同，如在初期，可能更多的是一些技巧和专业领域的培训，随后增强对企业文化、理念方面的认同，进而在态度、道德、诚信、思维创新、个人素养等方面进行不同层面的训练。

（4）培训师的素质。

市场上“培训大师”很多，有些并没有真才实学，因而企业在选择培训时也在考察和选择培训师，如培训师近期的科研成果怎样，成功案例的情况，已培训客户的反馈等。

（5）培训的具体内容。

不同类型和规模的企业在选择培训时关注的内容不一样，有些强调在营销、人力资源管理、税收筹划等技巧方面的培训，有些侧重企业文化、员工思维拓展、行业发展趋势等方面的培训，有些侧重对一些新的法规和政策方面的培训等，企业应根据其事情的重要和紧急程度有针对性地选择培训内容。

企业培训的目的是为了通过培训师的“教”来引导学员的“学”，从而让学员产生“会”。培训的“教”是旨在通过提供学习情境、信息、游戏、案例等方式，通过多媒体演示、授课技巧、户外工具等手段为学习者创造适合学习的外部条件和环境，其作用是带动和激发员工主动“学习”，进而达到“会”，使员工经过学习培训，在现实环境中能够应用到的知识和技能，或者促使学习者的行为发生改变。通过培训，培养了积极的团队精神，提升了个人的职场竞争力，使企业凝聚力增强，从而促进企业更快地健康发展成长。

总之，企业培训应以实效为根本，一方面要建立培训系统规划，做到“事前控制”，另一方面在培训过程中，要增强互动，培育团队协作精神，激发个人的学习兴趣和欲望。通过创造一种良好、有趣的学习环境，结合企业实际进行正确引导，使员工不断整合自己的知识，并迅速将其转化为行动。企业通过对市场中培训种类和方式的正确辨别，结合企业所处行业、阶段和发展战略，从而选择最适合的培训师，选择最佳的培训形式。

企业培训的效果在很大程度上取决于培训形式或者说培训方法的选择。当前，企业培训的方法有很多种，不同的培训方法具有不同的特点，其自身也是各有优劣。要选择合适有效的培训方法，需要考虑培训目的、培训内容、培训对象的自身特点及企业具备的培训资源等因素。下面把企业培训常用的 8 种方法的特点和适用范围给大家做一个介绍，供参考选择。

1．讲授法

属于传统模式的培训方式，指培训师通过语言表达，系统地向受训者传授知识，期望这些受训者能记住其中的重要观念与特定知识。

要求：培训师应具有丰富的知识和经验；讲授要有系统性，条理清晰，重点、难点突出；讲授时语言清晰，生动准确；必要时运用板书；应尽量配备必要的多媒体设备，以加强培训效果；讲授完应保留适当的时间让培训师与学员进行沟通，用问答方式获取学员对讲授内容的反馈。

优点：运用方便，可以同时对许多人进行培训，经济高效；有利于学员系统地接受新知识；容易掌握和控制学习的进度；有利于加深理解难度大的内容。

缺点：学习效果易受培训师讲授的水平影响；由于主要是单向性的信息传递，缺乏教师和学员间必要的交流和反馈，学过的知识不易被巩固，故常被运用于一些理念性知识的培训。

2．工作轮换法

这是一种在职培训的方法，指让受训者在预定的时期内变换工作岗位，使其获得不同岗位的工作经验，一般主要用于新进员工。现在很多企业采用工作轮换则是为培养新进入企业的年轻管理人员或有管理潜力的未来的管理人员。

要求：在为员工安排工作轮换时，要考虑培训对象的个人能力以及他的需要、兴趣、态度和职业偏爱，从而选择与其合适的工作；工作轮换时间长短取决于培训对象的学习能力和学习效果，而不是机械地规定某一时间。

优点：工作轮换能丰富培训对象的工作经历；工作轮换能识别培训对象的长处和短处，企业能通过工作轮换了解培训对象的专长和兴趣爱好，从而更好地开发员工的所长；工作轮换能增进培训对象对各部门管理工作的了解，扩展员工的知识面，对受训对象以后完成跨部门、合作性的任务打下基础。

缺点：如果员工在每个轮换的工作岗位上停留时间太短，所学的知识不精；由于此方法鼓励“通才化”，适合于一般直线管理人员的培训，不适用于职能管理人员。

3．工作指导法或教练 / 实习法

这种方法在讲特殊培训情况的时候提到过，是由一位有经验的技术能手或直接主管人员在工作岗位上对受训者进行培训，如果是单个的一对一的现场培训则称为我们企业常用的师带徒培训。指导教练的任务是教给受训者如何做，提出如何做好的建议，并对受训者进行鼓励。这种方法不一定要有详细、完整的教学计划，但应注意培训的要点：第一，关键工作环节的要求；第二，做好工作的原则和技巧；第三，须避免、防止的问题和错误。这种方法应用广泛，可用于基层生产工人。

要求：培训前要准备好所有的用具，搁置整齐；让每个受训者都能看清示范物；教练一边示范操作一边讲解动作或操作要领。示范完毕，让每个受训者反复模仿实习；对每个受训者的试做给予立即的反馈。

优点：通常能在培训者与培训对象之间形成良好的关系，有助于工作的开展；一旦师傅调动、提升，或退休、辞职时，企业能有训练有素的员工顶上。

缺点：不容易挑选到合格的教练或师傅，有些师傅担心“带会徒弟饿死师傅”而不愿意倾尽全力。所以应挑选具有较强沟通能力、监督和指导能力以及宽广胸怀的教练。

4．研讨法

按照费用与操作的复杂程序又可分成一般研讨会与小组讨论两种方式。研讨会多以专题演讲为主，中途或会后允许学员与演讲者进行交流沟通，一般费用较高。而小组讨论法则费用较低。研讨法培训的目的是为了提高能力，培养意识，交流信息，产生新知。比较适宜于管理人员的训练或用于解决某些有一定难度的管理问题。

要求：每次讨论要建立明确的目标，并让每一位参与者了解这些目标；要使受训人员对讨论的问题发生内在的兴趣，并启发他们积极思考。

优点：强调学员的积极参与，鼓励学员积极思考，主动提出问题，表达个人感受，有助于激发学习兴趣；讨论过程中，教师与学员间、学员与学员间的信息可以多向传递，知识和经验可以相互交流、启发，取长补短，有利于学员发现自己的不足，开阔思路，加深对知识的理解，促进能力的提高。据研究，这种方法对提高受训者的责任感或改变工作态度特别有效。

缺点：运用时对培训指导教师的要求较高；讨论课题选择的好坏将直接影响培训的效果；受训人员自身的水平也会影响培训的效果；不利于受训人员系统地掌握知识和技能。

5．视听技术法

利用现代视听技术（如投影仪、录像、电视、电影、电脑等工具）对员工进行培训，称为视听技术法。

要求：播放前要清楚地说明培训的目的；依据讲课的主题选择合适的视听教材；以播映内容来发表各人的感想或以“如何应用在工作上”来讨论，最好能边看边讨论，以增加理解；讨论后培训师必须做重点总结或将如何应用在工作上的具体方法告诉受训人员。

优点：由于视听培训是运用视觉和听觉的感知方式，直观鲜明，所以比讲授或讨论给人更深的印象；教材生动形象且给学员以真实感，所以也比较容易引起受训人员的关心和兴趣；视听教材可反复使用，从而能更好地适应受训人员的个别差异和不同水平的要求。

缺点：视听设备和教材的成本较高，内容易过时；选择合适的视听教材不太容易；学员处于消极的地位，反馈和实践较差，一般可作为培训的辅助手段。

6．案例研究法

该方法指为参加培训的学员提供员工或组织如何处理棘手问题的书面描述，让学员分析和评价案例，提出解决问题的建议和方案的培训方法。案例研究法为美国哈佛管理学院所推出，目前广泛应用于企业管理人员（特别是中层管理人员）的培训。目的是训练他们具有良好的决策能力，帮助他们学习如何在紧急状况下处理各类事件。

要求：案例研究法通常向培训对象提供一则描述完整的经营问题或组织问题的案例，案例应具有真实性，不能随意捏造；案例要和培训内容相一致，培训对象则组成小组来完成对案例的分析，做出判断，提出解决问题的方法。随后，在集体讨论中发表自己小组的看法，同时听取别人的意见。讨论结束后，公布讨论结果，并由教员再对培训对象进行引导分析，直至达成共识。

优点：学员参与性强，变学员被动接受为主动参与；将学员解决问题能力的提高融入知识传授中，有利于使学员参与企业实际问题的解决；教学方式生动具体，直观易学；容易使学员养成积极参与和向他人学习的习惯。

缺点：案例的准备需时较长，且对培训师和学员的要求都比较高；案例的来源往往不能满足培训的需要。

7．角色扮演法

角色扮演法指在一个模拟的工作环境中，指定参加者扮演某种角色，借助角色的演练来理解角色的内容，模拟性地处理工作事务，从而提高处理各种问题的能力。这种方法比较适用于训练态度仪容和言谈举止等人际关系技能。比如询问、电话应对、销售技术、业务会谈等基本技能的学习和提高。适用于新员工、岗位轮换和职位晋升的员工，主要目的是为了尽快适应新岗位和新环境。

要求：教师要为角色扮演准备好材料以及一些必要的场景工具，确保每一事项均能代表培训计划中所教导的行为。为了激励演练者的士气，在演出开始之前及结束之后，全体学员应鼓掌表示感谢。演出结束，教员针对各演示者存在的问题进行分析和评论。角色扮演法应和授课法、讨论法结合使用，才能产生更好的效果。

优点：学员参与性强，学员与教员之间的互动交流充分，可以提高学员培训的积极性；特定的模拟环境和主题有利于增强培训的效果；通过扮演和观察其他学员的扮演行为，可以学习各种交流技能；通过模拟后的指导，可以及时认识自身存在的问题并进行改正。

缺点：角色扮演法效果的好坏主要取决于培训教师的水平；扮演中的问题分析限于个人，不具有普遍性；容易影响学员的态度，而不易影响其行为。

8．企业内部计算机网络在线培训法

这是一种基于计算机网络信息的培训方式，主要指企业通过内部网，将文字、图片及影音文件等培训资料放在网上，形成一个网上资料馆，网上课堂供员工进行课程的学习。这种方式由于具有信息量大，新知识、新观念传递优势明显，更适合成人学习。因此，特别为实力雄厚的企业所青睐，也是培训发展的一个必然趋势。

要求：企业能为每位员工提供计算机和网络，并且能够将网络课程进行系统化分类，能建立网络化学习的相应机制，可以在学习期内给学员安排一定的必修课，并给予学员自行进行选修课程安排的权利，完成学习期的学分。

优点：使用灵活，符合分散式学习的新趋势，学员可灵活选择学习进度，灵活选择学习的时间和地点、学习内容，节省了学员集中培训的时间与费用；网络培训方式下，内容易修改，且修改培训内容时，不需重新准备教材或其他教学工具，费用低。可及时、低成本地更新培训内容；网上培训可充分利用网络上大量的声音、图片和影音文件等资源，增强课堂教学的趣味性，从而提高学员的学习效率。

缺点：网上培训要求企业建立良好的网络培训系统，这需要大量的培训资金；该方法主要适合知识方面的培训，一些如人际交流的技能培训就不适用于网上培训方式。

对以上各种培训方法，我们可按需要选用一种或若干种并用或交叉应用。对于一些企业人员结构复杂、内部工种繁多、技术要求各不相同，企业培训必然是多层次、多内容、多形式与多方法的。这种企业特点要求培训部门在制订培训计划时，必须真正做到因需施教、因材施教、注重实效。

5.4 培训价值的六个维度

对现代企业来说，让员工掌握最新的信息技术并迅速提升企业的竞争力是信息时代迫在眉睫的问题。如何在短期实现这一目标，参加专业培训是至关重要的途径之一。培训是企业存在并发展的源动力。培训对提高企业管理者素质、员工素质的作用和价值，在日常的实践中更加显现出来。一个社会越进步，就越看重和开发培训的价值。

关于培训的价值，有人曾做过一个生动的比喻，那就是把培训工程比喻成防洪工程：投进去一两个亿，表面上看不出太大的效果，仿佛只是花钱，创造不了直接的经济效益。但如果省了这笔钱，随着泥沙越积越多，河床越来越高，一旦洪峰来了，造成决堤，损失的可能是几百亿、上千亿。

培训是一套既定的、有计划的鼓励学员长久改变行为的过程。培训是过程，而不是一个事件。培训的价值也是通过需求分析、培训设计、培训实施、课后跟踪、学员反馈的过程来体现的。事实上，培训的价值可以从技能、知识、行为、价值观、情感、态度这六个维度来认识，下面通过举例来详细分析培训的价值。

一、技能维度

员工是否通过培训学会了一些必要的技能呢？可以衡量培训效果的员工成长的三个阶段是：不会；会；熟练。

人的知识与技能的提高对于经济发展有着重大价值。亚当·斯密在《国富论》中指出：一个工人技能提高，如同一部机器或一种工具的改进一样，可以节约劳动力，提高效率。诺贝尔经济学奖获得者西奥多·舒尔茨则认为：有技能的人力资源，是一切资源中最为重要的资源；人力资本的投资效益大于物力资本的投资效益；教育投资是企业人力投资的主要部分。

据有关资料显示，工人的教育水平每升一级，技术革新者的人数就平均增加 6%；工人提出的个性建议一般能降低生产成本 5%，技术人员提出的革新建议能降低生产成本

10% ～ 15%，而受过良好教育的管理者创造和推广现代化管理技术则有可能降低生产成本 30% 以上。用摩托罗拉公司的话说：“摩托罗拉是在培养专家，只有每个员工都成为真正的专家，才有可能实现效率的最大化。”

每年朗讯对员工的培训基本要求不少于 40 小时，许多会多于 40 小时。朗讯的培训是配合公司发展策略针对业务部门要求来组织的，朗讯培训部与业务部门的合作比较密切，能及时洞察业务部门的需求，对需求会很快做出反应，它把自己定位在要成为业务部门的合作伙伴，不仅是简单的服务。人力资源部和各个业务部门联系非常紧密，替业务部门完成技术培训的要求，产生企业内部的技术革新。

二、知识维度

员工是否通过培训掌握了某些领域的系统框架，专业水平是否得到了提升？可以衡量培训效果的员工成长的三个阶段是：不懂；懂；很懂。

学习型组织指的是这样一种组织：它通过自我超越、心智模式、共同愿景、团体学习和整体思考的五项修炼，具有相应的思维能力、创造能力、沟通能力、亲和力、开阔胸怀的方法和境界，以组织为单位向外界汲取营养，提高组织各种能力和素质。简言之，学习型组织具有向外界学习以提高自己的特点。

以人才为核心竞争力的甲骨文公司，借助基于互联网的学习解决方案，促进脑力激荡和深度会谈，让组织学习蔚然成风。软件业是知识经济的典型产业，“赢家通吃”的市场法则，逼得各大业者激烈厮杀，面对微软、SAP 这些劲敌，甲骨文只能励精图治，而人才则是甲骨文的核心竞争力。为了找到、培训乃至长期留住最优秀的软件、管理、行销人才，甲骨文对人力资源的培训不遗余力。在甲骨文，一切强调自助和团队共享。在甲骨文的四年中，李绍唐感叹道：“公司给了我很多学习的机会，想看什么资料就上网看。”甲骨文的高级技术咨询顾问朱也指着 Oracle iLearning 长长的系统记录说，“我们现在大部分通过在线学习”，朱也举例说，去年课堂培训只有 5 次，而两年来通过在线学习却完成了 60 多项培训，“Web 课程与课堂学习相辅相成”。由此可见，培训是企业学习型组织建立并实施不可或缺的一部分。

三、行为维度

员工是否通过系列的培训有综合水平的提升，换句话说，员工是不是变得“好用”了？可以衡量培训效果的员工成长三个阶段是：不可用；可用；好用。

公司的发展及多元化文化的需要，IBM 公司要经常招纳新员工，补充新鲜血液。IBM 招纳员工要看其基本职业素质和专业技能两个方面。基本职业素质内容包括沟通技巧、计算机操作能力、英文水平及发展潜力等。其中，IBM 非常看中个人发展潜力，因为 IBM 认为这关系到员工学习新知识、接受新观念、适应新环境的能力，关系到员工是否能够有所发展。

新员工进入IBM，首先要进行为期4个月的集中培训。培训内容包括IBM的历史背景、规章制度、技术和产品以及基本的工作规范和工作技巧。培训采用课堂授课和实地练习两种形式。培训结束后，进行考核。合格者，获得结业证明；而不合格者，将被淘汰。

新员工有两种类型：一种是刚刚毕业的大、中专学员，另一种是来自其他组织的“空降兵”。对于前者而言，他们面临的将是一个完全新鲜和陌生的生活环境，不同的组织文化将使其在行为举止和内心体验烙上不同的色彩和图像。而对于那些从另一个单位进入本组织的新员工来说，可能面临的则是两种组织文化的激烈碰撞。

研究发现，新员工在刚到组织的一个过渡期内（通常是三个月到半年）将会以自己对组织的感受和评价来选择自己如何表现，决定自己要在公司谋发展还是将其作为跳板。因此，那些以追求双赢为己任的组织应当通过系统的定向培训（orientation training）尽快消除新员工的种种担心和疑虑，让他们全面而客观地了解其工作环境、组织气氛及新工作所需要的知识与技能。

海尔的员工培训四部曲：使员工把心态端平放稳；使员工把心里话说出来；使员工把归属感“养”起来；使员工把职业心树起来。

通过培训，可以提高员工的工作绩效，经过培训的员工往往能掌握正确的工作方法，纠正错误或不良的工作方法，其直接效果必然是促进工作质量和劳动生产的提高，与此同时，各种损耗可以得到有效地降低。此外，还能减少事故的发生。通过培训，会增进员工对组织各项规章制度的了解，随着员工对组织认同度的增加，他们对主动表现出该组的成员行为，急组织所急，想组织所想，增强员工的团队协作精神。

四、价值观维度

员工是否通过培训开阔了眼界，学会了融会贯通？可以衡量培训效果的员工成长三个阶段是：死板执行；优化；创新。

能让员工有认可一致的思考方式和行为方式的，一定是清晰、明确的企业价值观。以LG公司为例，员工被分为技术性职员和经营性职员，且根据不同员工的要求，设置相应的培训课程。以公司文化、管理理念作为必修课程，专业、技术性课程为选修课程，将公司经营目标与员工专业要求紧密结合，让员工在接受、认可公司文化的基础上得以获得最需要的专业性培训。

五、情感维度

员工是否通过培训对公司更忠诚，企业是否更容易留住人？可以衡量培训效果的员工成长的三个阶段是：不可靠；可靠；很可靠。

通过培训可以提高员工的向心力和对单位的忠诚度，从而增强组织的稳定性。员工离职的原因有很多，概括起来不外乎三个方面：一是对公司管理员工的方式不满；二是无法胜任工作；三是谋求更大或更自由的发展空间。通过培训，可以改变不良的管理实践，还可以提高员工胜任工作的能力，从而相当程度上缓解员工队伍的波动。

美国媒体曾对全美 1 000 家大中型公司近 3 万名员工进行过一项调查，结果发现，广泛的培训和专业技能提升在留住人才方面正在变得与股票期权同样重要。例如，英美烟草公司甚至在招聘广告上标明公司详细的培训计划。

员工只有真正对组织产生强烈的认同感和归属意识后，其能力和潜能才能得到真正充分的发挥，进而表现为工作绩效的提高。通过培训，可以是具有不同价值观、信念，不同工作作风及习惯的人，和谐地统一在组织之内。这正如韩国著名企业家郑周永所说，一个人、一个团体或一个企业，克服内外困难的力量来自哪里？来自它自身，来自他的精神力量，来自他的信念。没有这种精神力量和信念，就会被社会淘汰。

六、态度维度

员工是否通过培训改变了态度，提高了工作积极性？可以衡量培训效果的员工成长三个阶段是：被动；主动；积极。

针对组织变革的培训，主要解决员工对改革的认识，对新观念的认同以及学习新的行为方式和工作技能等几个方面。

1．端正员工对改革的错误或模糊认识

人们常常会本能地抵制变革。一个熟悉、稳定的环境能给人一种安全感，即使它不是很好，甚至有许多问题。而冒险进入一个吉凶难测的新环境往往让人无所适从。所以，培训要解决的首要问题，就是让员工领悟到这个时代唯一不变的东西就是变，不主动地变革，也得被动地改变，否则就会被淘汰。其次让员工重新发现自己的潜能，以增强其信心。

2．使员工对新观念产生认同

员工在组织中经过几年的洗礼后，就会形成与之相适应的观念，这就是组织文化的影响。但组织变革意味着，必须抛弃一些已经沉淀于心中的观念，培植新的并且常常是与原有的相对立的观念，这也是变革能够最终成功的关键所在。比如，终身雇用制的打破，从主要对上级负责到主要对顾客负责，从产品数量意识到产品质量意识，从以控制为主到以授权为主的转变。

3．使员工获得学习新的行为方式和工作技能

变革不但涉及组织战略、文化的改变，原有的工作性质和业务流程都会发生或大或小的变化。要胜任新的角色，就需要调整原有的行为方式和工作技能。如跨部门工作小组的日益普及，对员工的沟通技能和合作既能提出更高的要求；组织结构的扁平化，要求管理者必须学会怎样当教练（coach），而不是像过去那样事事指手画脚，员工也必须逐步适应

自我管理的工作方式，学习独立地做出更多的工作决定，熟悉更宽领域内的知识和技能等。沟通技能、授权技能、自我管理、新知识等方面的培训，是实现这些转变的重要保障。

5.5 案例分享：人工智能是否会替代传统培训形式？Google 人工智能与辅助学习新趋势解析

2016 年 3 月，由谷歌 AlphaGo 智能软件对战韩国围棋九段名将李世石的人机大战，掀起了人们对人工智能（artificial intelligence）的关注。随着计算机演算能力的提升，人工智能已经从需要外力监督的机器学习（machine learning），跨入不需要监督的深度学习（deep learning）。也就是说，人工智能能够模拟大规模的神经网络，让机器在不需要直接人为干预的状态下自己“动脑思考”。这也开始让人们担忧，在不远的将来，运用人工智能技术制造出的能够独立思考的机器人，是否会威胁人类的生存。

人工智能在培训行业的应用，除非已经进化到像电影《黑客帝国》中的场景一样，可将所需知识直接下载至脑中，否则，还是得回归学习的本质。人工智能无法替代人类学习，学习是个性化的，并且还要经历内化的过程，才能最终完成。然而，这并不代表人工智能在培训行业没有用武之地，恰恰相反，“智能化”学习技术的发展正为培训行业注入一股新动能，而其中有些应用值得重点关注。

一、辅助系统

在学习环境中，与传统学习管理平台注重管理与记录不同的是，智能化辅助系统会提供给学习者（learner）个性化的反馈。学习者参加完测验后，可以更好地了解自己的弱项，进一步获取相关的学习资源及后续所建议的学习路径。智能化辅助系统扮演了助教的角色，有效指导并促进学习者的学习。在工作环境中，智能化辅助系统可以依照角色或流程等属性，即时提供给任务执行者（performer）个性化且适量的内容，扮演了教练的角色，加速问题解决并提升工作成效。

二、课程规划

想象一下，你所经历的学习与工作都留下了记录，你曾经去过哪儿、看过什么、读过什么，都被记录分析。之后通过电脑演算模型，人工智能就可以根据你的程度与需求，为你匹配相关的资源，选取真正对你有用的内容，提供多元与个性化的学习历程（learning experience），从而摒弃以往齐头并进式的课程规划。

三、内容资源

通过学习元件（learning objects）或知识元件（knowledge objects）在元数据（meta-data）的标签，内容资源可以具备学习者能力、角色、工作场景及业务流程等属性。之后，结合智能推荐引擎，内容便可以依照单一或多元属性呈现，作为获取知识的来源被自动推送给学习者，或者作为问题解决的资料来源被推送给任务执行者。

四、精确搜索

语言可能是模棱两可的，通过建立知识图谱（knowledge graph），学习者可以快速缩小搜索范围。智能化搜索也可以更好地理解学习者搜索的信息，总结出与搜索话题相关的内容。由于知识图谱构建了一个与搜索结果相关的完整知识体系，所以学习者往往会获得意想不到的发现。在搜索中，学习者可能会了解到某个新的知识或新的联系，从而进行一系列全新的搜索与学习。

五、数据分析

学习无处不在，当学习或者历程记录可以通过 xAPI 这类学习技术标准，来收集多元数据的时候，学习数据就不会只停留在以往 SCORM 课件阅读的记录模式，而是可以实现学习历程数据的集中。过去单纯的学习记录也可以上升到预警及预测的层次，甚至通过数据收集与深度分析，提供学习者如何建构所学内容的意义、如何形成理解以及学习过程中所做决策的报告，这对教学设计会有莫大的帮助。

六、项目运营

过去，培训管理者在运营学习项目时，往往只能凭借经验或者“拍脑袋”。通过广泛收集学习者各类的历程与行为数据并进行分析，学习项目运营者就可以了解项目的健康度，并实时监控，即时调整运营手段。在项目推广时，还可以针对不同特征的学习者选择个性化的推广手段，提供更精准的学习服务。

展望未来，学习技术应用的“智能化”是一条必走之路，但也不是一蹴而就的。因为“智能化”基于数据，因此收集完整的学习与行为历程数据，精确内容的颗粒度并赋予多元属性、算法建模等工作都需要完善，“智能化”这条路才能走得顺。虽然有很多事得做，但“方向对了，就不怕路远”。

1．高度智能化的培训时代即将来临

目前，关于培训领域的互联网产品与服务，产品形态还是集中于给学员播放在线视频或者 Flash 动画。但是，人工智能领域的发展，开始为培训行业带来更多高度智能化的可能。

第一，培训考试中，借助人工智能，不仅可以对客观题进行标准评价，也可以对主观开放式问题进行机器学习，形成一套评价体系。

第二，基于 NLP（神经语言程序学）技术的语言识别体系，可以对音频、视频进行更复杂的理解和评价，从而评估员工技能，而不仅仅是通过考试来检测员工知识掌握情况。

第三，针对用户学习信号的深度学习，推荐精准的学习路径，让学员看到时间投入和绩效改变的关联性。

一些创新的科技公司已开始尝试基于人工智能的学习新模式。比如，一名新员工加入某公司，即围绕自己的岗位，在机器学习的引导下不断以“打怪升级”的方式完成对公司产品、技术和工作要求的学习。这种教学模式的创新，为大家带来了耳目一新的学习体验和实际的学习效果。

2．企业培训中的 VR 实践

2016 年，VR 很火，尽管虚拟现实的设备还不成熟，网速与稳定性仍有较大的波动，甚至整个产业都处于待开发状态。但是，令人振奋的是，VR 拍摄设备已百花齐放，千元级高清全景视频拍摄设备给培训领域的内容生产打下扎实的基础。

对于很多企业培训工作者来说，通过 VR 拍摄设备就可以录制特定工作场景的全景视频，形成支持 VR 设备观看的培训内容。这样，对于需要动手实操的复杂工作场景，特别是短期内不能被机械臂所替代的工作场景，就更需要先进的培训模式以提升工作水准；对于危险或试错成本较高的工作场景，VR 内容也可以帮助企业节约在岗培训的预算，提升学习速度，降低综合学习成本。

可以预见，人工智能、虚拟现实给企业培训领域带来了新的热情，我们期待学习场景因此革命，学习效率大幅提升，让人工智能与虚拟现实真正地为企业创造价值，提升员工的能力与绩效。

第六章

正确输入才有正确结果——培训效果评估

6.1 培训效果评估

6.1.1 培训效果评估的定义

培训效果评估是培训过程管理不可或缺的环节之一，但在企业培训工作中，这一环节往往容易被管理者忽视。这导致缺乏对培训工作的必要反馈，无法衡量培训效果，以及培训与实际工作需求之间的脱节、培训工作难以形成系统体系、无从衡量培训工作的投入产出比等诸多问题。同时不利于改善人力资源开发的程序和有效性，也不利于人力资源开发的参考。

培训效果评估是在培训完成后，由培训组织方对培训计划是否完成，或是否达到预期效果进行衡量与评价。通常在培训设计、培训内容、培训师资、培训组织、培训效果转化等方面进行。衡量角度可以通过受训者反应、学习、行为、结果等方面采用一系列评估指标来量化测定。通过科学的培训效果评估，可以进一步指导培训计划，提升培训效果从而加强人力资源的开发，为企业的可持续发展提供保障。相反，培训效果评估如果不准确，将导致人力资源培训的发展走向错误的方向，阻碍企业的健康稳定发展。因此，培训结束后，员工的工作技能和工作绩效是否得到有效提高，通过本次培训，是否更好地改变了员工的行为模式和态度，是否能提高员工适应外部环境和企业内部环境变化的能力，这就需要在培训后进行科学、有效的培训效果的评估。

6.1.2 相关理论——国内外研究成果

一、国外的主要研究成果

自 20 世纪 50 年代，美国学者柯克帕特里克的四层次评估模型问世以来，涌现出了大量的具有代表性的评估模型，其中常见的模型可以分为三个大类。

①以柯克帕特里克四层次评估为代表的层次评估模型，基于柯氏四层次模型按照培训评估内容划分为反应层、学习层、行为层、结果层四个层级，从而形成一个系统的评估体系，

其他此类模型还有海布林的五层次评估模型、考夫曼的五级评估模型、菲利普斯的五级投资回报率模型、由约翰·托普利斯等学者共同提出的柯氏改良模型等。

②以斯达夫彼姆的 CIPP 模型为代表的流程评估模型，评估模型按照培训的工作流程，从情境、投入、反应和结果四个方面，从流程和系统的角度评估整体培训的各个方面，其他同类模型还有沃尔等人的评估模型。

③以舍贝克和科恩的效用公式为代表的经济评估模型，为确定培训的投资回报率提供了有益的探索。除此之外，还有霍顿基于培训迁移理论的培训效果评估模型、杰克逊的目标导向评估模型等。

1．柯克帕特里克四层次评估模型（见下表）

柯氏四层次评估模型是迄今为止应用最广泛、最具影响力的培训效果评估模型，但绝大多数的企业仍然停留在反应层与学习层，能进行深层次评估的企业少之又少。究其原因反应层与学习层的效果评估均可以在培训结束后立即进行，评估方法相对简单，并且相对的干扰因子少，因此易于实施。而行为层与结果层则需要衡量学员将所学应用于工作中的程度以及应用所带来的结果，因此评估方法相对复杂，并且需要在多种因素的干扰下分离出由培训因素所影响的员工行为的改变或企业业绩提升的收益，因此大部分企业较难实施。

柯克帕特里克四层次评估

层次	评估要点	评估方法
反应	学员对培训项目的直接感受	问卷、访谈
学习	对所学内容的掌握程度	笔试、面试、口试
行为	学员是否将所学应用于工作中，其行为是否发生了改变	访谈、360 度绩效考核
结果	企业绩效是否因此得到了提升或改善	销售额、成本、员工士气

2．菲利普斯五级评估模型（见下表）

菲利普斯在柯氏四层次评估模型的基础上增加了培训投资回报率的分析作为评估模型的第五个层次。

菲利普斯五级评估模型

层次	评估内容
反应及既定活动	学员对培训的直观反应和明确的实施计划
学习所得	学员的观念、知识、技能的变化
将所学应用于工作	学员工作行为的改变以及能否恰当应用培训资料
业务绩效	由培训带来的业务绩效的提升
投资回报率 ROI	培训收益的货币价值及培训的成本

3．斯达夫彼姆的模型

斯达夫彼姆的模型评估模型是美国政府要求所有州接受初等及中等教育法案时所采用的评估方法，与柯氏四层次评估模型不同的是，模型将培训项目本身作为研究对象进行分析，由情景、投入、过程和成果四个方面组成。其中情景评估主要依据当前情景，确定培训的需求与目标；投入评估则是基于对各类资源的分析基础上，决定资源配置的策略，以保障培训目标的实现；过程评估则主要收集来自各方面的反馈数据，以帮助培训项目的实施人员修订和调整培训计划，以避免潜在的失败因素等；成果评估则主要是对培训所带来的收益进行衡量，同时对比预期的培训目标，找出差距与不足，为后续的培训项目提供参考。可以看出，评估模型不仅涉及培训结果的评估，还控制培训过程中各环节的实施，并可以适当调整和改进培训活动，因此更加有利于培训项目的优化与设计。

4．舍贝克和科恩的效用公式

随着对培训重要性的认识，人们已无法满足前面的评估，确定培训的投资回报率成为人们普遍考虑的问题。但由于对培训进行定量分析时变量很多，又难以区分工作改进到底是由什么因素带来的，因此具体的运用存在很大困难。1985 年由舍贝克和科恩提出了一个效用公式，公式如下：

$$\text{Utility}=YD\times NT\times PD\times V-NT\times C$$

YD= 培训对工作产生影响的时间长度（年）

NT= 受训人数

PD= 受训者和未参加培训者在工作上的差异

V= 价值（对工作成绩的货币计算）

C= 为每一位成员提供培训所支出的费用

但是由于公式中的 YD、PD、V 这些变量较难精确度量，因此在实际操作中很少运用此模型进行培训效果评估，但是效用公式为定量的评估培训效果提供了有益的借鉴。

5．霍顿的培训效果评估模型（见下图）

1996 年霍顿提出了一个基于培训迁移理论的培训效果评估模型，通过下图可以看出，学习、个人绩效以及组织绩效是模型的主干，这个模型主要阐述了三者之间的递进影响关系。除此之外，模型还强调了迁移动机、迁移气氛以及迁移设计对于培训成果转化的影响。霍顿的评估模型，不仅仅关注了受训者学习和获得知识与技能的情景，更关注了受训者在怎样的情景下应用所学，体现了培训的真正目的在于提高组织绩效。

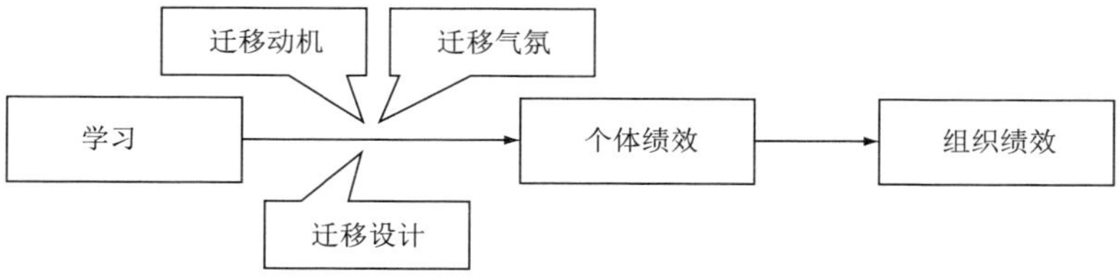

霍顿基于培训迁移理论的培训效果评估模型

6．杰克逊的目标导向评估模型

该模型是杰克逊将机场的执行方案改良后提出的，它的评估要点在于接受培训者的个人技能的提升；其关注点不在于培训实施者的培训需求而在于接受培训者的培训需求；该模型优先考虑培训成果的衡量与确定；除接受培训者外，公司其他人员均作为培训的执行者和评估者。该模型的优点有良好的弹性和适应性，适用于不同类型的组织。其不足之处在于对时间的要求比较严格，需要一个完整的过程追踪，对企业资源占用较多，尤其对于首次进行评估的企业而言更是如此。

二、国内的主要研究成果

国内的相关研究相对起步较晚，国内学者主要着眼于解决具体的培训效果评估问题，大多集中于培训评估方法的研究方面，因此与国外研究相比缺乏形成理论体系的研究，但更贴近实际操作。其研究成果也可以归为三个类别：定性的评估方法；定量的评估方法；定性与定量相结合的评估方法。

6.1.3 我国企业对培训效果评估的应用

一、我国企业对培训效果评估的应用现状及存在的问题

在员工培训管理过程中，最大的问题是不能保证有限的培训投入产生理想的培训效果，培训效果难以评估。对于中国企业的管理，对培训功能重要性的认识经历了逐步认识的过程。企业从没有重视培训，开始接受，最后积极实施培训。这是一个非常好的趋势，表明中国企业管理的质量和水平显著提高，这对提高中国企业的经营业绩和市场竞争力有很大的作用。但是，企业管理中存在一些认知和操作问题，这些问题非常普遍，使得许多企业的培训绩效表现不佳。从企业人力资源利用的角度来看，不培训是浪费资源，但如果培训不对，则可能是更大的资源浪费。

从目前国内企业的培训效果管理来看，培训评估与培训活动相比，培训有效性评估受到重视的程度远远不够，在实际的培训工作中仍存在不少问题。

1．战略意义不足

一些公司认为培训效果评估的态度是可有可无的。虽然他们愿意花费各种培训，但他们不愿意投资，因此评估水平无法按预期得到改善。即使公司已经认识到有效的培训评估的重要性，对培训效果评估的投入也是不够的；或者不知道从哪里开始评估，最后培训效果评估管理闲置，培训效果无法得到有效评估。

2．评估方法是单一的

国内研究者对培训效果评估方法大致分成三类：定性评估法、定量评估法、定性定量结合法。

（1）定性评估法包括目标评估法、关键人物评估法、比较评估法和动态评估法等。

（2）定量评估法包括问卷式评估法、测评软件评估法、收益评估法和6σ 评估法等。

（3）绩效评估法、集体讨论评估法等都属于定性定量结合法。

具体实施的方法很多，如事前事后测试法、成本收益法、控制实验法等。然而，目前的企业培训评估方法是以单一方式应用的，其中大多数是以培训后考试的形式进行的，并且在考试后不进行后续分析。虽然测试的形式是直接且易于操作的，但它在一定程度上具有局限性和适用性。并非所有评估内容都适合以考试形式评估学员的培训效果。

另外，每个学员的学习基础不同，考试的难度设置和考试类型的设计难有针对性，因此考试后的结果可能无法完全反映实际效果。在某些情况下，企业的考试只是形式，学员的学习没有得到充分考虑，导致最终评估管理的实际效果不佳。

3．评估不够全面、层次较简单

在这个阶段，大多数公司只评估培训计划中授予的关于培训评估工作运作的知识和技能。并没有深入到受训者的工作行为、态度的改变、能力的提高、工作绩效的改善和为企业带来的效益等层次上来。简单是说，效果评估工作还是仅停留在初级层次，不够全面。多年来，业内权威人士认为，要使与工作相关的培训效果好，至少对课程进行三级评估（衡量培训前后的工作表现）和四级评估（衡量公司经营业绩的变化）。培训者通常认为只做一级评估（观察学员的反应）或二级评估（检查学员的学习结果）就可以了。

4．评估缺乏系统管理

大多数企业对培训效果评估的战略意义不够了解，尚未建立健全的评估体系。在具体实施中存在着很多问题。每次培训工作的具体评估情况缺乏系统的记录。一般记录没有建立培训效果评估信息系统，不便于科学有效地分析培训效果，也无助于下一次培训工作。此外，评估与实际工作脱节，培训效果的测试仅限于培训过程。没有融入实际工作，慢慢导致培训与实际生产服务之间的脱节。

5．评估本身难度大

评估是一项复杂的工作，需要很高的专业知识和技能。同时，评估涉及的可变因素太多，且操作难度大。培训效果滞后且间接，很难对其进行充分量化。所以，培训有效性评估已经成为现代企业对培训管理必不可少的现实问题。通过研究，可以为建立适合国情和企业的评价体系提供有益的思路。

二、企业培训效果评估现状的原因分析

从上述情况看，我国大多数企业在培训效果评价方面都没有取得良好效果。主要包含现象有：企业对培训效果评估的投入少；采用的评估方法单一，且评估还停留在较浅层次；缺少健全完整的评估体系等问题。深入分析造成这种现状的原因主要有以下几点。

（1）缺乏评估动力。对大多数企业而言缺乏“深层级的效果评估动力”深层级中，行为层面、企业绩效层面的评估，因为涉及追踪和衡量培训后学员的行为改变，以及学员行为改变后为企业绩效所带来的效果，因此往往需要企业从管理层到基层的通力配合，并需要投入大量的时间、精力和资源将因培训因素而带来的企业效益的增长剥离出来，对大多数企业而言难度大，且缺乏实施的动力。

（2）缺乏有效、健全的培训效果评估指标体系。一方面很多企业对培训效果评估的认识非常有限，往往直接照搬常见的培训评估模型，如，柯氏四层次模型或者参照同行业类似规模企业的做法。由于没有依据企业自身的特点，对重点评估的方向、评估指标类别进行设定，在评价指标的取舍方面也缺少系统的考量，这使得构建满足企业业务需求的培训效果评估指标体系变得困难。另一方面，如何客观合理地赋予各种评价指标权力也是困扰企业的一个主要问题。

（3）缺乏易于使用的，带有全局观的培训效果评估模型。从需求分析、计划、执行到效果评估四个环节构成了完整的培训循环，它们之间存在着不可割裂的密切联系，每个环节都会对效果产生必然的影响，这些烦琐而复杂的因素让很多企业在进行效果评估时花费了大量的时间和精力，细算下来花费在培训评估上的资源甚至要等同于培训本身，这也制约了企业进行深层次评估的热情。如果能为企业提供简便易用的评估模型，则能够帮助企业以较低的成本快速完成培训效果评估。

（4）缺乏完善的培训管理系统的支撑。培训效果评估是培训管理系统中的必要组成部分，成功的培训效果评估通常基于大量信息数据的支持。如果能与培训前、培训中、培训后所形成的各类数据进行全面收集、比照及分析，对于真实、客观的衡量培训为企业带来的效益有着极大的作用。但是大多数企业往往缺少完善的培训管理系统以及专业的信息数据库的支撑，因此存在一定的局限性。

（5）“报喜不报忧”，反映情况不全面。大多数企业的培训效果评估由企业内部培训部门进行。培训组织部门既是参赛者又是“裁判员”的双重身份，不能真实、全面地反映培训结果，易导致评估结果“报喜不报忧”。而不愿意承认培训的不足之处，往往会造成培训效果评估不真实。

（6）重“事后评估”，轻“过程控制”。培训是一个系统的过程，评估也应该侧重于培训目标。从项目运作之初便应明确所有相关培训要素，并开始进行全方位的评估，确保所有要素都是按照最初的设计与规划在进行，并对发现的问题进行修正，尽可能使培训项目为企业带来最大绩效。这样做，一来为培训后的效果评估提供了可供对照和参考的数据，有利于培训结束后评估工作的开展；二来为后续培训提供了详细系统的参考资料，有助于后续培训的改进。

三、针对我国企业培训效果评估现状的解决对策

1．改变传统管理观念（管理层）

要想有效实施培训效果评估，首先得从观念上转变企业管理层的传统、固有的心态，让公司管理层认识到评估培训效果的重要性和紧迫性，并吸引他们的注意力。在制订专门的培训评估方案的过程中，就要对评估投入进行充分、有效的预算，并且从人力资源战略的角度向培训管理者充分论证，评估对整个培训开发系统的重要性，以达到增强管理层对评估的战略重视为目的。

2．确定有效评估的流程

对评估过程进行系统管理，若说培训效果评估是培训活动长期有效开展重要保证措施，那么良好的评估流程就是有效进行培训效果评估的重要保证措施。换句话说，良好的评估过程是顺利和有效的培训效果评估的关键和先决条件。

（1）评估方案的制订。评估方案的制订是指一系列为开展培训效果评估所做的准备工作，具体包括分析培训需求，确定评估目的，选定评估对象，分析评估可行性等，是对整个评估活动的一个全面考虑。评估方案决定了培训效果评估的具体培训项目及通过培训应达到的目标，影响着数据收集的方法和所要收集的数据类型，是整个评估活动的第一步。值得强调的是，在制订计划时，有必要为评估投资制订充分有效的预算，争取尽可能多的财政支持，并克服由于不足而难以实施评估的问题。

（2）建立评估数据库。在进行培训效果评估之前，须将培训前后发生的数据收集齐备，因为培训数据是评估的主要对象，尤其是在进行深层评估过程中必需的参考数据。培训数据收集的关键在于人力资源开发人员和直线部门人员良好的配合。便于更好地把握培训方向。

（3）确定评估层次。中国企业培训效果评估的实施水平过于简单。建议应根据具体培训项目的特点和预期目标的不同来确定评估层次。一般课程采用一级评估；目的使学员掌握特殊知识或运用某一具体技能时，可以采用二级评估；而三级评估适用于那些意在改变工作表现，而且管理者对实际效果期望很高的课程。在进行三级和四级评估时，培训经理需要重点参与内容的设计。在这期间，不仅要明确团队需要解决的问题，同时也要说明期望得到什么样的效果。考虑到实际操作的困难，对许多企业来讲，对所有课程都进行三级和四级评估显得不切实际。那么，该如何决定对课程的取舍呢？把精力集中在预算占用最多、最受管理者重视的课程上。其中可侧重学员人数（学员越多，总成本越高）和课程的战略价值等因素。

（4）评估结果的形成及反馈。评估结果管理是对评估信息整理分析、评估比较鉴定、评估报告、调整培训项目、评估结果共享几个步骤的总体概述。在此阶段，使用各种评估和分析方法，如评估问卷填写、评估访谈、案例研究，对收集的信息进行仔细比较和分析，最后得出相关结论。培训经理在此基础上再结合学员培训后的考核成绩，对此次培训项目给出公正合理的评估报告。评估的存在是为了改进培训质量、增强培训效果、降低培训成本。而针对评估结果，重要的是要采取相应的纠偏措施并不断跟踪，而不是评过就万事大吉了。因此，基于上述工作，培训经理就可以有针对性地调整培训项目。如果培训项目没有什么效果或是存在问题，培训经理就要对该项目进行调整或考虑取消该项目。如果评估结果显示，培训项目的某些部分不够有效，例如，内容不适当、授课方式不适当、对工作没有足够的影响或受训人员本身缺乏积极性等，培训经理就可以有针对性地考虑对这些部分进行重新设计或调整。最后是将评估结果与企业中的相关人员共享，如人力资源开发人员、管理层、受训人员和受训人员的直接经理，使得评估与实际的生产服务结合起来。

3．各职能层分工合作，完善评估信息和系统

强调评估培训效果是一个全面而完整的过程。应该强调的是，培训经理负责评估的整个过程，学生负责培训的结果。各级直线经理必须参与评估的各个阶段，以支持培训效果的实际转变。员工及其部门经理的主要职责是提供信息，培训前需求信息和培训后结果数据和信息，以帮助改进评估数据库并为评估的实施提供基本支持。培训经理的职责是对每个阶段的影响进行更具体的培训和相关评估，这是整个培训效果评估活动的主要力量。承担大部分具体工作，这需要培训经理具备专业人力资源培训和评估的相关知识和技能。同时也要求与其他部门有良好的沟通与配合。对于一些中小企业而言，由于他们没有条件独立完成整个培训和效果评估工作，可以由外部专业人力资源咨询和服务公司协助。

4．选择并组合合理的培训效果评估方法

没有一种放之四海而皆准的培训效果评估方法，只有适合的才是上选。本质上理解，评估是一种信息活动。通过提供科学、全面、准确的信息，人们可以做出正确的决定。在

培训效果评估中，由于评估层次的差异，其侧重点和评估目标不同，所要求的事实和评判依据也不同。为了有效地实施训练效果评估，有必要根据具体情况选择和组合适当的评估方法。常用的评估信息采集方法有访谈、问卷调查、直接观察、测验、模拟和档案分析。

用于培训效果评估的指标主要分为定性和定量。因此，在选择评估方法时也可以此为依据。一般来说，访谈、问卷调查、观察法等多用于收集定性信息，常被应用于调查学员的满意度，对培训讲师、课程设计及培训实施过程的效果评估。而信息主要是通过测试、模拟等方法来收集，常被应用于对学员的知识、态度和行为改变的效果评估。另一种常用的可量化评估方法是投资回报率（ROI）分析，即培训的净收益与培训成本（包括一次性成本、每次性成本和人均成本）之比，主要用于评估组织绩效变化的影响。企业应根据具体情况选择合适的方法，以避免评估结果的不确定性和评估方法的单一选择导致评价结果不全面可靠的问题。

6.2 培训结果影响因素分析

随着管理意识的进步，培训在企业中受重视程度也在逐渐提升，企业的管理者、培训的参与者对培训的质量和效果的期望也逐步提高。如何保证培训的效果和质量，本文认为应该从培训组织的角度和参训者的角度两方面进行分析。

一、从培训组织的角度来看

1．培训方案

培训方案是培训组织实施的规划蓝图，要保证培训效果，必须事先制订科学、全面、可操作性强的培训方案。培训计划从培训需求开始，必须考虑以下几个方面：培训目的、课程背景介绍、培训组织时间、培训地点、培训对象、参与单位、培训主题、培训内容构成、培训讲师介绍、预期培训效果以及为保证培训效果而准备的课件教具物品、组织培训所需费用、是否有培训后考核、考核方式及内容、是否涉及培训合同、合同样本、培训组织方等内容。

2．课程内容

归根结底，课程内容才是影响培训效果的根本因素，培训方式再花哨多样，若培训内容不是符合需要的、规划不合理的，那么培训效果一定不会理想。课程内容需要关注培训目的和培训对象。对培训对象的考虑是由于不同层次人员的工作重点、工作视野、思想高度不同，他们所关注的知识点也不同，所以培训和目的需求也不同。即便是培训目的相同，但由于培训对象的层次不同，课程内容也需要重新规划，有所调整，课程内容必须根据培训对象的不同层次进行设计。

3．培训方式

随着技术创新，更多的新技术在培训工作中的应用，组织培训时可选用的方式越来越多，新颖、互动性强的培训方式能够更加有效率地调动参训者的积极性，参训者对培训方式的关注度也越来越高，培训方式也是影响培训效果的重要因素之一。大量的事实案例证明，相对于传统的现场授课形式，充分利用互动和研讨调动学员的参与互动的形式，诸如亲身体验式、目标训练式、沙盘模拟、案例研讨等培训方式在管理培训中的应用效果会更好。当然，无论选择哪种培训方式，与实践的结合才是最关键的。

4．授课教师

同样的课程主题，因为授课教师的水平、能力、授课风格的不同，培训效果也不同。优秀的管理培训教师不仅要有深厚的理论基础，还要有丰富的实践经验。在教学过程中，必须结合理论和实践，具有很强的吸引力和组织能力。

二、从参训者角度来看

1．参训者的态度

马斯洛曾说，心若改变，你的态度也跟着改变；态度改变，习惯会跟着改变；习惯改变，性格将随之改变；性格改变，人生必将发生改变。企业培训实际工作中可以很直观地看见，不同的参训者对待培训的态度是不同的，有的人将培训视为很好的学习机会，认真对待，尽力从中汲取于己有用的知识；但有的受训者并不认为培训内容是其需要的，参加培训仅是为了应付差事，完成规定的培训任务，培训效果当然会大打折扣。

2．参训动机

动机，在心理学上被定义为涉及行为的发端、方向、强度和持续性。动机为名词，在作为动词时则多称作“激励”。在组织行为学中，激励主要是指激发人的动机的心理过程。通过激发和鼓励，使人们产生一种内在驱动力，使之朝着所期望的目标前进的过程。动机作为激发或推动有机体去活动的特殊内部状态，会引导个体在培训过程中的行为表现，从而影响培训的效果和质量。在培训中，培训教师需要充分考虑学生的内在需求，考察他们的受训动机，根据他们的不同需求设计或调整培训，以产生更好的培训效果。

3．思维方式

思维方式是所有文化的基础，也是培训和学习的基础。思维差异也会影响培训的有效性。培训本质上是思维和认知活动的互动表现。在培训中，培训师在向学员传授培训理念时，经常会遇到来自受训者思维方式的障碍。培训师应该善于了解学员，针对他们的特点引导其更好地投入培训，从而使培训达到预期的效果，高质量地完成培训。

4．认知风格

除了针对学员不同认知风格的不同培训方法之外，培训教师还需要打破培训过程中可能存在的固有认知障碍。因为学生的认知风格往往与培训意图本身发生冲突，从而影响培训目标的实现。

6.3 哪些 KPI 指标可以帮助衡量及追踪培训效果

6.3.1 培训效果评估指标体系的构建思路

评估指标的设置将关系到最终培训效果评估结果是否客观、有效。因此，本书基于易于理解、易于操作和普遍性的思想，选取了在目前影响和应用最为广泛的柯克帕特里克的四层级评估模型，及在其基础上进行改良后的菲利普斯的五级评估模型，作为企业培训效果评估指标体系的主干；其次，考虑到一般企业培训效果受到学习与分享的企业文化的影响较大，因此将在评估体系建立过程中增加与之相关的评估指标。由此培训效果评估指标的建立思路如下。

（1）反应层的指标构建思路。专注于衡量受训者的整体体验，包括但不限于培训内容的设置、培训教师的素质、及时和完整的培训组织工作。

（2）学习层。一般来讲，本环节重点衡量学员对所学知识、技能的掌握程度或者是态度的转变程度。同时考虑到学员对培训目标的理解将影响其能否真正将所学知识应于工作中，因此增加了对培训目标理解程度的考量。培训目标通常基于公司的发展战略需求，反映出企业期望员工在行为上进行的转变，因此在培训过程中正确、有效地传递培训目标能够帮助员工接收到企业的期望，促进员工从根本上转变工作的态度和行为。因此如果学员不能够通过培训正确的理解培训目标，则无论培训项目设计再精妙、执行如何到位、员工如何满意，对企业而言价值都是非常小的，因此在本环节增加对培训目标理解程度的考量。

（3）行为层。本环节重点衡量学员将所学知识应用到工作中的程度，只有通过员工个人工作行为的改善，才能最终影响到企业绩效的改善。

（4）结果层。本环节衡量的重点是企业绩效的改进，主要体现在企业运营绩效的改善，客户对企业满意度的提升等方面，建议依据不同企业的情况以及培训的特点选取不同的运营指标加以考量。

（5）投资回报率。本环节通过培训投入的货币化价值与培训收益进行比较，生成投资回报率作为衡量要素。

（6）培训成果转化环境。通过采用五层级评估模型逐层递进进行分析后，企业培训效果评估指标体系的主干已经初具规模了。但是除了以上几个因素之外，企业在实践中发现仅靠一次简单的培训活动对于培训成果转化而言是远远不够的，如果美国公司每年在正式或非正式培训上花费数十亿美元，而这些培训可以转移到实际工作中，那么它仍然不到10%。正如培训迁移理论指出的迁移动机、迁移设计、迁移气氛对培训成果转化起着重要的影响作用，这说明企业还必须付出额外的努力创造良好的学习与分享的环境与氛围，通过不同的方法持续鼓励员工将所学应用于工作中，并防止他们退回到旧有的工作习惯。一般企业对于良好的企业文化与培训转化环境的认知更为深刻，因此本文将企业内部的培训成果转化环境因素也列入培训效果评估体系中去。

综上所述，本文将按右图所示构建培训效果评估指标体系。

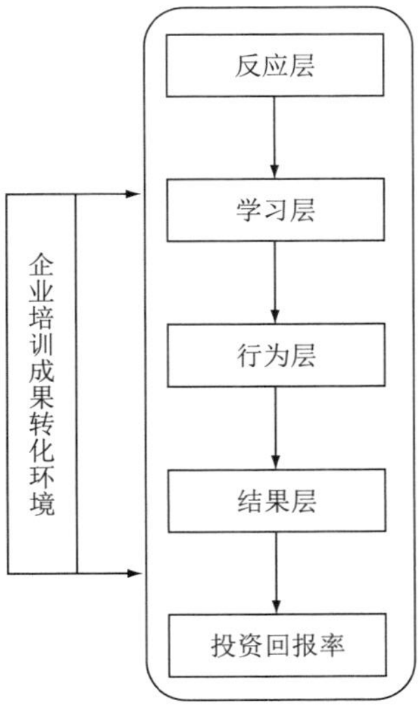

培训效果评估指标体系的建立

6.3.2　培训效果评估指标的筛选原则

在选取和设计评估指标时要遵循一定的原则，以保障所选指标能够合理、有效、客观地对企业培训的效果给出评价，并能够真实反映培训为企业带来的收益，从而为企业提供决策依据。

（1）相关性：评估指标应与培训目标和公司的相关战略目标高度相关。因为培训效果评估的重点就在于衡量培训是否取得了预期效果，达到了预期目标。而培训目标是依据企业战略目标制订的，因此培训指标也要与这些目标具备高度相关性。

（2）突出主干：由于需要评估培训效果，从培训的各个角度，各个环节可以挖掘出各种各样的潜在评估指标。因此，有必要注意寻找易于理解的骨干指标，具有很强的实用性和可操作性，以减少干扰。

（3）要注重系统性与全面性：系统性是需要各评估指标之间具备合理的逻辑关系，内部的结构要合理；全面性则要求指标可以涵盖培训效果的各个方面，以确保评估的合理性。

6.3.3　培训评估指标体系的确定

根据企业培训效果评价指标体系的设计思想，可以采用德尔菲法确定指标体系（见下表）。德尔菲法由兰德公司于20世纪初创建。德尔菲法是一种专家调查方法，它是由组织者根据提出的问题设计的。问卷通过信函发送给选定的专家组成员。按照规定的程序，专家组成员通过组织者的反馈材料匿名交换意见。通过几轮咨询和反馈，专家的意见逐渐集中，最终得出统计专家的集体判断结果。德尔菲方法的优点在于它有效地避免了盲目多数和集体讨论中的随声附和与固执己见的弊端。

德尔菲法的工作程序：①组成专家组：以不超过20人为宜；②向专家成员提供问卷及相关要求与背景资料；③收集专家成员的反馈；④汇总和整理专家意见后，再次发送给各位专家，如此循环三四轮，意见比较集中后即可进行数据处理得出相关结果。其不足之处在于专家的时间一般较紧张，因此回答时有可能比较草率；另一方面花费时间较长，不适用于需要快速判断的决策。但是该方法简便可靠，具有一定的科学性和实用性，因此仍得到了广泛的应用。

培训评估指标体系

	维度	指标
培训效果评估	反应层面	培训课程
		培训互动
		培训组织
	学习层面	知识、技能的掌握
		对培训目标的理解
	行为层面	工作技能的提升
		工作态度的转变
	结果层	运营指标
		客户满意度
	投资回报率	培训收益/培训成本
	培训成果转化环境	组织文化
		制度保障

6.3.4 具体指标示意及评价原则

一、反应层面

重点采集学员对于培训项目的整体直观感受的数据，可以从课程、讲师授课环节以及整体的培训过程中的组织工作是否顺畅、有序等方面进行。在这个层面通过德尔菲法优选出的指标如下。

（1）培训课程：主要从以下几个方面来衡量其质量：是否有针对性、是否与工作有较高的相关性、对工作的改善是否有帮助、能否带给员工对待工作的全新的视角并鼓励员工在工作中进行创新。

（2）培训互动：整体考核培训师对课程的把控能力，包括讲师对专业知识的掌握、授课技巧、引领并调动学员的能力、能否按照预定的培训设计完成培训任务等。

（3）培训组织：包括培训时间安排是否合理，培训所需的教材、设备等物料的准备是否满足课程的需要，培训环境是否适合培训课程的进行等。

二、学习层面

学员对所学内容的理解与掌握是学员能否将所学应用于工作中，应用是否恰当合理的基础。学员是否会将所学应用于工作中主要依赖于学员对于培训目标的理解和认同。因此对这两个方面的衡量也就显得至关重要了。

（1）知识与技能的掌握：此环节主要通过考核、测试或访谈等方式收集学员对于所学的原理、技术、技能以及观念的理解与掌握程度，并与预先设计的考核标准进行对比，以判断学员对所学的掌握是否达到了预期的目标。

（2）培训目标的理解：学员对于培训目标的了解是否正确且完整也是考核的要点之一。

三、行为层面

衡量学员通过所学是否提升了工作技能，在工作态度方面是否更加符合企业的价值观，综合评定学员的工作效率是否因此得到了改善。

（1）工作技能的提升：在工作技能提升的评价过程中，可以参照培训前的工作技能来判断是否有了提升，其提升的程度是否符合预期目标，当然还需要明确这种提升的来源来自培训因素而非其他因素，并且这种技能的提升对改善员工的工作绩效是有利的。

（2）工作态度的转变：最佳参照对象自然是培训前学员的工作态度，评判培训后学员的工作态度是否向有利于工作绩效改善的方向进行转变，是否符合预期结果。通过学员个人绩效的改善最终为企业绩效带来了哪些收益，是企业管理者最为关心的事情，因此也是培训效果评估环节中最重要的环节之一。

四、结果层面

通过学员个人绩效的改善最终为企业绩效带来了哪些收益，是企业管理者最为关心的事情，因此也是培训效果评估环节中最为重要的环节之一，这里需要注意由于培训具有滞后性的特点，因此从培训完成到培训成果在企业层面呈现出来需要一定的时间去孵育的，因此一般企业在衡量这个指标时通常在培训结束月之后。

（1）运营指标：代表着企业在一定时间内运营状况的好坏，可以依据培训内容以及企业业务类型去确定恰当的运营指标进行考核。例如时间管理方面的培训，那么企业可以选择部门效率的提升或企业效率的提升等相关指标进行考核。在考核过程中需要注意剥离干扰因素的影响，以确保指标的真实性。

（2）客户满意度：如果说运营指标衡量的是企业一段时间内的自身业绩，那么客户满意度则是衡量企业提供服务、产品或合作对象的需求满足程度。这里的“客户”并不仅仅意味着最终消费者，还有可能是企业产业链的上下游客户以及企业内部客户。

五、投资回报率

通过将培训收益货币化再与培训成本进行比较，来衡量培训投入与产出的关系，所获得的培训收益是否超过了培训投入，与预期的目标相比是否符合。很多企业通过衡量企业绩效的改善来将培训收益货币化，因此可以通过将成果层的评估指标货币化之后与培训总体投入进行比较的方法来得出投资回报率。与成果层指标一样，投资回报率指标的计算也需要一定时间的等待，因此在评估时需要依据企业的业务特点与培训内容确定比较适宜的评估时间。

六、培训成果转化环境

通过衡量企业是否有良好的学习和分享的组织文化，是否有健全的培训制度保障，来衡量企业培训成果转化环境的好坏。

（1）组织文化：衡量组织文化是否有利于培训成果的转化。举例来说，学员所处的工作环境是否有利于培训成果的转化，即学员的直线领导、同事或下属对学员将所学运用于工作是否积极的给予帮助和鼓励；企业是否搭建了相关的沟通平台并进行了积极的引导等，判断企业的组织文化对培训成果转化的有利程度。

（2）制度保障：如果说组织文化是从企业环境方面对员工进行了积极的引导，那么制度保障则是从企业运营的流程方面给予了硬性保障。如果企业有系统完善的培训制度作为保障，则更有利于形成良好的培训成果转化环境。

6.4 案例分享：惠氏的“极易快速启动班”提升培训转化率，培训效果落地启示

惠氏作为全球500强企业之一，也是全球大型的以研发为基础的制药和保健品公司之一。惠氏在研究、开发、制造和销售药品、疫苗、生物制品、营养品和非处方药品等方面处于全球领先地位。惠氏的产品改善了全球各地人们的生活质量。惠氏的主要业务部门有惠氏药物部、惠氏健康药物部和 Fort Dodge 动物保健品部等。惠氏在制药、疫苗和生物技术方面的领导地位具有悠久的历史。惠氏在妇女卫生保健、神经系统疾病、肌肉与骨骼疾病、心血管疾病的治疗、疫苗、抗感染、血友病、免疫制剂和抗肿瘤等领域都有业界领先的产品。惠氏同样也是营养品领域和健康药物领域的领先者。自 20 世纪 80 年代中期，惠氏进入中

国市场以来，惠氏在中国的业务取得了长足的发展，已包括营养品、处方药和非处方药等领域。不断引进新技术、新产品和新的营养健康理念，提高了健康和生活质量。目前惠氏在我国注册的企业已经有三家，累计投资超过 4.4 亿美元，员工近 2 000 名，并在 27 个城市设立了办事机构，业务遍布全国。

惠氏管理的一个主要特点是员工培训和培训文化培训。从培训的主体、对象、内容、手段和环境五个要素入手，充分发挥培训效果。在建立惠氏培训文化的过程中，首先注意处理整体与部分之间的关系。培训目标是形成目标系统的一个组成部分，并在制订培训计划时关注与公司战略的相关性；其次，让培训成为每一位管理人员的工作。培训是现代管理的重要途径和手段。此外，努力使培训成为员工成长的重要途径。最后，将培训作为绩效评估的重要组成部分。这是培训的立足点，也是培训的基本目的之一，同时更是提升组织培训文化的有效武器。

一、惠氏主要培训效果实践

惠氏在 2006 年有一个区域拓展项目，要拓展以前没有涉及的领域。针对这个项目，公司招聘了大量人员，为了保证这些人员在短期内适应这个行业，快速产生绩效，培训部门为这个项目量身定做了“极易快速启动班”。新员工进入公司先上为期 4 天的启动班，了解公司、产品、相关流程以及必备技能等情况。第二个星期，开始在工作中运用这些知识。第三个月，新员工重新回到启动班进行为期 12 天的第二阶段培训。如此循环，整个培训一直持续 6 个月。这个培训的针对性非常强，因此效果也非常好，新员工能在很短的时间适应公司，有效开展工作。这是培训对于项目目标的支持。营造积极的培训文化企业。培训成果“转化低”的另一个原因是缺乏良性的学习环境。很多员工认为培训是领导与培训部门的事，出现这样的情况更多的是培训组织者、领导者的责任。很多企业在培训前会发布一个通知：某某时间在某某地点举办某某内容的培训，请大家务必参加，若不能参加务必请假，否则按旷工处理。

此类通知将使员工感到参与培训是被动的，对他们没有任何价值，不会被认真接受并积极应用。惠氏一直强调培训与员工发展之间的密切关系。惠氏为期 12 天的新员工培训，大中华区总裁和各部门负责人都会到场与新员工聊天，了解他们的想法，让新人感受到公司对培训的重视。

同时，企业必须在培训后建立积极的氛围和内部强化，以限制惩罚。将学习方法转化为习惯需要时间，员工在应用新知识的过程中会遇到困惑和障碍，如果在他表现不佳时一味给予惩罚，反而会让他回到老路上，导致培训没有效果。所以，在应用的过程中要允许出现错误，并且积极帮助他去转化。培训的设计和执行效力在培训效果的转化过程中非常重要，惠氏在这个方面做了许多有效的尝试，首先提供不同的培训、为不同的人员搭建不同的课程体系。这是培训设计中的第一步。

其次，在课程设计中，设置特色课程、必修课程和选修课程。特色课程与组织的发展密切相关，所有相关人员都必须参加。必修课程是这个岗位必须学习的课程，惠氏所属的行业中，销售人员成熟大概需要三年时间，这三年中的不同阶段就要参加不同的课程。选修课是与个人发展和管理技巧相关的课程，也可以是学员将个人兴趣发展的方向。惠氏规定，特色课程必须选，必修课与选修课各选一门，每年最低的培训时间是 50 个小时。

再次，制订科学的培训流程。在惠氏的培训流程中，除了课程培训外，还有课前培训以及课后培训。培训前的培训通常为了让员工了解将要参加的培训是什么、包括哪些要点、事先需要进行哪些分析等，培训部会通过 E-mail、在线考试、手机短信等方式来进行。培训结束之后，做课后训练，通过短信的方式给经常在外的销售人员发送测试题目，进行考核。在培训流程中，建立严格的反馈机制也是必不可少。惠氏有一个主管辅导手册，主管要为每位员工做培训计划，并且让员工以及上一级主管签字，然后主管要详细记录员工的工作表现、随访报告、随访分数及评估的相关指标，体现了员工接受培训之后的成长过程。这本手册，主管都是随身携带，随时可以翻阅，随时接受上一级主管的检查。

二、惠氏经验方式方法

为了提高培训在企业中的转化率，培训师必须具备系统性的思考。

（1）培训要与组织的战略目标紧密结合，才能改善绩效，增强竞争力。如果培训目标与企业战略目标、阶段目标不一致，员工会觉得培训没有用，自然也不会主动去推动，培训和业务之间出现短路，导致培训与实践之间不能进行有效转换。因此，培训从业人员应在实施培训时密切关注以下几项：培训是否支持公司的战略目标、培训与企业的阶段目标和项目目标是否吻合、是否确切了解各个部门员工的需求、对公司业务是否清楚。除了战略目标，明确企业每个发展阶段的项目规划也非常重要。

（2）培训必须与人力资源的各个模块相结合，如果员工的培训与奖金不挂钩，与职位不符合，依然会碰到很大的阻力。所以，惠氏开展了“职业发展阶梯”的项目，所有惠氏的员工都能看到自己的岗位可以融入哪个地方、优势是什么以及哪些可以提供更多的帮助。培训部门有一个“引领企业发展的通行证”，所有人员的培训记录都在，HR 部门会参考这个通行证来进行职位的调整。

（3）培训时要充分平衡培训的资源，保持培训的连续性。作为培训管理者要全面搭建学习的平台，进行有效的管理，才能将培训很好地运作下去。同时，要将培训作为企业的制度进行运作。

三、经验总结以及管理启示

培训模式主要包括传统模式与现代模式两类，两者的主要区别如下。

（1）传统培训大多以讲授为主，在教室中进行，培训工作者扮演的是组织者的角色，更多的员工被动地接受培训，这导致培训知识与实际使用分离。同时，这种培训模式也使许多企业成为培养人才的基地，高成本培养人才，最终无法留住人才。

（2）现代培训模式主要是为员工建立一个发展的平台，关注学员，强调自主学习。主管所承担的角色越来越多，要帮助下属不断提高。这样有助于在企业中营造出热爱学习的氛围，成为留住人才的主要原因。

培训转化要有系统地思考我们在员工培训的过程中坚持着以下几个原则。

- 所有的员工都知道，他有一个“个人发展计划”，这个计划是他和主管共同制订的。
- 这个发展计划主要是在工作中完成，课堂培训只是其中的一部分。
- 发展不仅是公司的发展目标，同时也是每个员工的发展目标。在整个过程中，培训部门用各式各样的方式让主管作为员工主要的指导者和反馈者帮助他成长。

很多企业都存在培训效果转化率低的问题，直接的结果是老板对培训信心不足，培训部门的经费经常要被削减。要提高培训的转化率，必须要从以下几个方面入手。

- 选择正确的培训模式，使培训和企业的发展目标之间保持密切的联系。
- 完善培训项目的设计和执行。
- 营造良性的学习环境。

惠氏培训管理启事，随着组织中培训职能划分的日益明确，培训将与各种职能相结合，每一位管理者都将成为培训工作者。由此，培训工作者应该发挥更多的战略促进者的角色。惠氏采取了以下多种措施提升培训主体在组织中的角色，促使培训与各种职能相结合。其中明确管理者的培训职责。从经理到主管的每一位管理人员，都会在岗位说明书中明确他对下属的培训职责。同时会给管理人员提供相应的培训，使他们具备履行培训职责的能力。管理人员的培训内容包括如何识别培训需求、区分培训和其他绩效改进的手段以及培训评估等。发挥培训部门的核心作用，培训部门要参与公司的经营管理，培训负责人是惠氏核心领导团队的一分子，充分发挥顾问的作用，以便能够及时有效地诊断企业的培训需求。培训的实施由各部门配合完成，公司的年度培训计划制订完后，由各个部门安排实施。培训部门在此阶段的作用是提供信息、指导和跟踪培训的有效性。通过这种方式，培训师可以有更多的时间和精力进行战略思考和课程开发。

培养良好的培训文化，培训文化是企业文化的重要组成部分，也是新环境下企业的重要特征之一，更是考察组织中培训发展现状的重要标志。培训文化在一定程度上反映了企业对培训的认可程度，它直接影响到培训工作的开展和培训的效果。培训文化的发展可分为淡薄阶段、发展阶段和成熟阶段，每一阶段培训工作者的角色均不同，作用也不同。淡薄阶段是培训的实施者；发展阶段既是企业战略的促进者也是培训的实施者；成熟阶段是战略的促进者。企业处于培训文化淡薄阶段时，培训工作只是培训工作者的职责，培训内容单调，形式死板，培训工作没有长期计划，经常是想起什么做什么，培训活动结束后便无人问津。在惠氏培训文化的建设过程中，首先注重处理好整体和局部的关系。培训目标是组织目标体系的一个组成部分，在制订培训计划时注重与企业战略的关联性；其次，让培训成为每一位管理人员的工作。培训是现代管理的一种重要方式和手段，要全面提高组织的培训文化水平，就要让各部门担任起更多的培训职责；再有，努力使培训成为员工成长的重要途径；最后，让培训作为绩效评估的重要部分。这是培训开展的立足点，也是培训开展的根本性目的之一，同时更是提升组织培训文化的有效武器。

第七章

锻造企业白金职业发展——培训师体系建设

7.1 培训师体系建设的必要性及意义

在不断变化的知识经济时代，如果公司想要比竞争对手更快地占领市场并获得竞争优势，那么他们必须拥有比竞争对手更快的发展速度。这要求企业不断地、持续地管理自己的人力资源，并通过培训提升公司的整体学习和创新能力，人才的培养在企业的发展中发挥着越来越重要和不可替代的作用。

目前，大多数公司已经意识到培训的重要性，但许多公司尚未建立完整的培训体系，培训分散且混乱。但是，培训的有效性取决于是否有强大而健全的体系支持。通过建立有效的培训体系，将员工的个人发展纳入企业发展的轨道，使员工在服务企业的同时实现个人和组织的共同发展，促进企业战略目标的实现。建立完整的培训体系离不开四个关键环节，即培训内容（课程）的发展、培训教员的选择、培训方法的确定和培训效果的评估。其中，培训师资是人的因素，是四大环节的重中之重，其质量高低直接影响到其他三个环节的工作方式和效果。在现有的企业培训过程中，无非是两种主要方法，一种是外部培训，包括派员工参加外部公共课程，聘请外部培训师进行教学或培训外包；另一个是内部培训，请内部优秀或更有经验的员工教导或允许一些员工参加外部课程培训，然后再返回培训其他员工。目前，国内大多数企业倾向于选择以前的培训方式，而很少关注公司内部丰富的培训资源。内部培训，尤其是建立自己的培训师队伍，对于企业来说有其必要性和优势，主要体现在以下几个方面。

一、培训费用较低

众所周知，无论是聘请外部教师来企业授课还是派出员工参加培训，一般都是根据人数或教学时间来收费，人均培训费用近千元甚至万元不等，价格昂贵。而充分利用企业内部师资力量的培训费用要远远低于该数字，而且成本相当低。就培训的好处而言，如果外部培训和内部培训的效果相似，那么使用内部资源进行培训的投入产出比要高得多，因此，挖掘和培养自己的内部培训师资源显得十分必要。

二、培训内容更贴近于企业实际

人们经常把外部培训比喻为“隔靴搔痒”，原因就在于虽然外部培训资源很丰富，培训师的授课经验也很丰富，但是，由于各公司在管理体制和文化方面存在很大差异，外部培训课程的内容往往单调，缺乏针对性和实用性，只能解决常见问题，不能解决企业的个性问题。很多在外部培训的员工也有同样的感受：在课堂上觉得课程的内容非常有趣，感到很有启发。然而，在听完之后，发现没有办法应用它。通过使用内部培训师进行培训，由于在企业实际工作环境中的长期经验，公司对企业内部运作有了更加深入和准确的把握。它可以根据企业的实际情况量身定制，更容易帮助学员，提出有针对性的解决方案。

三、沟通效果较好，有助于形成学习型组织氛围

内部培训师熟悉企业文化、岗位工作技能要求，并清楚地了解学员的需求。同在一家企业，和学员基本认识甚至比较熟悉，更容易和他们进行交流。与外部培训相比，内部培训师与学员之间的这种沟通不仅限于培训课堂。培训师可以充分利用同事之间的关系，为学员提供更多指导，实现一对一的深入沟通。公司确保更好的培训成果，同时通过内部讲师的示范作用和与学员的无缝交流，有助于提高学生自主学习的积极性，营造共享知识和企业共同进步的氛围，有利于学习型组织的建设。

四、对培训过程的管控效果较好

外部培训往往是将员工送出去或将培训外包给专门的培训机构，这也就意味着培训全程交由员工个人或外部机构管控，企业人力资源部门只能在前期对培训师资和培训课程进行筛选，在培训结束后通过考核培训者的方式了解培训效果，没有办法监督和控制培训实施过程。而由内部培训师对员工进行培训，则可以在培训前监督审核培训师授课内容的开发情况，培训过程中维持纪律，及时协调培训师与学员的沟通，培训结束后，培训师可以及时上课。对参与者的结果和学习成果进行评估和总结，为下一个培训提供经验和教训。

五、有利于激励优秀员工，促进其职业生涯的发展

在企业内部挖掘和培养公司优秀或有经验的员工，实际上是内部人力资源的全面开发和利用。对于优秀的员工来说，接受内部讲师的任务无疑是一种职业新的挑战和尝试。通过培训授课，内部讲师可以大大提高他们在言语、表达、控制情境和应对突发事件方面的综合实力。在开发课程的过程中，它也有助于进一步巩固和扩展他们的知识和技能。同时，讲座的效果将得到学员和公司的肯定，给他们一种成就感，这将有助于鼓励优秀员工留在公司，并上升到他们职业生涯的另一个平台。

7.2　内部培训师的甄选与资格认证

7.2.1　选拔范围

组织选拔内部讲师，建立内部讲师队伍，首先要明确内部讲师的选拔范围。选拔范围主要从入职时间、学历、专业能力、个人意愿及培训对象几个方面进行选择。

首先从入职时间上，内部讲师需要对企业的情况有更加清晰的了解，以及对企业文化有更深刻的体会，因为企业的内部培训无疑是企业文化宣贯的重要途径之一。因此在内部讲师的选拔范围上，需要关注入职时间至少三年以上的员工。

从学历上和专业能力上，要求企业的内部讲师具备较高的学历背景、职业素质，以及学习能力。并且对专业能力的要求，也就代表着内部讲师需要受到潜在学员的“认可”。

企业内部讲师的选拔需要充分考虑备选人员的个人意愿，这极大地影响着讲师的备课动力以及授课意愿。

除此以外，也需要根据培训对象，考虑真正符合受众需求的讲师类型。

7.2.2 选拔标准

组织选拔出合适的员工，再对其进行相应的讲师技巧培训，可以达到事半功倍的效果，这就需要组织明确内部讲师的选拔标准。不同企业的标准略有不同，一般来说，应该包括如下几个方面。

①对培训工作有着浓厚的兴趣。

②热爱本职工作，具有积极的心态。

③具备丰富扎实的专业知识。

④具有幽默、自信的性格特质。

⑤具有健康的身体及健全的心理

⑥具有一定的实践经验和相关阅历。

⑦具有较强的语言表达能力，善于沟通。

⑧具有较高的业务能力和职业素质。

⑨具有良好的工作态度和高尚的职业道德。

⑩坚持“以受训人员为中心”的服务理念。

7.2.3 选拔流程

内部讲师选拔的方式包括推荐和自荐两种方式。具体选拔步骤如下。

（1）发布公告，组织根据内部培训需要，发送某部门课程讲师的通知，并附上“内部讲师资格选拔范围和选拔标准”。

（2）符合条件要求的申请人可以由部门推荐或自建，并填写“内部讲师推荐（自荐）

表”。以企业负责人力资源工作高层管理者的名义通过企业正式沟通渠道，公开发布内部培训师聘用信息。信息发布流程借鉴了内部招聘的经验，发布的信息应包括详细的资格说明，职责和相应的激励措施。一方面，资格标准使申请人能够在申请前进行深入的自我鉴别，避免过多的盲目候选人，从而最大限度地节省后续选拔的成本；另一方面使任职需求标准化、公开化，起到宣传动员的作用，了解公司培训的重要性，从而在企业内部营造主动参与培训，广泛进行知识分享的良好氛围。

（3）进行筛选，培训部门根据“内部讲师资格选拔条件”和部门实际需要，筛选出符合选拔条件者。这个环节是整个内部培训师队伍建设最重要的一环，直接关系到整个培训师队伍的质量。在对报名者的条件和任职要求进行对比时，重点对比分析报名者的报名动机，将一些业务知识、管理技能、情商比较高的个体作为重点考察对象。初步筛选申请表后，人力资源管理部门将与相关职能部门共同审核和批准申请人。评估过程严格遵循面试程序，有必要设计合理有效的评分表，并指定具体评分指标和每个指标的权重。根据总分的排名结果选择合适的内部培训师。

（4）进行培训，经初步筛选，通过的人员需参加相关培训以获得基本的课程设计、语言表达、现场控制等方面的专业知识与技巧。这一环节即培训培训者的落实环节。主要面向新任内训师提供技能补充型培训。这是由于多数内训师不是专职从事培训工作，以前很少或没有接触过培训工作，因此对于培训技能特别是培训执行力掌握得很少，需要加以规范和强化。例如：课堂组织技巧，应对授课突发事件的能力，培训效果的评估方法，多种培训方法的结合，如何因材施教等。另外，对于现任内训师，伴随企业发展以及培训师自身发展的双重要求，也需要动态适时地提供开发充电的机会，以适应知识不断更新扩充的环境变化。因此，企业可以将这一环节的培训内容列为菜单式，不仅面向新任内训师，而且面向现任内训师，增强培训时间和培训内容的弹性，既做到与时俱进，又能有效控制培训的实效性，从而控制成本。培训后要进行培训测试，以确保培训实效，真正服务于内部培训师队伍整体素质的提高。

（5）试讲和评估，培训部门安排符合条件者进行试讲，并组织内部讲师评审小组对参加试讲的人员进行评估。企业将内部培训作为常规性工作来做，并且营造鼓励企业内部传授知识和经验的企业文化氛围，就必须对内部培训师有所约束。因此，系统评估作为考核和激励内部培训师的重要手段不可或缺。考核过程要做到充分量化、客观公正，考核指标同样参考内部培训师任职资格进行设计，甚至可以参考特定培训师在应聘选拔时的记录，从而形成对比，使评估结果的针对性进一步提高。另外，将考核结果作为内训师级别晋升的主要参考要素，体现评估的激励作用。

（6）确定合格人员，培训部门将申请人的综合评估意见上报组织相关领导审核，经审批后向合格人员颁发讲师证书。

7.2.4 选拔制度

内部讲师选拔制度是对组织的内部讲师选拔工作如何进行规范化运作的规定，以保证内部讲师选拔的公正和公平性。选拔制度要至少包含以下 5 个方面。

（1）组织部门：明确哪个部门负责内部讲师的选拔工作，明确相关人员的工作职责。

（2）选拔标准：制定内部讲师的选拔标准，以便各部门推荐人选或自己申请时作为参考依据。

（3）选拔程序：设计内部讲师的选拔程序，明确各步骤操作标准和要求，确保选拔过程的公正、公平。

（4）评审事项：内部讲师的选拔必须通过评审小组进行全面的评估，评审小组讨论并确定评估的标准和细则。

（5）确定讲师：内部讲师的选定必须经过正规的审核审批程序，明确组织内部讲师的最终决策人员及相应的职责。

下面介绍《×× 公司内部讲师选拔制度》，以作参考。

《×× 公司内部讲师选拔制度》

为加强公司内部知识、经验、技能的相互交流与学习，形成员工能力提升与企业效益增长相互促进的良性循环，公司现开始在内部选拔与培养内部培训师。

一、内部培训师的选拔范围

凡在管理、业务、专业知识等方面具有较为丰富的经验或特长，工作业绩突出，同时有较强语言表达能力的员工，均可参加内部培训师的选拔。

二、内部培训师的选拔流程

（一）提出申请：符合条件的申请人，可由各部门负责人推荐或自荐，填写《内部培训师推荐（自荐）表》（见附表），报股份公司人力资源部进行初步审核。

（二）参加辅导：经初步审核，通过的人员需参加集团人力资源部组织的相关培训以获得基本的课程研发、语言表达和现场控制等方面的专业知识与技巧。

（三）进行评审：公司人力资源部组织安排申请人试讲，并组织内部培训师评委会对参加试讲的人员进行评估。

（四）聘任决定：公司人力资源部将申请人的综合评审意见上报集团人力行政副总裁审核，经公司总裁审批后，由人力资源部向申请人发出是否给予聘任的决定。

三、内部培训师的职责

（一）公司内部培训师必须参与课程的需求调研，开发、设计课程有关的资料，如培训标准教材、辅助材料、案例及游戏、授课演示文档、试卷及标准答案等，并定期改进以上资料。

（二）公司内部培训师组织的教材、教案及课件资料，统一纳入公司知识库，其版权和使用权归公司所有，公司有权在企业内部网上发布，供学员下载。

（三）公司内部培训师应积极参与课程组织工作，并协助公司不断完善课程体系。

（四）定期参加集团人力资源部组织的相关学习与分享活动，对其他讲师的授课技巧、方法、案例、课程内容等提出改进建议。

（五）公司内部培训师作为本专业的先导者，可为人力资源部提供外部优秀的、有价值的培训信息，这些培训信息可考虑作为内部培训师或者公司员工的培训内容。

四、内部培训师的权利

（一）人力资源部统一计划与安排内部培训师的授课，每次授课后将由学员填写授课效果评估表，授课效果合格的培训将由公司统一支付授课费。

（二）公司按每课时 100 元的标准向内部培训师支付授课费，发放授课费的课程必须为人力资源部审核合格的课程，发放时间为授课结束后 1 个月内由人力资源部负责统一申报与支付。

（三）以下情况不属于发放授课费的范畴：①各类公司、部门的会议及活动；②公司高管、部门经理对部门人员开展的例行的经验和知识分享、交流、指导；③试讲、经验交流、其他非正式授课。④由各用人部门为提高员工技能，组织开展的现场指导等方式的在岗培训。⑤授课时数不足 1 小时的课程。

（四）内部培训师以培训效果为导向，所需相关的、合理的培训资源可向人力资源部反馈申请（如必要教材的购买、场地、器材的配套等），人力资源部应给予尽可能的支持与配合。

（五）内部培训师可旁听公司所有培训课程，如有必要，可申请参加与自身授课内容相同或相近的外部培训。

五、内部培训师的管理

（一）公司内训师队伍的所有人员必须接受《内部培训师培训》的课程培训，公司人力资源部负责根据内部培训师的发展情况及个人的申请意愿，确定接受各级培训的人员名单。

（二）所有接受《内部培训师培训》的内部培训师在培训后必须制订行动改进计划，根据培训所学有针对性地改进自己在授课中的不足之处，人力资源部负责监督实施。

（三）所有内部培训师都须按照人力资源部统一制定的模板进行教材研发，教材的质量将作为资格评审的基础材料。

（四）所有培训师应善于收集和整理资料，并将本领域新的专业知识与经验总结及时纳入到课程的设计中，人力资源部将及时给予指导和帮助。

（五）教材研发应以不影响日常工作为原则，任何内部培训师不得以在进行教材研发为由不承担本职日常工作。

（六）所有内部培训师开发的课程将应用于新员工培训、专业知识与经验类培训、企业文化类培训、公司制度类培训以及职业素养与技能类培训等，具体的课程讲授都将根据公司内部的培训计划做统一安排。

附表：

内部培训师推荐（自荐）表

姓名		性别		年龄	
学历		毕业院校			
工作单位		岗位		职级	
可讲授课程名称					
工作简历					
培训简历					
专业特长					
参加申请理由： 申请人：　　　年　月　日					

7.2.5　内部讲师资格确定

1．资格审查

首先所有讲师候选人应该在组织规定的范围内；其次组织规定的选拔标准为强制行资格条件，具体选拔标准依据组织的具体情况进行确定，有一项不符合要求的，资格审查认为不通过，只有完成符合强制性资格条件的员工个，才能进行试讲。

2．进行试讲

安排符合条件的员工进行试讲，确定其是否具备成为内部讲师的条件。首先，试讲要求要明确，包括试讲前认真备课、熟悉讲义，同时要坚定信心，为试讲做必要的思想准备及业务准备，试讲时应严格按照正常培训课程的要求进行，从容稳重，沉着冷静，一切跟正式培训一样，根据讲义要求进行讲解，重点突出，有条不紊，合理分配时间，注意之后环节的衔接，体现讲与练的结合，做到过程完整，注意认真总结经验教训，不但知道讲授中的优缺点，而且还要能够找出原因，以便今后能够用有力措施加强训练，发扬长处，弥补不足；其次，选择合适的试讲形式，试讲的形式可以从不同角度进行确定，如按照试讲的人数、范围、时间及培训场地等划分，可以选择个别试讲、小组试讲、平时试讲、集中试讲及课堂试讲等；再次，确定试讲的时间和内容，可以规定每位试讲人员的讲课时间，比如 30 分钟，可以根据试讲人数和总的试讲时间确定，试讲的内容可以是所担任培训内容的一部分；最后，试讲的评估，要对评估界定评价要求，如实事求是、客观准确等。

3．资格的确定

首先收集评价表，并按照讲课人对评价表进行分类；然后计算总分，汇总每个试讲人员的自我评分，培训部门管理着评价总分和专业培训讲师评价总分进行加权平均；最后发放讲师资格证书，培训部门负责最终给得分在 75 分（可自行确定合格分数）以上者授予内部讲师资格证书，颁布内部讲师聘书，并说明有效期。

7.3　内部培训师队伍的管理

7.3.1　制订合理的内训师管理制度

内部讲师管理办法的目的是规范组织内部讲师的管理工作，积极培训企业内讲师队伍，发挥其在组织培训系统中的核心作用。内部讲师管理办法的规范内容如下。

（1）管理职责：明确组织内部讲师的归口管理部门及内部讲师的工作职责。

（2）讲师定级：为了调动组织内部讲师的工作热情和积极性，应定期对内部讲师进行等级评价。

（3）讲师奖励：内部讲师除了获得一定的授课费用外，还享受带薪调休、一定金额的书费报销和优先参加培训等激励。

（4）讲师考核：确定考核主体及考核形式，明确内部讲师的考核周期和考核办法。

（5）讲师培养：明确组织内部讲师的培养方式以及需要参加的深层次培训课程。

案例《YU 公司内部讲师管理制度》

1．总则

为了建立公司内部培训师队伍，实现内部培训师管理的正规化和科学化，激励公司各级人员积极参与培训工作，充分利用公司有限的人力、资本等培训资源，充分挖掘内部培训讲师资源，提高内部培训师队伍的整体素质，有效开展员工培训并帮助员工改善工作、提高绩效，为公司培养优秀的人才，有效传承公司相关技术和公司文化并实现知识共享，特制订本管理办法。

2. 使用范围及对象

本制度适用于公司总部及下属各分公司内部培训师的选拔、评定及管理。

3. 内部培训师的工作职责及要求

3.1 遵守公司规章制度，传播公司理念和价值观，不得泄露公司秘密和损害公司声誉。

3.2 结合实际，因需施教，以身作则，为人师表。

3.3 在安排好本职工作的前提下参加培训工作，保质保量完成课前准备、授课、学员管理、培训效果评估等工作。

3.4 所有培训师应善于收集和整理资料，并将本领域新的专业知识与经验总结及时纳入课程的设计中，培训管理部将及时给予指导和帮助。

3.5 内部培训师必须参与课程的前期培训需求调研，明确员工的培训需求，向培训管理部提供准确的员工培训需求资料，并开发设计与课程有关的资料，如培训标准教材、辅助材料、案例、授课 PPT 演示文档、试卷及标准答案等，并定期改进以上资料，每年至少向公司案例库提交两个案例。

3.6 内部培训师必须参与考后阅、评卷工作、后期培训跟进、答疑等工作，协助课程组织工作；对其他讲师的授课技巧、方法、案例、课程内容等提出改进建议；协助培训管理部完善培训课程体系。

3.7 辅助学员制定培训后的行动改进计划。

3.8 内部培训师作为本职专业的先导者，可为培训管理部提供外部优秀的、有价值的培训信息，这些培训信息可考虑作为内部培训师或者公司员工的培训内容。

4. 内部培训师的晋级

内部培训师分初、中、高讲师三个级别，填写自荐 / 推荐表时要注明申请的级别，并由培训管理部审核决定。

（1）初级内部培训师入职资格。

课程等级：讲授的课程为基础类课程。

工作经验：主讲专业领域有一年以上实际工作经验。

课程及教材开发：把握学员需求，能整理开发出切合实际需要的教材。

业务指导能力：具备较丰富的实践经验和掌握相当的专业知识，能在实际工作中指导员工进行工作。

（2） 中级内部培训师入职资格。

课程等级：讲授的课程属于系统性较强的专题类课程。

工作经验：主讲专业领域三年以上实际工作经验。

课程及教材开发：除把握学员需求外，能根据公司业务发展方向，初步进行系统设计，开发课程。

业务指导能力：具备丰富的实践经验和掌握相当的专业知识，能在实际工作中指导员工或下属进行工作。

（3）高级内部培训师入职资格。

课程等级：讲授的课程属于战略性较强的管理类课程。

工作经验：主讲专业领域五年以上实际工作经验

课程及教材开发：除把握学员需求外，能根据公司业务发展方向，进行完善的系统设计，开发课程。

业务指导能力：具备非常丰富的实践经验和掌握相当的专业知识，能在实际工作中指导员工或下属进行工作。

7.3.2　内部讲师评价考核

根据内部讲师的授课情况，进行五分制打分，主要有基本素质、案例讨论、讲师讲授、讲授技能、结构化提问共五个维度进行评价。评价细则见下表。

内部讲师考核评价细则

评价要素		5 分	4 分	3 分	2 分	1 分
基本素质	时间观念	没有迟到	迟到 3 ～ 5 分钟	迟到 5 ～ 10 分钟	迟到 10 ～ 20 分钟	迟到 30 分钟以上
	职业礼仪	着正装，尊重评委和团队成员，有很棒的职业礼仪	着正装，尊重评委老师，忽略团队成员	服装整洁，忽略评委老师和团队成员存在	服装拖沓，职业礼仪较差，完全不重视这场选拔	举止态度粗鲁，在举手投足间不尊重评审人员
案例讨论	沟通能力	善于与人沟通、在有效倾听的基础上，总结对方观点，主动交流意识强	能有效表达自己观点，沟通技能不错，愿意倾听	沟通能力一般，可以和团队达成共识	缺乏主动与人沟通意识，只是配合小组讨论	不具备基本的沟通能力，不能有效表达自己的观点
	团队协作能力	有很强的团队协作能力，围绕团队目标展开讨论	能较好地配合团队，共同达成团队目标	团队配合一般，需要适时的引导	不能做到有效配合，同伴评价不高	自己围绕自己的想法讨论，脱离团队目标
	逻辑思维能力	逻辑思维严谨，能清晰的有结构的整理自己的想法，有效地进行表达	表达的观点前后一致，语言前后有一定的逻辑思维	能顺畅地表达自己的想法，但前后逻辑不是很清晰	前后逻辑混乱，表达的意思需要整理才能明白	语言散乱无章，不知所云
	整合思路，推动讨论	在小组讨论不知方向时，主动整合大家思路，推动讨论	主动配合推动讨论者，共同推动实现团队目标	讨论过程只顾阐述自己想法，忽略了团队目标	讨论过程比较木讷，不参与团队讨论	故意与小组成员作对，阻碍团队目标达成
讲师讲授	语言表达能力	语言表达能力强，思维敏捷，分析判断能力强	语言表达顺畅，具备一定的思维分析能力	语言表达断断续续，思维不够敏捷	语言表达词不达意，反应较迟钝	语言表达很差，表达内容没有一点意义
	仪态仪表	稳健的台风，自信从容的姿态，仪表仪态大方得体	台风比较稳健，有些自信，稍微有一点紧张和不自然	台风一般，不是很自信，有点紧张	比较紧张，表现拘谨，有点结巴	非常紧张，手足无措，不知道该表达什么
	临场应变能力	有很强的临场应变能力，表达过程中非常顺畅，上下衔接自然	表达前后衔接不是很自然，有一定的临场应变能力	面临表达过程中的突发事件应急能力一般	应对临场突发事件能力较差，表达中不知所措	根本不知道如何应对表达过程中的突发事件

续上表

评价要素		5 分	4 分	3 分	2 分	1 分
讲授技能	抗压能力	面临压力非常镇静，非常轻松自然	面临压力有点镇静，同时不是很自然	压力面前有点慌乱，眼神飘忽，很不自然	压力面前很慌乱，非常拘谨	压力面前非常慌乱，不知所措
	知识应用能力	演讲主题知识性很强，演讲过程知识理论性很强	演讲主题比较有知识性，演讲过程中有些知识理论支撑	演讲主题知识性一般，演讲过程理论知识较少	演讲主题没有什么知识性，演讲过程有些许知识性	整个演讲过程不具备任何知识性
	控场能力	有很强的控场能力，能很好地调动全场气氛，比较幽默	能较好地控场，照顾评审人员的反应，眼神适当地和评审老师交流	控场能力一般，眼神偶尔和评审老师交流	表现比较木讷，自己讲自己的，缺乏主动与评审老师沟通的眼神	完全没有控场的概念，声音很小，根本不知他在说什么
结构化提问	从事培训工作方面的经验	有丰富的培训经验，授课深受学员欢迎	有一定的培训经验，授课技能普遍认可	能够完成部分课程的独立授课，授课效果反应褒贬不一	不具备独立授课能力，有一定配合授课的经验	根本没有任何培训经验
	课程开发经验	具备曾经课程开发的经验，具有独立开发课程的能力	具备曾经参与课程开发的经验，具备配合开发课程的能力	具备曾经参与课程开发的经验，暂无开发课程的能力	没有任何参与课程开发的经验，对课程开发有些了解	不具备任何课程开发的能力，对课程开发一点都不了解
	课程开发涉及的专业知识	对一线员工岗位很熟悉，对此次项目课程（其一）的专业知识很熟练	对一线员工岗位比较熟悉，比较熟悉此次课程涉及的专业知识	对一线员工岗位不太熟悉，也不熟悉此次课程涉及的专业知识	对一线员工岗位和此次课程涉及的专业知识都不太了解	根本就不知道此次课程涉及的专业知识
	课件开发的专业技能	非常熟练课件开发涉及的办公软件操作	熟悉但不是很熟练办公软件的操作	办公软件操作技能稍会一些，不太熟悉	只熟悉 Word 操作，对 Power Point 等办公软件操作技能很不熟悉	完全不懂任何办公软件的操作
	组织计划能力	有很强的组织计划能力，具备丰富的带领团队完成任务的经验	组织计划能力较强，有曾经带领团队完成任务的经验	组织计划能力一般，没有带队完成任务的经验	组织计划能力较差，配合组织完成任务的能力一般	不具备任何组织计划能力
	专业服务意识	有很强的学习意识、效益意识和竞争意识	较强的学习意识、效益意识和竞争意识	学习意识、效益意识和竞争意识一般	学习意识、效益意识和竞争意识较差	没有任何相关的职业服务意识
	工作态度	工作态度积极主动，勇于承担责任，做事认真踏实	工作态度积极，能按要求完成工作，也愿意承担部分责任	工作态度一般，缺乏主观能动性，被动的承担工作	工作态度很被动，要严格监督才能完成工作	工作态度较差，且有推卸责任的习惯，做事不踏实
	参与意愿	参与此次项目意愿非常强烈	参与此次项目意愿比较强烈	参与此次项目意愿一般	参与此次项目意愿尚可	参与此次项目意愿不明

7.4 培训师个人技能提升

7.4.1 如何调动学员积极性

员工的培训是企业的生命线，任何一个成功的企业，都十分重视员工培训。但在近年来企业中员工的培训越来越难做，其中一个重要的原因就是，出现了员工参与培训热情不高、积极性锐减的现象。为分析产生原因，特走访调查一些企业，调查结果显示，这种现象及其原因主要体现在以下3个方面。

（1）以工作忙脱不开身为由不来参加培训。

部分单位的领导没有把培训摆在应有的位置上，错误地认为培训可派可不派，认为抽调关键岗位人员培训会影响工作，调班、请人代班增加了单位的负担，总是把眼睛盯在完成当前任务上，忽视员工素质的提高，以工作忙为由，不派员工去参加培训。同时他们认为，培训内容可学可不学。认为自学可以代替相关培训，特别是随着信息技术的发展，接受知识和信息的渠道日趋多样化，没有必要在培训中心接受专门培训。

（2）出现培训替代者。

由于公司对培训工作的重视，培训管理比较严格，每年的培训计划中每个单位都分配有具体的培训名额，而且将每个单位的培训执行情况纳入考核内容。一些单位为完成任务便派替代者来参加培训，久而久之，就出现了所谓的培训专业户，这样一来单位的培训任务是完成了。但最终导致的结果是急需培训的人员得不到知识的更新和提高，参加培训的人员却不急需这方面的知识。课堂培训的内容和对象不匹配，培训效果不佳，甚至培训资源也大大浪费。

（3）部分员工思想认识不到位，缺乏责任心。

一些员工认为，学习不学习无所谓，提高不提高没关系，参加培训的目的不是为了增长才干、提高素质，而是乘机放松休息。因此培训期间部分学员上课注意力不集中，甚至经常迟到或早退，更为严重者在家休息不来参加。这充分体现了员工缺乏长远意识，缺乏岗位竞争意识，他们没有认识到培训其实是员工的一种福利，反而认为培训浪费了自己的时间，这也是导致学员参与热情不高的因素之一。

为了提高员工培训的积极性，从企业内训师的角度来看，提出以下建议措施。

（1）提高课堂培训的趣味性，充分调动员工的学习热情

我们常注意到，有的培训课堂上，课堂气氛活跃，高潮不断，学员的参与热情和兴奋程度都很高，而有的培训课堂上学员的积极性却不高，哈欠连连。原因何在？这固然与所

培训的内容有一定的联系，但主要还是与培训师的授课水平分不开。培训师是培训的灵魂，培训师的质量好坏直接影响培训的效果，一个好的培训师对于受训者来说非常重要。而培训师提升表达技巧则是课堂质量的关键。

为增强内训师语言的锤炼，首先，内训师对培训素材的收集与整理要做到“随时、随地、随情、随景”，保障材料本身的时效性、流行性和生动性，同时内训师在组织获取的培训素材时，需要注意材料组合的主题性、可靠性以及典型性。第二，“积之愈深，言之愈佳”，内训师对语言的训练讲究厚积薄发，通过言语让培训素材丰富、生动起来，对学员产生吸引力，这就要求内训师的语言推敲能力要强，需要会提炼，会推敲。第三，内训师在与学员交流的时候，需要拥有自己独特的谈资，让学员通过交流获得更深的启发，而谈资的获取渠道可以通过学习角度，包含阅读、网络甚至是自己参与的培训，也可以是通过思考获得，这主要来源于自身工作中的经验教训，当然，内训师也可以通过生活获得谈资，包含自己的生活经历、与他人交流、新闻时事、娱乐渠道等。第四，内训师需注意“培训语言”的基本特性，这包含形象性（增强语言形象性的表达手法——善用比喻、借代、象征）、生动性（表达生动的秘诀：描述细节和事实视频案例精彩片段分享）、激励性（增强语言激励性的表达手法——适时排比）、哲理性（以一当十，具有冲击力，画龙点睛，更具说服力）。最后，就是培训师的“演绎”能力了。没有学员会愿意接受一成不变的简单讲授，这就要求培训师对故事和案例具有演绎能力。内训师要会利用“故事”在培训中的生动作用，吸引学员的投入参与。而演绎故事的重点，就在于：描述、启发和呼吁三个重点环节。

（2）内训师对培训方法的选择要合适。

培训方法要根据工作任务和岗位特征来选择，并与培训目的、课程目标相适应。为保证受训者掌握并保存这些学习结果，在选择培训方法时应本着侧重那些有助于培训成果转化的方法，包括角色扮演、管理训练、案例研讨、视频教学、情景模拟、行为模仿等。如深圳中商国际管理研究院根据多年的教学经验研发的情境培训四步循环法，通过看电影学管理，生动形象，内容丰富多彩能够最大限度地提升学员的管理改善能力，值得我们借鉴。不管选择何种培训方法，内训师在培训过程中应注意讨论与实际操作相结合，互动与讨论相结合，以调动学习的主动性。更重要的是，把学习和体验后的感悟放在第一位，注重学员认识和能力的提高。

（3）内训师应善于营造良好的课堂学习氛围。

培训时的课堂氛围，对于培训本身非常重要，由于借助了群体环境氛围产生的驱动力和约束力，可以促使学员更加积极主动地投身于培训学习中去，不断地塑造和提高自己。内训师可以通过声音、灯光、座位安排以及多媒体设备的使用等多种客观因素来把握课堂节奏，获得调节课堂学习氛围的主动权。

7.4.2 课程开发技巧重点掌握

对于内训师而言，在设计培训课程时，需明确课程的三个特点：内容简明易懂、结构简单明确、呈现优雅生动。

第一，设计课程中，需要注意即使在同一个企业环境内，不同部门、不同岗位序列上的参与学员，学历素质高低不等，学员对课程内容的理解能力也参差不齐，如果课程内容设计过于晦涩难懂，造成很多学员感到理解不易，这将打击学员的积极性，培训也难以取得好的效果。

第二，课程的结构要安排清晰、明确，让参与学员可以对课程有层次上的清晰理解，便于接受。

第三，不论采用什么样的培训形式，课程的呈现需优雅生动，提高课程对学员的吸引力，并且也有益于调节课堂的氛围，帮助学员投入学习之中。

那么，什么是企业中的学员最喜欢、最易接受的课程结构呢？简单来说，可以概括为"虎头""龙身""豹尾"。以一堂 2 个学时的课程为例，"虎头"（大概控制时间在 5-10 分钟左右）作为培训课程的开场，就像一本书的封面，漂亮、吸引人眼球。一般来讲，由内训师做一个自我介绍，有时候说一个和培训课程相关的职场小案例，甚至是一个小笑话，迅速抓住学员的注意力。"龙身"（控制时间在 100 ～ 110 分钟）也就是课程的主要内容的展开。"豹尾"（控制时间在 5 ～ 10 分钟），作为课程的收尾，要干净利落。不要轻易拖延时间，最好能保障在预定的时间内结束，这样既不影响参与学员的后续安排（毕竟企业的培训通常安排在工作日中），也不会让学员在培训结束时产生烦躁情绪，影响学员对培训的参与积极性。

7.4.3 如何有效地控制培训时间

说到不要拖延时间，就要关注一个问题：企业内训师培训时，常常感到"前松后紧"，这就导致有些计划的讲授内容没有讲完，又或者担心时间不够用，反而变成了"前紧后松"，剩下太多时间不知道该做什么。因此许多内训师困惑于培训时间的有效控制。

一、准备充分，做到心中有数

1. 明确重点内容与次要内容

在"重点"和 "次要"之间，主要依据受训学员的困惑或关注点，而非培训师自己对培训内容的喜恶或者是熟悉度、擅长度。明确内容主次后，在遇到需要临时缩短时间的情况，就可以根据需要从容加快培训节奏，优先完成重点培训内容，以确保在有限的时间内，有效完成培训目标。

2．区分主要材料与辅助材料

内训师在说明一个论点或观点时，需要集合多种材料（案例、故事、子论点等）来做支撑。例如，要说明有效沟通可以提高工作效率这个观点，内训师分别准备了：

①工作中的亲身经历。

②借鉴他人的案例。

③名人名言。

这三个材料，对该内训师而言，产生培训效果最好的是①。因此就可以将其作为主要材料，②和③作为辅助材料。当内训师在讲授时感到时间有限，可以选择只讲①，而舍弃②和③，以保障有效控制时间。

通过“课程时间分配优先矩阵”可以看出，当时间有限或者需要缩短培训时间时，建议优先完成矩阵中1、2矩阵的内容。课程时间分配优先矩阵如下图所示。

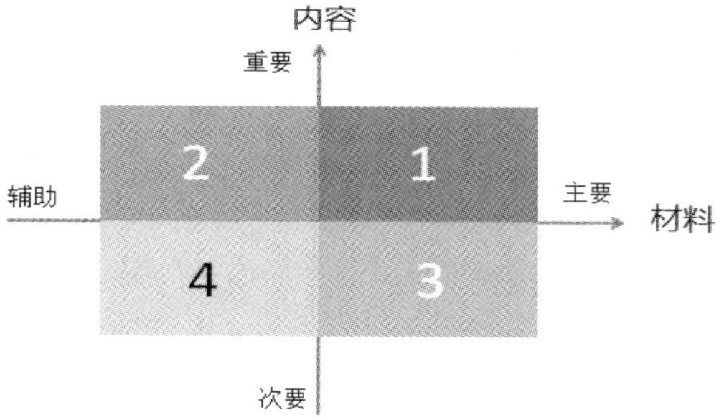

课程时间分配优先矩阵

曾经见过不少内训师，PPT内容准备得非常丰富，页面很多，当时间不够时，便拼命翻页，学员在眼花缭乱中等待，内训师自己也很尴尬，感到节奏“失控”。

为了避免这样的情况，建议在制作培训用PPT时，只将主要内容大纲涵盖进去，主、辅材料装在自己大脑中。这样，培训师就可以掌握主动权，若时间充裕，就根据时间充裕程度分享相应的内容，若时间较少，就一带而过。

二、分解目标，分段控制

现在以一个预计用时4个小时，内容共分3大模块的课程为例。内训师希望在预定时间内完成全部内容的讲解。然而真正实施培训时，内训师通常感到难度较大，这是由于培训有很多人与人之间的沟通和交流，尤其在分享、互动等很多环节，内训师无法预测这过程中会发生什么。或者说这不是完全受培训师控制的。

因此我们需要根据学员的学习需求来确定课程的重点内容、次要内容，进行分段分配。

我们以“有效沟通技巧”课程为例，内训师根据事先对目标学员及其部属、平行部门的访谈，了解到学员们在与部属沟通、跨部门沟通方面的沟通技巧比较欠缺，工作中遇到了不少障碍。于是设计了以下三个模块的内容。

（1）为何沟而不通。

（2）与部属沟通的艺术。

（3）跨部门沟通的技巧。

随后，内训师设计了调查问卷定向发放给目标学员，结果反馈出，学员在与部属沟通方面最弱，故将模块（2）作为重点内容。

培训预计用时4小时，其中预留10分钟暖场，10分钟做培训后总结，剩下3个小时40分钟，分配2小时给重点内容：即与部属沟通艺术。

要想完全控制好2小时的节奏，可能也有些难度。

我们再向下细分。“与部属沟通的艺术”模块下面有三个方面的内容，其中“批评与表扬的艺术”是重点内容，获得了1.5小时。我们可以将1.5小时的内容细化。假设重点内容、主要材料讲解需要1小时，则有0.5小时的时间是互动和机动时间，便于调整。

三、调整授课方式

目前企业内多数内训师都已经认识到单一的“演讲式”授课，不适合职场人的培训。所以，内训师在课程设计时，都会选择尽量多样化的授课方式，以增加与学员之间的互动，提升学员们的参与度和兴趣度。

这同时引出了一个问题，内训师一旦在课堂上采用“放开”（如分组讨论）式的培训方式，就很难“收回来”，导致内训师又感到时间难以控制。这需要内训师的控场、引导技巧，善用“封闭式”的问题。

如果时间少于预期时，内训师可以用下列方式来赢得时间。

1．减少分享的人数

在运用小组讨论、游戏法时，一般情况下，会在活动（游戏）结束时请每个小组分享分组讨论的结果、游戏心得。在时间有限的情况下，我们可以通过各组的表现，挑选几个比较典型的小组进行分享。

例如原计划6个小组均派一位代表分享。我们可以从中抽取3组，可节省一半的时间。

2．减少分享的时间

不管原来是计划请学员一一分享，还是每个组均派代表分享，若时间有限，可以减少每个人的分享时间。

以小组分享为例，如原计划6个小组，每个小组派一位代表发言。每人分享时间5分钟，共需 30 分钟。我们可以改为 3 分钟，则 6 组仅需 18 分钟。比原计划节省 12 分钟。

3．改变分享方式

方法一：集中分享式。

如在一次 TTT 培训中，以小组为单位，请大家继续课程开发演练。原计划每个小组将演练结果画在海报纸上，逐个分享、点评。每个小组至少要 8 分钟，6 个小组需要 48 分钟。

而在时间紧张的情况下，请每个小组将结果集中置于桌上，所有学员顺时针走动，评选最棒的内容，每组选一位代表准备 2 分钟的分享。因为大家在走动过程中就已经进行小组讨论，内训师注意记录下来。这样等到 15 分钟后，就可以开始点评和总结，每组展示并做 2 分钟分享，耗时 12 分钟，加上最终点评和总结（平均每组 1 分钟），合计 33 分钟。可见用集中分享的方式，比逐一分享节省了 15 分钟。

方法二：视觉化展示。

一图胜千言。在培训中，多运用视觉方式可以节省很多时间，同时加深学员对内容的理解程度。比如在暖场阶段，通常需要组建团队，进行个人介绍。如果用口头表达来进行，耗时多且效果不佳。若辅以图表等视觉化的方式，不但节省很多时间，也增强了趣味性，强化了暖场的目标。

如一个 25 人的培训，分 5 个小组，每组 5 人。若是每人上台进行一分钟自我介绍，加上上下台、中间串场时间，至少要 30 分钟。

若改为视觉化方式，请每组将团队成员姓名、特点等画在一张海报纸上，再上台进行团队展示＋个人一句话说明，效果就会大不相同。我们先计算一下所用时间，海报绘制 5 分钟；团队展示＋个人一句话说明，加上下台、串场时间共 15 分钟，合计 20 分钟，可节省 10 分钟。

方法三：用海报纸代替 A4 纸。

在进行分组讨论或案例分析时，不少内训师喜欢请学员先将讨论内容写在 A4 纸上，结束后，要么转到白板，要么学员站起来分享，老师或助教边听边写在白板上。这样就造成了重复工作。若在讨论时，就直接把结果写在海报纸上，分享时举起来展示，即可大大节省时间。

7.4.4 如何提升专业度

（1）提升专业度要做到“五多”。

第一，多学，多向名家和专家学习，学视频，学课程。

第二，多讲，寻找各种讲课的机会登台锻炼，在实战中提高自己。

第三，多练，“闭关修行”，勤练苦练。

第四，多交流，与行内人士，多交流，积累人脉和知名度。

第五，多写，将自己的体会和经验，甚至是教训写出来，一方面自己总结提高，另一方面放到网上和发表的杂志上，推广自己。

（2）熟悉培训工作流程，懂得培训工作的基本内容。

（3）刚刚入行的时候，很容易浮躁，尤其当某一堂课受到认可的时候，站在舞台上的时候往往容易被掌声迷惑，不能全面深入剖析自己。而培训是一个厚积薄发的过程，更是一个不断突破自己、挑战自己的过程。如果想朝这个方向发展，就要做好终生学习，不断接受挑战的准备。

（4）初入培训行业的专业人士，从能讲 1 ～ 2 门企业所需课程开始，锻炼自己的授课能力，进而形成个人的影响力。

（5）再深入学习。培训课程开发、培训管理、培训评估等培训体系的必备专业知识，全面提升培训管理的能力。

（6）对于刚入门的培训师，还是从最基础的训练和知识入手，再加上自己的悟性和持之以恒的锻炼，会逐步提高自己的专业能力。

（7）在提高培训能力时，不要忽略提高自身所在行业知识，需要多进入公司基层进行短期的实践，否则自己的培训对公司员工会显的空洞。

（8）通过直接制作一堂课，建立专业基础、品牌和提升讲课的自信。

（9）初期可以找准自己的方向，最好能确定一个“老师”，然后模仿他，主要是学习他的授课技巧、眼神、手势等表达层面的东西，除此以外，还需要长期对行业、专业、企业的深入研究，同时要不断看书、看报，看相关资料，增加知识的广度，出色的讲师就是理性思考，感性表达。

（10）多讲课，尽快渡过自己的紧张期，逐步形成自己的台风。演讲结束后，要善于总结本次培训的不足及收获。

7.4.5 内训师与 PDCA

PDCA 循环是由美国统计学家戴明博士提出的，它反映了质量管理活动的规律。是提高产品质量、改善企业经营管理的重要方法，是质量保证体系运转的基本方式。PDCA 是指以下四个阶段，这四个阶段是环环相扣的，这个周期是周而复始的。

P（Plan）表示计划；D（Do）表示执行；C（Check）表示检查；A（Action）表示处理。

在计划阶段，内训师要通过调查、学员访谈等，摸清学员对课程质量的要求，确定课程设计方向、目标和计划等。它包括现状调查、原因分析、确定要因和制定计划四个步骤。

在执行阶段，内训师要实施上一阶段所规定的内容，进行产品（课程）设计、收集讲授材料、试讲。

在检查阶段，主要是在计划执行过程之中或执行之后，检查执行情况，即内训师在课程后的总结，看是否符合计划的预期结果。

在处理阶段，主要是根据检查结果，采取相应的措施。巩固成绩，把成功的经验尽可能纳入标准，进行标准化，遗留问题则转入下一个 PDCA 循环去解决。

PDCA 循环一定要按顺序进行，它靠组织的力量来推动，像车轮一样向前滚进，周而复始，不断循环。每通过一次 PDCA 循环，都要进行总结，提出新目标，再进行第二次 PDCA 循环，使质量管理的车轮滚滚向前。PDCA 每循环一次，质量水平和管理水平均提高一步。

7.5　案例分享：培训师的实战案例

一、ZF 公司打造内部培训师队伍

人才短板是一直让 ZF 公司困扰的一个难题。在对引进外来人才和内部培养人才这两种方式长期实践对比之后，ZF 公司逐渐选择后者，因为“空降”到公司的外来人才往往“水土不服”，不是自动离职就是因不适应企业发展而被辞退。可见，建立公司自己的人才队伍相当必要。然而，虽然公司高层已经意识到培养和培养人才的重要性，但在引入各种培训时效果可能较差。公司并没有看到培训带来员工在行为、纪律、技能等方面的改善，而员工对培训的一个主要感受是它流于形式，它是一种现代管理的“小工具”，无法实现提高员工绩效和组织绩效的目标。随后，该公司人力资源部通过与员工进行正式与非正式的访问交流，发现员工所反映的“培训的实效性”不佳的现状，即受训者将在培训中学习到的知识、技能、态度等有效地应用到工作中去的程度不高。其原因主要在于培训内容与实际工作相关度很低，培训方式过于单一。而决定培训效果主要有三个因素：培训师、培训内容和培训方式。在这三者中，起主导作用的因素是培训师。培训师是培训活动的关键主导者，不仅决定着培训内容和培训方式，且直接决定着培训的现场效果。正如前面所谈到的内训师在培训上具有天然的优势，该公司也逐渐意识到这点。为增强培训效果，该公司决定组建自己的“内训师”队伍，并通过遵循三条原则来组织企业内的培训。第一，培训情境应与工作情境保持最大程度的一致性和适应性。第二，受训者不仅要知道他们是什么，还要知道原因。 第三，在受训者能够正确完成多次工作后，仍然接受持续培训以提高学习效果。与此同时，该公司考虑到组建内部培训师团队，这也是为了进一步发掘人才和发展

他们的潜力。为不断提高员工的专业素质和专业素质，创建学习型组织，营造良好的内部学习氛围奠定基础。

二、ZF 公司内部培训师队伍的培养实践策略

1．合理计划

内部培训师的选择与内部竞聘相同，内部培训师的选择也应遵循公平、公开、公正的原则。使整个选拔过程公开透明。在这项工作上，该公司人力资源部首先组织召开了各部门的碰头会议，并加强了各部门在内部培训师队伍选拔和培养意义上的共识，取得了各级领导和各部门的支持。其次，该公司对相关责任者进行了合理分工，并要求集团人力资源部负责内部培训师的选拔、培训、组织、实施的工作，负责组织内部培训师的报名、上报工作。集团董事长、集团人资分管领导、各部门负责人、分管领导负责内部培训师的审核、评定工作。此外，确定选择条件也是确保内部培训师团队的质量满足公司要求的重要部分。

就像公司的招聘工作一样，在选拔人才之前，必须了解什么人适合该企业，适合该岗位，希望这个人具备什么样的素质能力以及行为表现，即对所要选拔的人才要有清晰的认知和定位。因此，ZF 公司结合企业文化的特点和公司培训体系的总体要求，为内部培训师提出以下条件。

第一，需要认同集团企业文化和管理理念，并能做到自觉执行各项规章制度和操作流程。

第二，具有认真负责的工作态度和高度的敬业精神，热爱培训，可以积极配合集团培训工作的开展，并且能不影响本岗位工作的开展。

第三，在本岗位专业技能上有较高的理论知识和至少 3 年本专业的工作经验。

第四，具有较好的语言表达力、感染力、组织协调能力，具备编写讲义、教材的能力。

在确定了相应的选择标准之后，就可以按照既定的流程展开选聘工作。该公司首先在全公司范围内发放相关选聘通知全方位动员，其次采取鼓励优秀员工自荐、推荐以及人力资源部门挖掘潜在人选，通过材料的筛选、人员面谈、课程试讲、专家团进行评估等环节来确认合格的候选人选，报上级领导审批，最后下发正式的聘任通知。具体流程如下图所示。

2．注重培训，提高内部培训师团队的素质

在前文中，我们分析了公司内部培训师团队的诸多优势。若内训师经验不足，缺乏相应的培训授课技巧，就会显得捉襟见肘，此时与外部培训相比，内部培训的劣势凸显。因此，只有潜在的人才还不够，还要让其确实具备企业要求的素质、技能，成长为高水平的专业人才，才能真正为企业的内部培训注入强大的资源。ZF 公司也注意到这点，为尽快帮助内

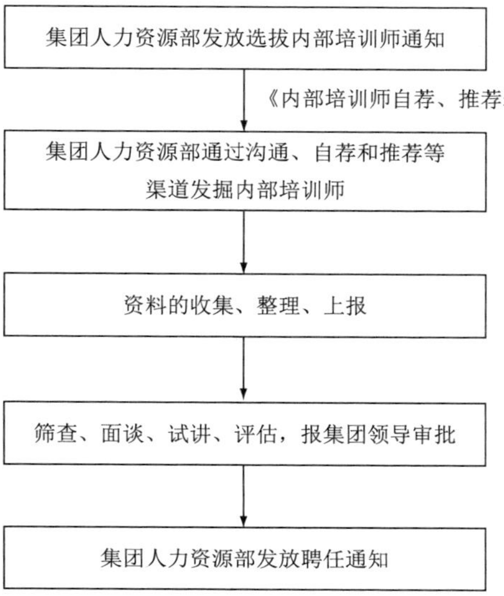

ZF 公司内训师选聘流程

部培训师胜任培训工作，集团人力资源部组织和实施了同内训师有关的系列培训课程，如TTT 培训（train the trainer）、沟通技巧、时间管理培训等对各内训师的培训技能进行提升。培训内容涉及培训师职业形象的训练，如怯场压力的破除、肢体语言和表情技巧的巧妙运用、培训师风格的塑造调整；培训内容的设计与组织，包括开场白和结束语的设计课程重难点的把握、课程内容详略的安排；授课技巧的培训，包括提问技巧、互动技巧、应变技巧和现场把控技巧等；此外还涉及培训素材收集技巧、课件的制作技巧等诸多方面。下表列举了该公司安排的对于内部培训师部分培训课程。

ZF 公司内训师培训课程安排

内部培训师课程	一、如何有效提高表达技巧
	二、培训实施与控场技巧
	三、课程、教案的设计与开发
	四、培训素材收集与课件制作技巧
	五、培训师职业形象塑造

在这些课程训练中，该公司每培训完一个主题，就会留一定的时间给内部培训师进行理解和应用，要求每个内训师都要练习上台演讲，其他学员和培训教师给予点评和指导，做到讲练结合、学以致用、教学相长，切实提高其实际应用水平。此外，该公司集团人力资源部每个月组织一次内部培训师沙龙，所有内训师参与，通过多样化的形式，如主题分享、案例分析、研讨、角色扮演、户外活动等，选择会议室、茶吧、咖啡吧、地产项目会所等场地进行沙龙分享，经验总结提升。不定期地进行交流学习和举行各种研讨会有利于拓展

内训师的授课思路及技巧，更好地提升全体内训师的业务素质和技能技巧。

3．详定制度，确保内训师队伍的有效使用

对于与人员培训质量相关的重要团队而言，自然要有相关的管理制度以确保内部培训师在企业培训工作中实际发挥效果。一旦引入和实施这些系统，对内部培训师的培训工作起到监督、反馈和指导的作用。制度的内容涉及内训师的工作职责、内训师的评估考核制度等。ZF 公司结合公司培训体系对其内部培训师制定了如下管理制度：第一，内部培训师应对课程进行充分准备，包括了解上课对象，准备相应教材（均应提供 PPT 教材一份到集团人力资源部存档），明确要用到的教具，对课程时间、进度作好掌控等。第二，内部培训师应严格按照集团人力资源部的培训计划进行课程教学。如因正常工作或个人原因不能按原计划授课时，应提前三天通知集团人力资源部，以便另行安排。第三，内部培训师应参与集团人力资源部培训效果工作总结，对培训方法、课程内容等提出改进建议。第四，集团人力资源部将在每一季度召开内部培训讲师交流会，培训师应对近期培训工作进展及培训心得进行交流。当采取外部培训时，很难对培训效果进行精确评估，即使能够较好地评估，并发现某次培训的问题，企业也很难对外部培训师提出诸多整改意见，只能为下一次选择培训师时提供多一点经验。然而对于自己的培训师，能够对其培训工作的效果进行综合考核衡量，以促使其不断提高培训水平，这也是保证企业内训效果的重要措施。对于内部培训师工作的考核，一般涉及其业务水平、工作态度以及培训技能等方面，ZF 公司在每一次内部培训结束后都会要求每个学员及时填写对于培训师授课情况的评估表，人力资源部进行汇总统计，根据授课满意度这个指标，将内训师的教学结果分为四个层次：优秀、良好、一般、待改进，并及时反馈给内训师。对于处在“一般”和“待改进”两个级别的内训师，集团人力资源部会与其进行面谈，提出受训人员反馈的意见，共同寻找理由并讨论改进措施。

4．合理激励，激发内训师队伍的活力

在大多数企业中，内部培训师的培训是兼职工作。因此，要求内训师承担培训工作无疑会增加他们的工作量，如果公司没有良好的激励政策，就无法动员内部培训师的培训，甚至使他们对培训工作采取回避态度。因此，为了更好地激发内部培训师的积极性，ZF 公司建立了更好的激励机制，这体现在两个方面：设定了更高的训练津贴，并且设定在距离不同的训练效果水平。如授课综合满意率为 95% 以上（含 95%），评价为优秀，培训津贴为 500 元 / 次；授课综合满意率为 90% 以上（含 90%），评价为良好，培训津贴为 300 元 / 次等。其次，在精神激励方面，优秀的内部培训师将受到表彰，并颁发荣誉证书。内部培训师的授课记录和质量与各项人事决策联系在一起，晋升、提薪、奖励及年度评优时优先考虑表现优异的内训师。同时，ZF 公司还在积极探索为内部培训师设立多样化的职业发展通道，对于那些有志于在培训道路上不断提升的内训师提供从兼职到专职的职业发展方向，他们可以沿着助理培训师——培训师——高级培训师的职业路径发展。而那些荣升为高级培训师的内训师还可以担任起企业内训师队伍的管理性工作，负责建立高质量的内训师梯队。此外，ZF 公司还积极为内部培训师提供内部培训机会，增加与同行的沟通，不断提高他们的专业素质和培训技能。

企业的可持续发展离不开人才的培养和培养，高水平的内部培训师队伍是保证人才发展和培养的关键因素。它直接影响内部培训的投入产出比。当然，内部培训师团队的培养不是一蹴而就的，是需要一个长期努力的过程，各部门应在实践中不断总结和探索，帮助企业构建起一支具有活力的高素质的内训师队伍，为企业建立人才梯队做出贡献。

第八章

工欲善其事必先利其器——课程设计与开发

培训作为企业提升盈利能力的赋能手段，服务于企业经营生产，在培训时间、预算、资源有限的前提下，怎样“把好钢用在刀刃上”，如何有效提高企业的组织能力是人力资源管理的重要问题。本章我们聚焦问题，将从以下几个方面探讨培训课程设计开发的问题：一是怎样明确企业培训的重点课程，从企业生命周期理论出发，总结企业生命周期不同阶段时的培训重点；二是怎样搭建企业中短期的培训课程体系；三是课程设计技巧及简易模板。

8.1　企业重点课程的确定

不同的企业，培训的重点课程不同，那么是什么决定了企业培训的重点课程呢？有人说是由企业当年的经营计划决定的，有人说由人员需求决定的，有人说是由企业员工技能短板决定的，笔者认为以上思考的出发点各有道理但略显片面，从企业全局管理的角度，应该站位更高地去考虑培训工作，从培训是企业战略转型的有效手段的意义上说，培训的目的是帮助企业达到战略目标，因此，培训重点课程的制订，应该是由企业发展战略决定的。关键课程选择法则是支持企业的组织能力建设，且符合企业发展生命周期特点的。

受宏观经济环境、市场经营环境、企业微观运营能力等因素的影响，企业生命周期通常包括：初创期、发展期、成熟期、转型期和衰退期。企业各阶段特征表现见下表。

每个阶段的企业价值评估的基础之一是公司的组织能力。企业组织能力的评估通常通过以下五个方面来评估：企业家及企业高管价值观体系，商业模式规划能力；战略规划和管理能力包含企业战略制定，分解、落地、实施管理能力；业务拓展能力包含产品能力、技术能力、市场营销和客户管理能力；团队执行能力包含团队素质、能力及潜力；企业管理能力包括企业运营管理能力、管理制度和流程。

企业各阶段特征表现

发展阶段 项目	初创期	发展期	成熟期	转型	衰退
特点	生存，产品客户的验证	有自己的产品服务及客户。重点在于快速占领市场，扩大规模，人员增加。营业收入和市场占有不断增多，管理内容增多，难度增大	企业营业收入，人员规模倍数增长，产品服务逐渐成熟丰富	企业遇到大的挑战，转型机遇，面临新的挑战，危机和机遇。寻求新的领域发展基于，新的产品服务，新的组织整合	旧有产品市场份额逐渐下降，新领域、新产品、新组织形式未获发展，组织失去活力

续上表

项目 \ 发展阶段	初创期	发展期	成熟期	转型	衰退
企业家及高管团队	创始人	招募发展高管及合伙人	职业经理人团队成长	团队重组	退出，再创业
战略规划及设计	商业模式	战略规划设计	战略落地	变革，创新，危机管理及创新	新战略规划和设计
业务能力	产品能力，销售能力	产品，技术，营销能力	产品，技术，营销能力	变革能力，新产品，新技术能力	核心产品，技术，销售能力
管理能力	领导力	业务及运营管理能力，基本制度，流程建设	多层级的组织管理，优化的流程和完善的制度	流程改进，新流程引进，变革管理	重塑管理
团队	少量招募	基层团队的招募、培养及发展	批量，有计划的招聘和发展，组织设计管理	组织再造，组织变革管理	减员增效，劳动关系处理

1．初创期

根据统计，大部分企业会在这个时期消亡。在初始阶段，企业的目标是生存，如何在激烈的市场竞争中生存是最大的问题。在此阶段，一切工作内容都是围绕着这一问题，规范化管理、制度的完善、流程的建立等工作尚未提上日程。业务发展的不确定性极为考验创始团队的凝聚力，创始人团队的价值观、使命和愿景是否统一，是否能够凝心聚力、求同存异，决定了公司发展的可持续性和稳定性，相当一部分的创业公司夭折于此。当然，如果能够早点发现这个问题，大家能够统一理念，或者早些规划创始人团队责任和权利，对企业长远发展来说，或许具有正面意义。如果出现创始人团队动荡，那对于整个公司的打击会很大。

这一阶段的培训重点是：对于企业家，可以学习其他人的经验，然而创业是学不来的，到底怎么发展自己的企业还是要靠自己的创新和摸索。

在战略上，如果需要学习的话，那更多是基于商业模式的学习，也是为了统一共识，能够形成发展路径，然而这时并不适合长期固化的战略规划，这时候需要的是灵活而不是固化。

在业务上，这时候的销售人员很可能是其他公司挖掘过来的，并不需要太多的培训，如果有的话可以学习其他公司的销售模式，但仅能供参考。

在管理上，不需要有太多的培训，需要培训的是创始人如何激发下属的动力，愿意和自己创业。

2．发展期

度过艰难的创业期，进入到快速发展期。这时候企业拥有自己的产品和业务，经营重点为快速占领市场，扩大企业规模。人员不断增加，产量和市场不断扩大，管理内容不断增加，难度不断增加，对领导者提出了更高的要求。

这时候的培训和学习重点是：对于企业家来说，其工作重心开始转移，要逐步在业务上抽离出来，更多时间精力花费到管理上，这时候自我领导力的修炼显得至关重要，否则很容易发现“到处是问题，就自己没有问题”，而这个时候出现的问题大都是老板的原因或者是发展过快过程中不得不面对的问题。同时，这时候也是考验企业家的格局的时候，能否做到授权，能否分享收益，能否股权激励，让员工在快速发展过程中享受真正的收益。

在战略上，这时候的战略思维开始变得重要，如何能够在关注当下发展的时候关注长远规划。创始人和核心管理层要开始从无序发展过渡到有一定规划的时期，多思考未来。同时战略共识也是考验所有管理者的一个重大命题。

在业务上，发展进入快速路，开始着手搭建营销体系，夯实产品优势，构建渠道策略，构建长期的上下游合作关系。而对于大量招聘的销售人员，要培养他们的销售技能，以便缩短其胜任的周期。在培训过程中，多引进其他公司的经验，并辅以研讨、行动学习、复盘等学习方式，将可以帮助业务发展。

在管理上，这时候企业的管理一定是混乱的，这也是正常的，但不能无视这种混乱。需要管理层开始构建管理、制度和流程。注意，这时候的管理一定要保持开放和灵活性，否则管得太死就会影响业务的发展。管理层大量是在业务能手中提拔起来的，角色认知、基础管理技能、制度规范等是这方面的培训重点。

在员工层面，开始塑造基本的职业素养和职业规范，但同时也要求保持灵活性。开始注重培养各岗位的核心骨干，同时注重提炼总结他们的卓越经验，以建立各岗位的工作标准和技术规范。也为新进员工的培养构建学习资源。所以逐步引进知识萃取、课程开发、内部培训师培训等项目。

3．成熟期

进入成熟期后，企业已具备一定的规模，在市场竞争中有了立足之地，员工队伍相对稳定。企业家由于从初始创业一路走来，往往缺乏必要的技能对企业进行有效的管理和控制，因此企业必须加强管理，建立规范的组织、制定业务流程和管理规范。

这时候的培训和学习重点是：对于企业家，着手培养职业经理人，在具体的事务性工作中抽离出来，能够将更多时间和精力放在宏观层面，包括战略、模式等。同时利益分配是需要企业家思考的问题，如果最大程度激发员工的潜能，这包括股权激励、薪酬绩效等。这时候如果企业家可以多走出去看一看、学一学，将十分有利于他们拓展思维。

在战略上，这时候的战略规划重心不仅仅在如何更好地谋取未来发展上，更包括如何促进战略落地上。因为已经相对成熟和稳定，很多的做事方法和思维模式相对固化，上层的战略无法贯彻下去并形成共识是最大的问题。所以在培训项目中，引进战略解码这样的内容会很有效果，同时辅以行动学习、私董会等方式可以让培训更好地支持到战略。

在业务上，在成熟期，营销体系相对成熟但应该更具创新性，如何创新商业模式，扩大产品优势，创新销售方法等。在复盘并传承自己优秀经验的同时，要注意多引进一些创新的内容。这时候，知识萃取、课程开发和内训师培养等可以帮助到业务传承经验。而创新研讨会、行动学习、复盘等方式可以支撑到业务的创新。

在管理上，管理开始走上正轨，对管理规范来说比以往任何时候都更加重要。所以对于中高管尤其是中层和储备干部的培养要形成标准化的培养项目。而培养过程中，不能独立于战略和业务问题来纯粹培训领导力的课程。要结合实际问题，采用混合形式的学习来真正提高他们的领导能力。有必要的话要给他们配备专业的教练，长期跟踪和辅导。

在员工层面，岗位的基本技能是培养重点，而这时候的师资应该是企业内部的业务专家，培训他们作为内部培训师，不仅承担教师的职责，而且承担导师的职责，导师通常是中层管理人员或技能专家。所以可以推行导师制。

4．转型期

中国有很多企业进入了这一时期，很多企业会出现大企业病，出现业务发展乏力，员工人浮于事等问题。这时候需要进行管理变革，调整管理模式，进行流程优化和组织变革等。企业在这个阶段的管理重点是重新激发组织和人员的活力，提高工作效率。

这时候的培训和学习重点是：对于企业家，这是考验企业家精神的最佳时机，能否放下，能否自己先转型。甚至必要的时候要考虑退出核心管理层，推动内部创业，着手培养接班人。而在培训项目中，可以尝试培养更多的内部企业家。

在战略上，变革、转型、创新是重要的主题，也是管理者的核心关注点。公司需要寻求新的业务增长点，各种创新项目层出不穷。所以在培训中，以实际战略级项目作为基础，在培养项目中将公司战略作为重要的内容，不仅仅是贯彻，更需要帮助战略实现，所以行动学习、导师制等非常好的学习形式。

在业务上，既要维持原有业务的市场规模，寻找新的增长点，努力研发和推广新业务，以跟上公司的转型和转型步伐。对于所有业务人员都会产生挑战，其培训重点首先是战略共识，然后是危机意识、创新。这时候需要培养业务的领军人物，培养市场上的将军，而团队共创、群策群力等是一些非常好的学习方式。

在管理上，如何破除部门壁垒，破除传统的管理思维和固化模式成为一大挑战，否则僵化的公司管理会成为公司转型的巨大障碍。公司可能会引进一些外部人才，而内外部人才的融合又成为新的挑战，否则空降兵的留存率会很低。对于破除传统的管理模式，培训只能是锦上添花，主要依靠公司的管理者以身作则，在制度、分配等方面解决。培训可以做的是创造转型氛围，将其转变为培训的主线，并帮助新经理更好、更快地融入公司。

在员工层面，面临着组织的变革与转型，出现问题是对上层战略的不解或者不能实现落地。如何帮助员工更好地理解战略，或者落地战略成为管理者的重要责任，也是培训的重心。同时，也要能够帮助新进员工快速融入并胜任工作。

5. 衰退期

衰退期的特征是，市场份额逐渐下降，新产品试制失败，或还没有完全被市场所接受。管理阶层官僚主义、本位主义严重，部门之间相互推诿责任、士气低落。

这时候很可能开始大幅度削减培训预算。包括培训管理者在内的大部分员工开始考虑另谋出路，尽管作为老板来说考虑东山再起，但是在日常管理中的重心是减员增效，也很难组织起有真正帮助的培训。如果组织培训的话，可能需要帮助员工如何度过这段艰难时期，如何帮助他们另谋出路。

以上也仅仅是一个可以参考的模型，然而到底在不同的阶段专注于哪些培训重点，还要取决于领导风格、行业环境等多方面的因素。培训从业人员要具备积极主动、全局思维和由外而内三种思维模式，支撑企业战略和业务发展。

8.2 重点课程的计划、实施及跟进

8.2.1 制订重点课程计划

培训需求的确定是重点课程设计与开发的基础。例如，早在2002年海尔集团发布的培训手册里就明确了集团的培训原则是："瞄准母本，找出差距，需什么学什么，缺什么补什么，急用先学，立竿见影。"这个培训原则中提及的"需什么"和"缺什么"即是指培训需求，这个原则很好地概括了培训课程设计与开发的工作逻辑，课程只有瞄准需求，才会有实效。

需求分析应涵盖组织需求与个人需求，且应分析二者需求产生的原因、匹配点及培训工作目标。可通过引导归纳、目标差距分析、经验分析等方法进行需求分析。

1. 引导归纳法

引导归纳法是指通过对受训者、受训者的上级、组织内的领导层等进行访谈，通过访谈收集各方对于培训的期望及建议，并将这些期望与建议归纳合并。此方法的操作需注意，访谈并非完全开放式访谈，访谈前需制订访谈提纲，在调研的方向方面做适当的引导。

2．目标差距分析法

目标差距分析法，首先要了解受训者关于受训内容的掌握现状，再分析现状与培训目标水平之间的差距，以差距内容为培训内容重点。

3．经验分析法

经验分析法是借鉴组织外部或内部的经验，对学员行为进行观察和分析，分析受训者的培训内容重点。

在培训与开发需求确定之后，需根据培训需求的内容设置培训与开发的活动目标。目标设置需根据不同的类别和相应的原则进行。

目标可以根据层次的不同分为组织目标、部门目标、团队目标和个人目标。也可以根据时间的不同分为短期目标、中期目标和长期目标，还可以根据内容分的不同分为更新知识、提高技能、改变思维、转变观念和调整心理。

以上是从理论角度进行划分，实际上组织在设立培训与开发目标的过程中，倾向于三种目标类型结合起来考虑。例如，新员工进入组织开始，即可结合职业生涯规划和组织需要，设置短、中、长期的培训目标。又如，一家公司通过分析组织战略来确定高层管理者的培训需求，发现他们短期内的培训与开发目标是更新知识和转变观念，最高层管理者最关心的问题则是企业战略、变革创新、企业文化建设、社会责任等问题。中期目标是技能的转换和思维的转换，最关注的问题是领导艺术、决策与判断力、新形势下的投融资技术、与公司利益相关的人事沟通、政策把握、团队建设。长期目标则是追求心理调整，所关注的问题是包括如何平衡工作和生活关系。重点课程涉及的内容大到企业战略、经营计划，小到确定培训内容、选择培训对象、运用学习原理设计切实可行的培训计划。因此，重点课程需要结合培训需求分析制订，主要目的是保证培训工作的合理开展，提高培训效率和规范培训秩序等。

重点课程计划通常至少包括五方面的内容，即由谁参加培训（Who）、何时培训（When）、在哪里培训（Where）、培训具体内容（What）和培训效果如何评估（How）。其中，最重要的是学员学习什么内容。通常一个优秀的培训计划有助于培训目标的实现。在时间、费用和学习精力都有限的条件下，必须考虑对培训内容进行层次划分。对于能够突破工作胜任力瓶颈的内容应该是必须学习的，能够开发潜力和开阔视野的内容是应该学习的，对实现目标有帮助却并不重要的是可以学习的。

制订重点课程计划还必须兼顾企业的具体情况，如行业类型、企业规模、客户要求、技术发展水平与趋势、员工现有水平、政策法规、企业宗旨等，而最关键的因素是企业领导的管理价值观和对培训重要性的认识。

8.2.2　实施重点课程计划

重点课程实施是员工培训系统流程的关键环节，在实施员工培训时，培训者要考虑到方方面面的可能因素，确保具体工作任务的顺利实施。要想保证重点课程，保证培训的良好效果与质量，必须在每一次实施重点课程计划时把握好以下具体方面。

一、确定合适的培训人选

一般来说，企业的重点培训对象包括新招聘的员工、可以改进目前工作的人、组织要求掌握其他技能的人和有潜力的人。影响员工培训效果的因素是三维的——员工态度、学习能力和技能差距。因此，员工必须具有学习能力、学习动机，并具有自我效能感。

二、确定合适的培训师

培训师主要指企业的内训讲师。企业内训师与专业培训机构的讲师最大的区别在于，内训师能将理论与企业实际状况相结合，真正做到因地制宜，从受训者的角度而言，接受度更好。一般，培训师承担着企业教练、导师、咨询师、顾问、评估员、主持人等多重角色与职责，各角色的工作重心不同。企业教练，发现问题主动去找对方建立训练关系，更多地关注工作问题，是员工工作动力、潜力的开发者。导师，当员工碰到问题会主动向他求助，更多地关心生活中的细节，主要针对新员工，尤其是应届生对于公司环境的适应。咨询师，建立与管理者的协作关系，帮助企业解决实际和潜在的问题，确保解决方案关注技术问题的同时，不忽视政治和人的因素。顾问，员工职业发展、员工关系问题的诊断师。帮助员工找到以下三个圈的集合，即喜欢、适合和胜任的工作，从而实现、满足其理想的生活方式。评估员，企业关键人才任用选拔的伯乐，主要针对企业关键人员的评价，关键人员的招聘，关键岗位的任用，关键人员的培训。主持人，是团体互动、协作的促进者。在团体互动中促进团体交流，提高协作的效率与团体解决问题的能力。主持人须是过程专家，在团体讨论及未达成共识的情况下，必须要有主持人的参与。

内部培训师的能力要求一般来说可以分为“思维能力”和“设计能力”两方面，具体能力要素提炼见下表。

内部培训师的能力要求

思维能力	设计能力
组织协调能力 知识整合能力 开拓创新能力 业务实施能力 统计评估能力 设备使用能力	人际交往能力 调查研究能力 语言表达能力 应变控场能力 总结工作能力 课堂管理能力

企业应充分重视培训师的选择。有三个维度可以考核培训师的水平：知识和经验、培

训技能、个人魅力。根据这三个维度可将培训师分为六种类型：卓越型、专业型、技能型、浅薄型、讲师型和弱性培训师。企业应选择表达能力强，有教学愿望，有广博的理论知识、丰富的实践经验、扎实的培训技能，热情且受尊敬的人作为培训讲师。

培训师的来源渠道一般有两种：一种是外部聘请；另一种是内部培养。两种渠道各有利弊，其优缺点见下表。

培训师的来源渠道

来源渠道	优点	缺点
外部聘请	培训者比较专业，具有丰富的培训经验，不受束缚，可以带来新观点和新理念，员工容易接受	费用比较高、风险大，对企业不了解，培训内容可能不实用，针对性不强
内部培养	对企业比较了解，培训更具有针对性，培训专业技能和知识比较有优势，费用比较低，可以和受训人员进行更好的交流	可能缺乏培训经验和技巧；受企业状况的影响比较大，思路没有创新，可能耽误培训者自身的工作

三、确定合适的组织形式

为适应不同的目的、培训内容和受训者，培训的组织形式需视具体情况而定。根据不同的划分依据，培训的组织形式有多种。

从员工培训的时间看，有全脱产、半脱产与业务培训等。全脱产是受训者在一段时期内完成脱离工作岗位，接受专门培训后，再继续工作。半脱产培训是受训者每天或每周抽出一部分时间参加学习的培训形式。业余培训是受训者完全利用个人业余时间参加培训，不影响正常生产或工作的培训形式。

四、选择和准备场所

选择什么样的培训场地是确保培训成功的关键。首先培训场地应具备交通便利、舒适、安静、独立而不受干扰，为受训者提供足够的自由活动空间等特点。其次，培训场地的布置应注意一些细节：检查空调系统以及临近房间、走廊和建筑物之外的噪声；场地的采光、灯光与培训氛围协调；培训教室结构选择方形，便于受训者看、听和参与讨论；教室的灯光照明适当；墙壁及地面的颜色协调，天花板的高度要适当；桌椅高度要适当；椅子最好有轮子，可旋转便于移动等；教室电源插座设置的数量及距离也要适当，便于受训者使用；墙面、天花板、地面及桌椅反射或音响能保持合适的清晰度和音量。最后，注意座位安排，应根据学员之间和培训教师与学员之间的预期交流的特点布置座位。一般，扇形座位安排对培训十分有效，便于受训者相互交流。也可根据培训目的、方法来布置教室，如培训主要是获取知识，讲座和视听演示为主要的培训方法，则传统教室的座位安排就比较适合。总之，选择和准备培训场所应以培训效果为重。

五、重点课程描述与计划

课程描述是有关培训项目的总体信息，包括培训课程名称、目标学员、课程目标、地点、时间、培训的方法、预先准备的培训设备、培训教师名单及教材等。这是从培训需求分析中得到的。详细的课程计划也很重要，包括培训期间的各种活动及其先后次序和管理环节。无论培训教师是否发生变化，都能保持培训活动的连贯性；有助于确保培训教师和受训者了解课程与项目目标。课程计划包括课程名称、学习目的、报告专题、目标听众、培训时间、培训教师活动、学员活动和其他必要活动。

六、选择重点课程教材

重点课程的教材一般由培训教师确定。教材有公开出版、企业内部、培训公司和教师自编四种。培训教材应该是对教学内容的概括与总结，包括教学目标、练习、图表、数据和参考书等。

七、确定重点课程时间

重点课程时间的确定应适应员工的特点，包括何时开始、何时结束、每个课程周期的详细时间，要视企业和员工双方的具体情况而定。

8.2.3 跟进重点课程

重点课程的实施效果是指在实施过程中受训者将所学的知识、技能等应用在工作的程度。重点课程的效果可能是积极的，也可能是消极的，还可能是中性的，即重点课程对工作绩效的提高可能会起到促进、阻碍或不明显的作用。

跟进评估本质上是一种信息活动，主要提供科学、全面、准确的信息，便于人们做出正确决策。下表是常用跟进评估数据采集方法以及各自的优缺点比较。

跟进评估的数据采集方式

方法	具体的过程	优点	缺点
访谈	和一个或多个人进行交谈，以了解他们的信念、观点和观察到的东西	灵活 可以进行解释和澄清 能深入了解某些信息 私人性质的基础	引发的反应在很大程度上是回应性的 成本高 面对面交流的障碍 需要花费很多人力 需要对观察者进行培训
问卷调查	用一系列标准化的问题去了解人们的观点和观察到的东西	成本低 匿名情况下提高可信度 可以在匿名的情况下完成 填写问卷的人可以自己掌握速度 有多种答案选项	数据的准确性可能不高 如果是在工作中完成问卷填写的，那么对这个过程很难控制 不同的人填写问卷的速度不同无法保证问卷回收率
直接观察	对一项任务或多项任务的完成过程进行观察和记录	不会给别人带来威胁感 是用于测量行为改变的好途径	可能会打扰当事人 可能会造成回应性的反应 可能不可靠 需要受过训练的观察者

续上表

方法	具体的过程	优点	缺点
测验和模拟	在结构化的情境下分析个人的知识水平或完成某项任务的熟练度	买价低 容易记分可迅速批改 容易实施 可大面积采样	可能带来威胁感 也许与工作绩效不相关 对常识的依赖可能会扭曲个人绩效 可能因文化带来偏差
档案记录分析	使用现有的信息，比如档案或报告	可靠 客观 与工作绩效密切相关	要花费大量的时间 对现实进行模拟往往很困难 开发成本高

8.3 课程设计技巧及简易模板

课程开发与设计能力是企业培训组织的重要能力，但不是必需的，如果组织暂时没有开发课程的能力，可以选择专业的外部机构，用明确的目标来管理外部培训即可。

一般而言，企业的课程设计和开发的基本流程如下图所示。

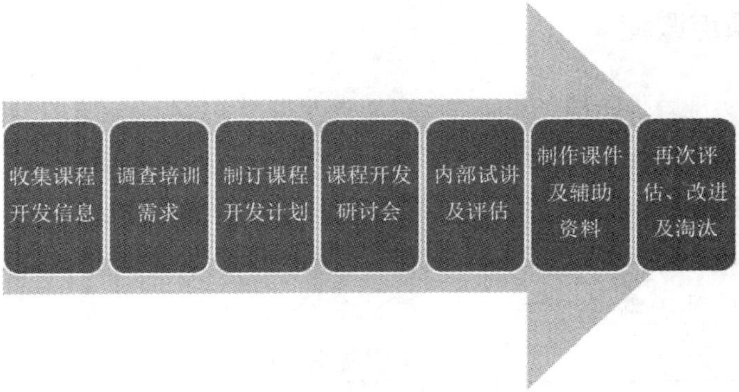

企业的课程设计和开发的基本流程

课程开发信息的收集阶段，通常包括内部课程和外部课程的信息，也包含已购和将购的课程，收集内外部经典课程有助于了解经典、适用、最新的课程，信息的收集是未来课程设计和开发的资源参考渠道。

调查培训需求，遵循培训需求调查的原则，需求的获取和分析有助于对标课程开发的优先顺序以及主次排序。

课程开发计划，课程开发计划需包含课程开发的背景、开发目标、培训对象、课程开发费用及预算，以及课程开发的时间安排等。

课程开发阶段，实施、管理课程开发计划，完成课程大纲，以及培训方法的编制，也包括课程培训师的候选人选拔，课程相关的教辅具的采购计划制订。

开发的研讨阶段，召集相关人员，针对课程大纲的主要框架和培训方法进行讨论，是对课程开发主要内容的再次完善和审核通过。

内部试讲阶段，课程开发完成后需要在小范围内进行试讲，以保证课程能够通过初期的评测。

教材制作阶段，通过试讲阶段的课程成为正式的课程设置，按照课程所需完善调节，完备资料和教辅具的采购。

再次评估、改进及淘汰阶段，已开发并讲授的课程，需要定期进行评估，并不断更新完善内容以期达到不断优化的目的。对于不能满足组织发展需要的课程形成淘汰机制。

1．课程设计的技巧

在完整的课程体系中有许多层面的技巧需要不断精进，如小到破冰游戏的设计，大到，内容的选择、授课方式的设计等。企业培训环境中面对的是经验丰富的学习者，培训课程的内容选择及呈现的技巧，培训中的互动技巧是直接关系到课程质量的核心要素。

2．课程内容选择技巧

作为培训部门的负责人在做课程设计的内容通常分三大类，即知识（knowledge）、技能（skill）和态度（attitude）。分别取这三类内容的首个英文字母组合，就构成了成人学习内容的ASK模型，如下图所示。

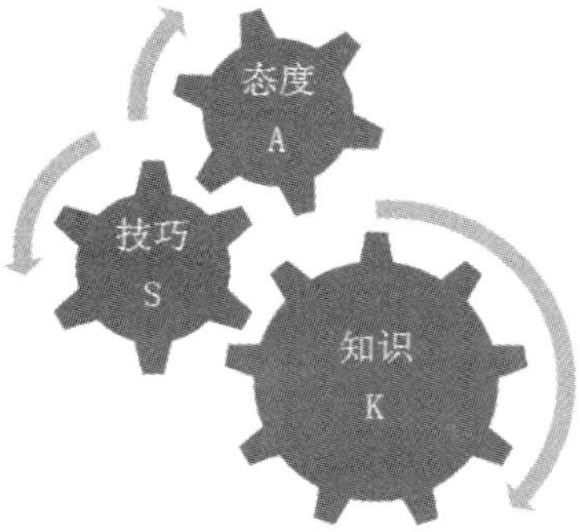

ASK 模型

在满足以上基本内容需求之后可以考虑深层次的培训内容选择，这类培训内容主要解决思维方式培训、潜能挖掘及负责问题解决层面。这类内容主要针对思维模式的提升，方法论的升级。这类培训更适合与高层管理者、对于创新和变革能力要求很高的岗位员工，以及核心员工的发展培训。

在整体的培训内容规划上，为了支持组织的目标实现至少需要考虑三个维度：必须学习的内容、应当学习的内容和精进学习的内容。

培训内容的选择需与组织所在的大环境、行业背景、组织生命周期相匹配。下表是一家具有300人的高速发展的科技型VB企业的培训内容举例。

培训内容的选择

培训类别	培训内容
新员工培训中心	企业文化及发展历程
	企业规章、制度、纪律
	企业IT工作系统基础培训
	各岗位各职级标准，知识能力图谱导引
技能培训中心	ERP系统各模块培训
	正面沟通技巧
	目标及计划管理技巧
	世界及中国行业发展史系列
	Java程序员进阶之路
	软件项目管理基础及进阶
	面试技巧培训
	职级体系的设计及应用
	Excel能手大师级培训
	大客户的管理技巧
	合同签订技巧及风险控制
	采购的成本控制
管理培训中心	团队目标制订及管理
	团队绩效考核及绩效沟通技巧
	如何凝聚你的团队
	企业品牌形象管理
	战略的分析与决策
	危机处理常识及技巧

在以上培训内容选择中，新员工培训重点在于文化的影响、规章制度的认知统一、工作顺利开展的基础。

技能培训的内容选择上，覆盖通用的工作技能以及软性技能，并按照岗位分类，按能力进阶层级分类。

管理培训的内容选择上，覆盖了按照管理能力的不同层级由浅入深所需的知识、技能。

3．课程内容讲授方式选择及呈现技巧

课程内容讲授的方式选择，主流的方式优缺点如下，根据课程设计以及内容的特点来选择适合的讲授方式（见下表）。

课程内容讲授方式选择

	优势	不足	使用范围
面授	1. 授课质量高 2. 互动效果好	1. 培训对象数量受限 2. 培训组织难度大 3. 成本相对较高	1. 对互动要求较高的课程 2. 突出培训师影响力的课程
在线	1. 随时随地学习 2. 受众广泛 3. 学习成本低 4. 便于跟踪进度和结果 5. 便于考核和统计	1. 互动效果弱 2. 需要一定信息技术支持 3. 对受训人员的学习习惯、方式和理念有要求 4. 满足个性化需求难度大	1. 制度类、知识类、重复性的学习内容 2. 对实时性要求不高，对互动要求较弱的内容 3. 受训人员地域广泛，人员众多 4. 组织内部自我学习内容
拓展训练	1. 体验式的培训活动，参与度高 2. 专业的培训师指导下的情景式的心理训练，影响程度深	1. 受训人员有限 2. 培训成本较高 3. 需要控制培训风险	1. 适合深层次内容：意识、一致、心态等 2. 销售团队、管理团队等团队士气建设 3. 高管的意识，方法层面高度统一培训

在内容呈现方面，重点研究培训的目标团体的共同特征，包括年龄、背景、实际工作的场景、工作语言、方式以及典型的困惑和难题等。内容呈现的宗旨就是能够在受训人员参与下输出培训内容，而不是单方面的灌输。如果将内容的呈现放在受训者息息相关的情景和情境下，就能够抓住受训者的注意力，能够调动起积极性和好奇心。情景和情境的使用技巧见下表。

情景和情境的使用技巧

呈现方式	特点	应用特点	具体展现
情境	多种情形的整合，侧重情形的动态发展过程，有主题任务	长时间、大的活动空间，涉及情绪等要素，受训者主动体验，激发学习动机	包含情绪、环境等相关联的负荷场景，适用于整体课程设计的基调
情景	明确的单一情形，侧重背景展示	短时间，小空间，少因素，受训人员被动感受，用于吸引注意力，以激发学习兴趣	环境展示，适用于某个具体环节和内容的展现

在开展内容导入时，为了把握受训人员心理，可以采用多种导入方式（见下表）提高内容质量和效果。

内容导入

导入方式	举例说明
实现梦想	大牛是这样编程的，让我们一起来将梦想变成现实
兴奋自豪	以上是过去三年企业销售团队收到的客户表扬信，这是一支让人热血澎湃的团队，过去的成绩让我们骄傲
面临机遇	近千亿规模的市场等待诸位带领团队攻城略地
面临危机	过去一年里，团队的人员流动率创新高，其中包含数位核心员工

4．课程互动环节的设计技巧

美国学者埃德加·戴尔提出了“学习金字塔”学习理论。该理论认为，阅读引起的学习内容的记忆为 10%，聆听为 20%，图像为 30%，影像、展览和演示为 50%，参与讨论、发言为 70%，做报告、给别人讲、亲身体验、动手实践则可以记住 90%。所以在讲授过程中如果能够遵循知识掌握的规律，加强互动环节的设计可以更好地提高学习效果。

课程互动环节设计的直接作用就是增加讲师与受训人员之间的交流和沟通，活跃气氛，引发学习兴趣，增强培训效果，互动包括情感互动和行为互动。课程互动过程中常见的互动，见下表。

课程互动过程中常见的互动

互动形式	具体的互动表现
问答	提问、追问、重复、提示、回答
表情	微笑、环视、凝视、严肃、生气、皱眉
手势	指示、象征、强调、描述、示意、评价
肢体动作	点头、摇头、站立、走动、就座、体操、面向、侧向、背向

课程互动环节的设计应根据讲授方式的不同而变化，具体见下表。在线授课模式的广泛应用结合信息技术的互动模式颇受欢迎。

不同授课形式下的互动

授课形式	互动环节设计方法
面授	问答互动，情景模拟，体会分享，小组讨论，热身小游戏
在线	在线问答，互动社区讨论，精选置顶，点赞送礼，游戏环节

5．课程设计模板

培训领域内有多个世界著名的设计模型，总体来讲，课程设计的模型分为目标模型、过程模式、情景分析模型、行动研究模型等。通过应用与实践，以下 3 种模型是较常用的。

（1）ISD（instructional system design）模型，即教学系统化设计，是以传播理论、学习理论、教学理论为基础，运用系统理论的观点和知识分析讲授中的问题和需求，并从中找出最佳答案的一种理论和方法。ISD 模型的操作步骤如下图所示。

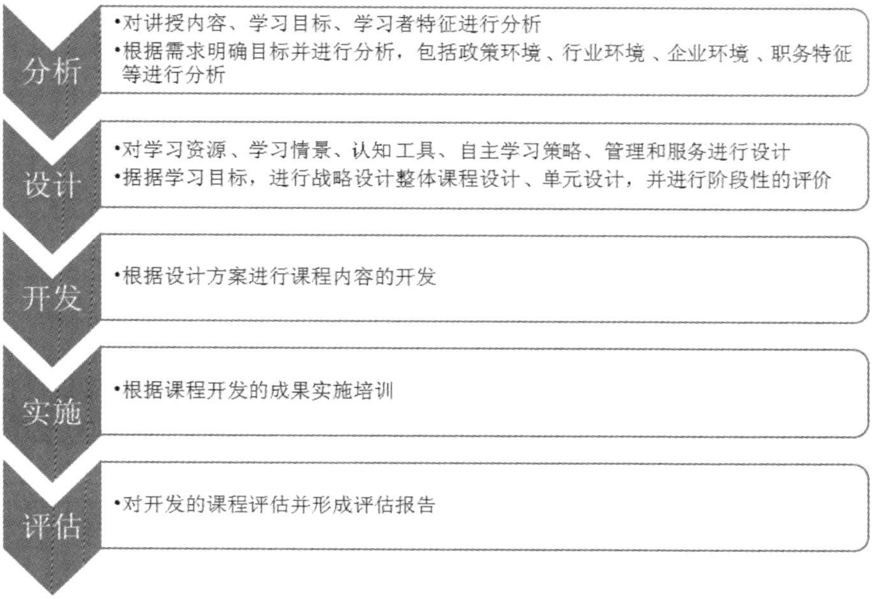

ISD 模型的操作步骤

（2）HPT（human performance technology），即绩效技术模型，它通过确定绩效差距，采取有效益和效率的干预措施，获得所希望的人员绩效。该模型强调对低成本、高效益和高效率的解决问题的方法进行选择。HPT 模型的操作步骤如下图所示。

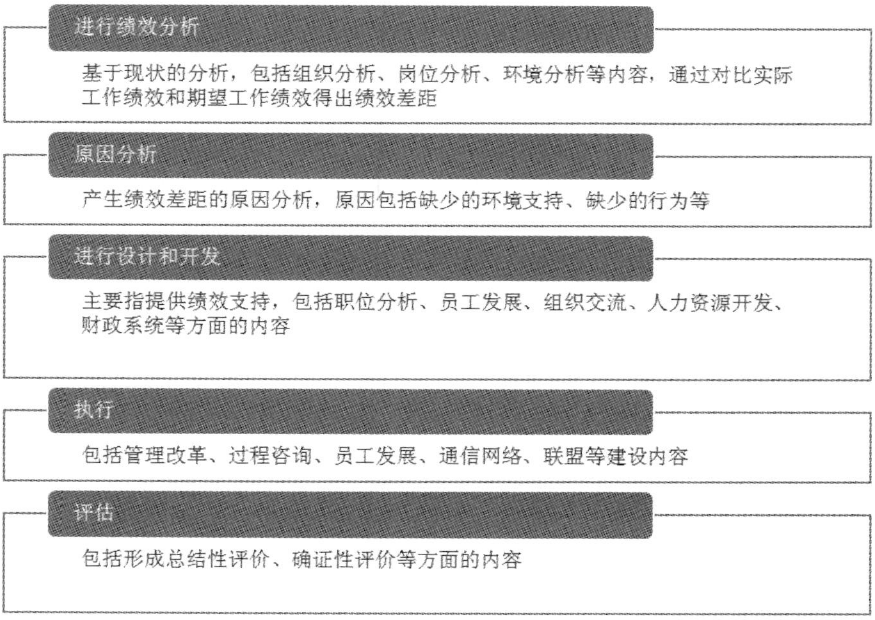

HPT 模型的操作步骤

（3）DACUM（developing a curricu lum）模型是通过职位分析或人物分析从而确定某一职业所需要的各种综合能力及专项技能的系统方法。

DACUM 表是由某一职务所要求的各种综合能力（任务领域）以及相应的专业技能（单项任务）所组成的二维图表，描述了专业课程开发的目标和从事该项职务必须满足的各种要求。其中，“行”代表专项技能，“列”代表综合能力，见下表。

DACUM 模型的二维图表示例

A	A1	A2	A3	A4	…
B	B1	B2	B3	B4	…
C	C1	C2	C3	C4	…
D	D1	D2	D3	D4	…
…	…	…	…	…	…

DACUM 包括名称、任务领域、单项任务和任务完成评价标准四项内容。用 DACUM 法进行工作任务分析的流程如下图所示。

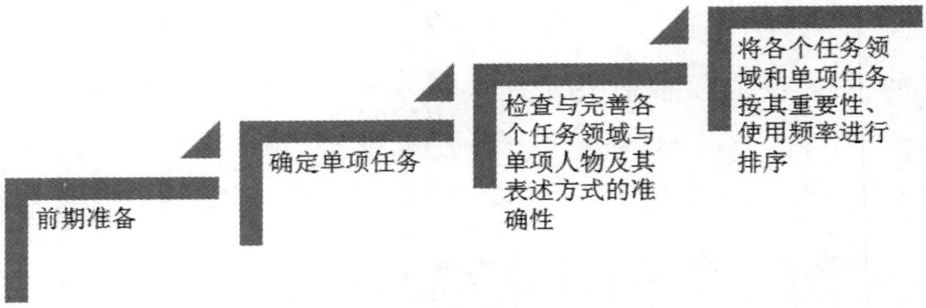

使用 DACUM 法进行工作任务分析

DACUM 方法适用于在活动过程中呈现固定程序和重复特征的再生性技能，如机械组装。但对于需要具备一定理论基础开展的活动，以及同时呈现灵活性和变通性的创造性技能（如解决流程优化问题），DACUM 模型在使用中会有一定的困难。

8.4　教学设计带动能力转变：成人学习五步法

一、教学设计与学习者

很多国内外学者对于成人学习者的学习机制和原则，都做了深入研究，对于企业环境下的培训，需要了解这些理论并在课程设计中加以应用，以期达到出色的培训效果。

1．成人学习者的特点及学习原则

（1）成人学习者的特点。

成人学习理论分析成人学习的需求，认为成人总是希望学其愿所学，闻其愿所闻，观其愿所观。具体来讲成人学习者有如下特点。

①有丰富的个人经验，有既定的习惯和较强偏好。

②已经发展出与他们的需要一致的群体行为，已经建立起一个理性的框架（价值观、态度等），有他们做决定的依据，有强烈的自我指导式的学习心理。

③对强化的行为有反应，特别是积极的强化行为，在强化过程中学习（越强化越学的好）。

④大部分情况下都能为提高而改变、而学习，学习目的性较强。

⑤有强烈的学以致用的需要，并且是马上就运用，希望能自如运用所学知识和技能，以处理具体问题而进行的实际学习。

⑥对学习环境有强烈的感受力。

⑦也许会怀有对学习环境或者机构不利的偏见。

⑧在学习的内容上希望有选择的权力。

（2）成人学习者的学习原则。

有很多原则是有关成人学习的。下面就是对这些原则的一个完整总结。

①让信息以可以被掌握的形式呈现出来，要用“浓缩的精华”，而不要事无巨细。

②提供有意义的、实用的新信息。如果学习者在工作和学习课程及活动中看不到之中的关联性，他们很可能就对学习失去了兴趣，甚至无法完成课程。

③一次只给出一个想法或者理念，让学员看到一步怎样发展到下一步。

④使用反馈/不断总结的方式，确保教导者让成人学习者知道什么做对了，并且不断回顾已经完成的活动的总结来强化效果。

⑤将学到的知识当作自我活动进行操练。如果学员更愿意自学，是否有可能在课程中间不牺牲课堂活动和学员福利的情况下，让学员进行自学。

⑥接受人们的学习可能存在差异的现实。一些人需要说两到三遍要怎么去完成一个任务才行；一些人光说是不够的，必须亲自演示；而有些人可能看一遍就会，有的人就要四五遍才行。

⑦要认识到学习是一个循序渐进的过程。我们不断跨越一个又一个障碍前行，但有的时候学习者可能会卡在一个点上。然后他们会重新再来，然后再进入学习过程。

⑧要相信学习是从激励而来。我们需要让学生看到学习对他们有益，并且我们必须为他们设立成功的阶段性目标，还要包括给他们激励，让他们继续深入学习。

⑨通过积极的强化手段提高他们的学习。需要告诉所有学习者他们做得对的地方。

⑩遵循实践出真知的教学理念。让学员操练，尽可能给他们亲自动手的经历，特别是

那些跟他们的工作环境相似的操练经历。

⑪ 运用“整体—分解—再整合”的学习策略。给学员示范一个新技能或者新知识被怎样使用，然后详细讲解，最后再将这个技能或知识用其他例子来强化。

⑫ 支持团队环境来提高学习情况。一些人喜欢在小组 / 团队中工作，因为可以模拟传统的工作环境。

⑬ 清楚培训 / 教学必须掌握好时间。在学员需要用到相关技能和知识之前，对他们进行培训或教育。不要试图教学员一个新的电脑软件操作之后，让他们等几个月才能用到所学的知识。

2．如何有效发展培训的原则

国内外学者将成人学习理论引入培训。基于对成人学习特点的理解，明确了六个发展有效培训项目的方法。

（1）学习本身不是奖励。成人不会被金色的小星星和好看的成绩单所鼓励。相反，他们需要一个可以被马上投入使用的、具体的、实际的、对自身有益的学习产出。成人学习者需要实用的、亲自参与实习的培训课程，而不是笼统的、着重讲理论的课程。例如，最有效的激励成人学习一个电子表格软件程序的方法，就是告诉他们，他们可以怎样将其运用到自己的环境中去。

（2）成人的学习是综合性的。成人学习者为学习的环境带来非常广泛的知识面和丰富的经验。当成人能将新的知识和技能与他们已经掌握的知识相结合，并填补他们的知识空白的情况下，他们才能取得最好的学习效果。有时候，这种新的知识和技能有可能和学习者已经知道或者相信的完全相反，有可能会出现冲突，那就需要教导者立刻处理。

（3）价值调整。因为培训会改变工作的进展方式，成人学习者必须明白为什么这样的学习是有用的，并且为什么这些新的技能必须被掌握。价值调整就是意味着他们要理解过去一直处理工作的方式在将来不一定被继续采用。成人学习者必须被这个改变对机构的改善意义充分说服。

（4）控制。成人学习者想要控制他们的学习经历，鼓励受训者将学习进度和教学大纲的内容相结合。在确保对作业基本标准的要求被满足的情况下，可以经常给成人学习者更多的灵活性来决定他们自己的作业。

（5）实践必须有意义。为重复而重复并不能对成人学习者产生有效影响，也不会让他们真的学到什么。但是，如果这种重复也能带来有意义的结果，那么他们就会认真去学。成人通常在一些身体和心理活动的任务上比孩子慢一些。成人也更不愿意犯错误（人们可能会认为这就是他们所犯的一种错误），并且他们经常因为操作更准确而得到奖励。换句话说，他们会更加不愿意冒险来参与“实验出错”的活动，以确保他们尽可能少犯错。可以将这些成人学习者送回到他们的工作环境中，去完成一个可以运用所学知识的任务。由于成人学习者不愿意出错，特别是在任务中，这就可以解释为什么成人学习者总是会比传统的学习者需要对任务说明问的更清楚。

（6）自己掌握进度。因为成人学习者需要比那些年轻的学习者获得心理运动的技巧花更多的时间，成人应被给予机会用他们自己的步调进行学习。通常，应给他们一个可以自定进度的学习课程。

二、成人学习五步法介绍及应用

1．成人学习五步法介绍

培训师在课程设计和讲授中如何能够吸引学员，并有效地帮助学员实践与成长，达到教学效果和目标。可以运用成人学习五步法模型来设计和讲授，它能使得课程充满吸引力，更好地激发学员的主动性，促进能力转变，真正做到学以致用。

第一步：引起注意，激发兴趣。

成人必须想学才能学，有兴趣才会学进去，成人只学他们认为有用的东西，马上可以见效的东西才感兴趣，他认为对其个人有价值的东西才感兴趣。在破冰阶段，需要让学员了解学习带来的好处、学习目的并与其实际利益挂钩。

第二步：提供信息，参与活动。

讲师在讲解中给学员提供必要的信息，信息不是越多越好，关键要有针对性。讲师需要设计、安排好的学习活动，让学员的行为主动跳出来。也就是说，讲师的授课过程既要有理性安排，又要有感性认识，使内容叫好叫座，使学员乐于接受信息。信息提供的过程中让学员最大限度地参与如讨论、分析案例等，此环节的设计是教学成功的关键。

第三步：加工处理，学员分享。

成人有着丰富的经验，他们过去的生活与实践是十分宝贵的资源，讲师首先要尊重学员的这些经验，然后要努力开发这些经验，让其独立思考，加工处理，要让学员把信息转化为自己的知识。由学员分享实际工作与生活相结合的过程，是提炼主题的关键。

第四步：得出结论，学员总结。

不是由培训师而是由学员从课堂的学习中归纳与总结，并产生新的认知。这将使学员充满学习的成就感和对新认知的认同感。

第五步：渴望实践，学以致用。

得出结论后，会渴望实践，这时一定要及时通过练习、通关、行动方案制订来推动实践，培训师要鼓励学员进行行为转化，培训是改变行为的重要步骤。

2．在课程中的具体应用

（1）如何引起注意，激发兴趣：讲师在设计课程的时候，一定要问自己，这是学员要的吗？这对学员有什么好处？激发兴趣就是指要站在学员的角度，真正激发学员的学习兴趣，真正想学才能学得更好，也就是，做到以共情为基础，从困难出发，呈现利益，挑战经验，激发好奇心。

（2）如何提供信息，参与活动：什么是学员要的？学员自己清楚吗？认同吗？讲师要做的就是，设法让学员发挥主观能动性，让学员了解并看到，当前行为和期望行为存在的实际差距，从而让学员真正意识到学习对他们成长的重要性，使之自觉地融入课堂氛围中，成为培训的主体。提供信息时，注意信息量不要过大，一味地进行知识灌输，而忽略了学员的参与感受。信息内容做到适时、适量、相关，同时可以设计各种参与活动。

（3）如何帮助理解，学员分享：信息提供后，通过询问其理解，来打造独立思考过程和信息加工处理的过程。让学员分享并意识到问题，让问题暴露无遗，深刻回顾自己的经验，进行系统反思。这个环节的深度提问和引导设计是最有价值的。

（4）如何构造结论，学员总结：这个环节是与学员的分享环节，培训师通过提问、引导等手段紧密衔接，通过分享综合分析自己，得出结论。这个环节培训师的概括、归纳、总结、设计尤为重要。

（5）如何推动行动与实践：关注学习所获，重要的是所下结论能推动行动，引发实践的渴望，制订行动方案和计划。这个环节重点在于鼓励行动，并促进其确定行动计划。

8.5 案例分享：阿里巴巴的“知行合一”学习（培训）体系，建立学习型组织

一、阿里巴巴“知行合一”学习体系

大家纷纷探寻阿里巴巴成功背后的奥秘，在众多成功因素中，阿里巴巴人力资源管理体系尤为称道，阿里巴巴“知行合一”的学习体系，就是与阿里成长历程相伴而生的。

阿里巴巴培训体系长什么样？阿里巴巴集团学习体系分为四个部分：新人系、专业系、管理系以及在线学习平台和各事业群组为业务发展和文化建设定制的学习产品。

1．新人培训——“百年阿里”面向全集团所有新进员工

从看、信、行动（探寻求证）、思考、分享五步骤，动、静结合地去体验 5 ～ 15 天的全封闭之旅。以“客户第一”为线索，还原阿里的核心价值理念，将新员工与客户有机地联系起来；通过与 8 年以上员工经验的分享、高管面对面，来传递阿里人的精神与秉持，建立新员工与组织历史、文化的连接。

2．专业培训

（1）运营大学。

基于运营专业岗位的胜任力模型和企业战略方向，为全集团的运营人员提供学习内容和环境。纯自主研发100门适合阿里巴巴集团业务情境的专业课程，涵盖四大运营领域岗位，针对不同人群提供精细化的学习方案，例如，保证新人快速胜任岗位的脱产学习、提供进阶技能的岗中学习、以主题沙龙形式进行的专业视野开拓以及促进高潜力员工交流成长的运营委员会等。

（2）产品大学。

基于互联网产品经理的能力图谱，自主研发了接近100门课程，以业务方向为导向，采用多元化形式，提供综合培养手段。

（3）PD 新人特训营。

针对入职3个月内的产品经理，通过全脱产的系统性培训学习，加速员工认知集团产品架构，加深对产品经理岗位认知，快速胜任岗位；“产品大讲堂”除了提供进阶课程，更解剖实战案例，线下交流线上沉淀；面向各个垂直领域高潜员工的产品经理委员会，则通过定期、不定期的产品论剑、产品体验、游学交流等活动，实现沉淀专业知识，解决业务疑难问题。

（4）技术大学。

面向阿里巴巴集团技术专业领域人才的成长培养，过去三年的统计中已开发课程400余门，培养内部讲师近800人，参与培训人数50 000余人次。在专业课与公开课的基础之上，建立ATA技术沙龙，形成开放的技术人员交流平台，旨在挖掘好的、值得推广的思想、理念、技术等；同时根据企业重点发展的技术领域，邀请外部嘉宾，引入优质内容及分享议题，引导相关领域人员学习了解前沿最新最牛的技术，拓宽眼界，促进内部人员思考成长。

（5）罗汉堂。

面向阿里巴巴集团一线且入职在3年以内员工的通用能力培养基地。完全自主研发的5门课程《情绪管理》《沟通，其实很简单》《在合作中成长》《组织高效会议》以及《结构化思维与表达》。课程内容深度内化，贴合阿里工作情境，具备浓郁的阿里味道。所有课程植入互动体验式模块，以启发个体思考、创造行动改变。

3．管理者学习——行动学习

（1）管理三板斧：突破管理层级的集体行动学习。

“管理三板斧”包含管理人员的三项基础能力要求：Get Result、Team Building和Hire&Fire。以全景实战的方式，在真实的业务背景中，通过推动集体思考的方式，去提升团队的整体业务能力，以及团队管理能力，也是组织能力、组织文化传递强化落地的实战场。

（2）侠客行：面向阿里巴巴集团一线管理者的培养。

分别以业务线和层级进阶推进管理学习的覆盖，培养了近百名内部管理者讲师。

根据阿里巴巴集团“管理能力图谱”，自主研发了管理者的进阶课程体系，辅以部分引进课程；通过“课上真实案例演练 + 课后真实作业练习 + 课后管理沙龙”的不间断学习方式，保证持续对焦管理者在“角色与职责”上的统一认知；根据不同管理场景与复杂度，输出完整的领导力提升方法论和应用技巧；并在侠客行“管理沙龙”形成“良师”（资深阿里管理者）“益友”（同期管理者）之间共同的语言、心力和能量场。

（3）湖畔大学：面向阿里巴巴集团高阶管理人员的成长培养。

在湖畔大学，以学习的参与者为中心，建立平等、开放的学习体验，通过不同背景、经历的高阶管理者之间的分享交流，解决高阶管理者的融入、战略的对焦、领导力的修炼以及文化的传承。

在常规的学习安排之外，也设置了不定期的“湖畔大讲堂”，引入国内外杰出学者、业界领袖的分享，提高眼界和视野，通过“业务沙龙”促进协同，建立全局观，提升整合能力；通过“文化沙龙”，挖掘管理背后的问题，传承阿里文化。

（4）阿里学习平台——为全体阿里人提供内部学习和交流平台。

在这里，所有阿里人可以自由报名参加线下培训；查阅过往学习沉淀的视频、文档；可以创建学习计划，监测管理学习的进度；通过即时问答系统得到答疑解惑。

（5）各事业群组定制的内部学习课程及活动。

如今庞大的阿里巴巴，包含的业务范围和组织特点有所差异，作为各个事业群组到各业务单元，都会有相当一部分的定制课程设计及学习活动的组织和补充，以支持各单元的发展目标。

二、阿里巴巴“知行合一”学习体系，助力学习型组织的建设

阿里巴巴集团学习、培训体系的特点和知识都是有情境的，没有情境、背景的知识只是信息。因此，学习内容无论是专业或是管理，无论是技巧、工具或是理念、文化，都已浸透阿里巴巴集团业务场景和组织历史。并且在阿里的学习体系里，涵盖学习知识、实践知识（行动学习）、管理知识、传播知识这一完整的循环。

阿里专业和管理学习中所沉淀的相应能力图谱和知识体系的价值是：课程只是学习的形式之一，绝不等于学习；每一位员工的发展图谱比任何一种或多种课程都要重要得多。

在任何一个学习型组织中，完善的培训体系搭建是基石和最重要的组成部分。

第九章

入模子——新员工入职培训

9.1 新员工：实现校园人到社会人的转变

新员工培训工作，在很多组织中都是一项重要工作。对其重要性的认可来自组织的用人模式，即运用培养的人才模式，认为人才最好由组织自己培养，而非来源于外部聘用。前文我们已经分析过“培养”和“聘用”人才模式的差异，在此不再赘述。在培养人才模式下，新员工的培训、培养就变得非常重要。其意义在于，在培养人才模式下，人才进入组织中，新员工培训是其第一次参与的集体活动，是建立组织印象、树立组织规矩的重要一课。因此，很多组织都称新员工培训为“入模子”培训，经历了新员工培训，员工就是自己人了。

因此，新员工培训很难以一个单纯的培训来承载，它的意义较为复杂，需要更长的时间、更多的元素去支撑。在这种情况下，新员工训练营应运而生。本章我们针对这一特定类型的培训进行阐述。

9.1.1 目标：如何定义新员工培训

负责人事的经理看着手上的离职申请，很是发愁，又有一位新入职的员工要离开，理由竟然是“公司方圆 5 千米范围内的快餐都已试过一遍，无一合胃口。特此提出离职，请批准。”类似的新员工辞职奇葩理由层出不穷。随着春招渐入尾声，又有一批新人即将迈入职场。这群年轻人比他们的父辈甚至于前辈都更加独特——他们普遍更加关注自我感受，对工作也提出了更高的要求。不少 HR 纷纷感叹：现在的年轻人，不好招，更不好留。

校招的时候投入了大量的人力物力，但是人招来了后，却难免遇到如下问题。

（1）新员工流失率高。现在的年轻人，对工作没有从一而终的概念，“一言不合”说辞就辞。一方面这些新员工对于离职并不那么看重，但反思自身，管理者也存在并没有把员工的吸引、入职这一系列的工作系统考虑的因素。

（2）新员工融入度差。年轻人普遍具有较强的独立性和主见性，喜欢单兵作战甚于团队协作，团队认同感难以建立。年轻人也并非真的欠缺集体意识，而是他们需要被吸引，而非命令。如果一个组织，很酷、很有趣，那么年轻人通常非常愿意融入。

（3）新员工培养没有系统性。缺乏计划和目标的培养，年轻人只能野蛮生长，生长得好坏全凭个人。成长是个人的事儿，而培养是组织的事儿，新员工培养就需要兼顾组织的需求和个人的需求，是两者需求的整合。

新员工培养，就是要解决上述问题。通过一系列培养，让一名学生成为一个组织人、职业人、专业人。

组织人是新员工培养的第一目标。对于新员工来说，最重要的是员工能够快速融入组织，由一个旁观者、第三人称，转换为一个主人公、第一人称。在新员工培训中，我们越快让员工融入，他们就能越快地进入状态和创造价值。因而对于新员工培养，不能以单纯的培训方式解决，需要比较丰富的手段，以增强员工的融入感。

职业人主要面对校园招聘新员工。从学校毕业后，新员工的社会角色仍然主要是学生，绝大多数还不能称之为合格的职场人。通过新员工培养，需要让员工能够快速进入状态，脱去稚气，完成由学生向职场人的角色转换。这里不单单是专业素养的培养，也是职业化程度、基本技能、基本习惯的养成。

专业人是专业素养的基本养成，主要面对校园招聘员工。由于学校的教育与职场工作中的要求有一定的差异，对于毕业生来说，专业上特别是技能上需要熟悉、上手，因而需要开展一定的专业能力培养，以能够通过一系列的培养在有人指导的情况下完成一定工作内容，达到助理的任职标准。

9.1.2 模式：培训的模式选择

模式为目标服务，为了达到组织人、职业人、专业人的培养目标，新员工培养模式需要做出有针对性的设计。

（1）对于组织人来说，培训有两种模式。

①自上而下的宣导。组织与个人发生的关联，除去物理的（职责、报酬、办公场所、文具）联结，很大程度上需要文化的洗礼。如何融入文化呢？最直接的方式就是企业的管理者宣导，告诉员工“我们的组织是一个什么样的组织，我们需要什么样的价值观，我们的员工需要怎样的言行规范”，诸如此类。

宣导有时候是非常正式的，常见于正式会议中。这种形式的优点在于，能够通过正式的宣导，使得信息准确传递，能够消除组织与个人的误解。在组织变革期，正式的宣导的价值尤为突出，可以统一员工的认知。对于新员工也是同样的道理，直接的宣导能够将信息最为准确地传递。

②人与人的联结。如何能够快速让员工融入组织呢？很重要的形式在于人与人的联结。

一个人与一个人相识而发生关联，与组织中的许多人都发生关联而融入组织。那么如何突出人与人的联结呢？最基本的，人一定要聚在一起。对于很多企业来说这很简单，但对于那些分散度很高的企业来说就十分有挑战性了。人有见面之情，一个公司中的彼此都没见过面，人与人的联结就很难建立好。

当然，除去聚在一起，人与人的联结还有许多方式。如组成几个小组参加培训活动。在几个小组中，人与人之间的联结就加强了。如果能够为这个小组布置一些任务，那么这个小组的联结程度就会更高。还比如，设置导师制，为新员工安排导师指导其一系列的工作活动，那么这个导师就与学员之间建立了非常强的联结，自然而然的，学员也就和组织建立了更深刻的联结。关于人与人之间的联结，还有许多形式。比如，有的组织会给新员工设置新手任务，在入职一段时间内，必须完成和某个特定员工的特定任务，比如收集某个无关紧要的物品，或者参加一次会议。这些联结本身只是形式，但在这种见面之情的形式之下，人与人产生了关系，人与组织产生了关系，人开始融入组织，开始成为组织人。

（2）对于职业人来说，培训模式的选择上，一种是授课，一种是训练。

①授课。授课的形式比较普遍，优点在于能够快速传播大量知识，如 Office 操作、职业化服装、礼仪、行为规范等。授课能够批量将知识以标准化方式传播给学员，信息传递的一致性较好。

②训练。事实上，一个人职业化的过程中，有很多素质就是通过不断练习形成的。比如对于办公软件的使用，一定是用得多了才知道方法，才能提升效率。着装的职业化，我们也能轻易分辨哪一个是毕业生参加校园招聘的装扮，哪一个是成熟的职场人士。因此，在对于职业人的培训来说，除了知识性的传播，最好能够亲手试一试。比如，男生打领带，只用几次，就能够在课堂上掌握。比如，Excel 的使用，授课之后留一份课堂作业，当真正动手操作后，功能、公式自然而然也就记住了。

对于专业人，则一定要突出练习、反馈和答疑。从培训模式的角度来说，对于专业能力的培养，已经丰富了培训本身的内涵。专业人的培训模式上，更适合导师制，放在相对长的周期内进行专门培养。所谓导师制，就是为新员工在组织中安排一个导师，对其专业进行全方位的辅导工作。导师制实际是把教与学的过程，由课堂的几个小时延展至较长的一段时期，让学员在一定的时间内进行学习、练习、反馈、再学习的过程。

到目前为止，导师制已经有超过 30 年的历史，在 IBM、微软等公司都已经实施了导师制度。与国外企业相比，国内导师制的实施时间比较短，多在大型企业内实施。导师制，即给新员工指定师傅，师傅带着徒弟迅速熟悉企业环境和工作技能，快速开展工作。在更早的阶段，导师制的前身是学徒制，即学生拜在老师门下，不为报酬，只为学手艺，如各类匠人、艺人。这种古老的培训方法，使得宝贵的传统技艺一代一代传承，也是专业能力培养的最古老原型。导师制实际上是对学徒制的继承和发扬。

在企业中，导师制对于人力资源开发起到了重要的作用。就像古老的师傅带徒弟关系一样，在导师制中，员工的专业能力得到了塑造和传承。导师制的优点是操作性、互动性、针对性、灵活性俱佳。导师制还具有内涵丰富的特点，培训的内容可以包括企业文化、职业规划等。导师与员工之间形成的强关系，有时甚至会与导师交流私事。此外，导师制是一种高效率、低费用的培训方式。

导师制在实际的执行中也存在一些问题。首先，企业对于培训需求分析欠缺，导师在学员中的价值没有得到充分发挥，导师在整个人才培养工作中没有和其他要素有机结合，作为独立的要素很难发挥出充分效果；其次，实施的过程中，对于导师的认同感不够，导师的责任义务很多，但获得的认可不够，有时候，导师实施的过程中，无形间增加了导师的工作量影响导师的正常工作。因此，目前很多企业开展导师制培训的现状是形式大于内容。

9.1.3 要素：新员工培训相关要素

一、员工培养

前文已经对培训这个话题展开了比较深入的论述，此外仅讨论与新员工培训特别有意义的部分。在新员工培训中，培训活动通常会融合一系列活动，组成一个培训项目。员工培训的战略是满足企业的需求。在新员工培训中，乍一看，培训通常更加集中，更加具有集训营的特点；但同时，新员工培训又需要以一个相对长的周期去看待，通常需要一年的时间才能够由刚出学校的学生，转化成一个合格的职场人士。

从这个意义上来讲，新员工培训事实上更接近人才培养的概念。

1．培养目的

培养是给员工传授其完成本职工作所必需的技能的过程。培养的目的十分明确，即促使员工个人和企业的双赢。若想深入了解培养的内涵，需要理解以下两点。

（1）员工培养具有时间上的意义，员工培养是一个过程，而非一次性培养。通常来说，企业需要做出培养需求分析，从而依据适合自身的管理环境谋定培养目标，制订相应的培养内容，实施培养，并且追踪效果。

（2）员工培养是企业发展的重要因素。培养员工，加大人力资本的投入，对于员工而言，可以提高自身的能力，充实职业生涯，对于企业而言，单个员工的劳动效率增加，企业整体的竞争力得到加强，更加有助于战略达成。

2．培养目标

（1）提高职业素养。由于员工与企业之间的紧密联系，提高员工的职业素养是一件十分有必要的工作。企业应该重视培养员工的忠诚度，激发员工的积极性，发挥其潜力，让员工能够热爱工作，提高员工的工作投入度。

（2）提高知识层次。专业技术知识是企业员工培养的重要内容。培养不但可以提高员工知识水平，也能够帮助员工树立知识结构，在充实知识的同时，提高问题认知能力、问题解决能力，从而让员工拥有更加系统的知识结构。

（3）提高工作技能。与知识不同，技能更加关注员工的时间。通常来说，工作技能包括两方面的含义：独立工作承担某个岗位的能力，独立解决工作中问题的能力。从这个层面看，既包括基本的知识，也包括对任务的理解能力、人际沟通能力、组织协调能力和解决问题的能力等。

人才是企业的第一生产力，一方面，员工培养可以有效提高企业的人才储备，实现企业的战略，另一方面，员工培养有助于树立企业形象和企业文化。

二、大学生新员工

按照职业生涯阶段来看，在一个企业中的员工，其职业生涯可以划分为探索阶段、发展阶段、确立阶段、衰退阶段，我们一般把探索阶段的员工定义为新员工阶段。但由于企业所处的行业以及企业自身的发展阶段不同，对新员工的界定也有所区别：有些快速成长的企业，进入一年以内的员工为新员工，有些传统企业把进入企业 3 ～ 5 年的员工定义为新员工。本文所表述的新员工，主要指入职时间在一年以内的新员工。同时，企业人力资源管理部门，以五年的整体员工培养周期，去设计第一年的培养计划。通常一个大学生进入企业后能否展现出良好的发展前途，主要取决于他进入企业的前三年。因此，本文所研究的新员工培养，是以入职一年以内，综合其三年的工作培养的。在这个阶段，员工具有以下特点。

1．社会角色认知差异

大学生新员工普遍具有比较强的自我意识，在由学校进入企业的过程中，这种自我意识并不会消除。表现出来的特质包括团队意识较差，对自己的角色定位不够准确，他们往往以自我为中心，缺乏不够踏实苦干的精神。由于刚刚踏入社会，进入企业工作，他们又十分期望得到认可，进取心比较突出，对待工作积极，个人发展意识强烈，同时也会表现出争强好胜的特点。同时，急躁、冲动、感情用事也是常见的特质。

2．实践经验相对不足

大学生普遍具有丰富的知识储备，眼界也相对比较开阔，同时也会呈现出眼高手低、好高骛远的特质。他们掌握了知识，但是实践能力不足，开展具体工作仍然需要领导或老员工的帮助。刚毕业的大学生新员工在参加企业全面培养后，才能将企业中的实际工作与过往学习的知识结合起来，才能解决具体的问题。并且，在对企业的情况了解不够的情况下，加之实践能力欠缺，资历尚浅，容易出现较为被动的情况。即闲时不知道自己该做什么，忙时不知道该怎么做。

3．不稳定性强

在处于职业探索阶段的员工，工作存在较大的不稳定性，员工对工作的选择往往比较大，对于组织的认同感不够强，也就无从谈起组织忠诚度的概念。大学生新员工刚刚踏入社会，人格还不完整，成熟度还比较低，情绪化可能比较严重。一旦自身期望和现实情况出入较大，他们通常会归因于企业，而非归因于自身。归因于外的结果就是选择离职。随着 90 后员工逐渐增多，00 后也即将开始大学生生活，新员工的自我意识进一步加强，辞职会变得更加随意，且没有过多的客观原因，有可能是非常主观的个人行为。

4．谋求个人发展

大学生新员工作为初入社会的消费者，在经历十几年的学生生涯后，个人经济的主要供应来源于父母的支持。工作以后，面临结婚、买房、生子等经济压力。因而，大学生新员工对薪酬通常有所期待，把薪酬视为自身价值的标准之一。另一方面，许多新员工大学生的家庭条件富裕，薪酬对于其现实影响并不明显，相比较于薪酬，他们更希望得到良好的个人发展，更加看重组织提供的机会。他们更加渴求在一个喜欢的平台上，被予以充分发展的机会，从而实现个人的价值。他们不愿意被传统的阶层观念所束缚，更加追求好个人发展。

三、员工发展

结合上文来讲，员工发展更多的是员工培养的结果，是指企业员工在个体的经验上、能力上，综合素质及人格成熟度方面获得的提升，员工发展就是指员工的不断进步、成长。从员工的个人角度来看，是员工知识、技能、经验的积累和素质的提升，在这一过程，其自身的成就感不断增强；另一个方面，从企业的角度来看，员工的职位变化，员工的职级发生变化，企业组织变化，人才队伍发生变化。通过对员工自身各方面潜能的开发，员工的工作能力、经验、认知水平不断提高。工作能力的提升是指素质学习能力、员工思维能力、创造水平不断增强，同时处理多任务、复杂任务的能力不断增强；员工在实际工作中的锻炼实践使得员工获得了不断的积累和更新；员工在发展的过程中，享受到了工作带来的快乐和满足，在工作中获得了满足感和成就感。

那么如何衡量员工发展呢？包括以下几个方面。

1．职位提升

职位提升是最常见的员工发展结果。员工由普通员工成长为资深员工，然后成长为组长、主管、经理乃至总监。职位的提升对于个人意味着全面薪酬增长，对于组织而言，由一名新员工成长为管理者，是组织培养人才的卓越成功。这种提升非常明显，对于员工激励性也很强，但是管理职位毕竟比较有限，员工获得职位提升的概率也是有限的，因而很难实现。

2．职级提升

职级提升，也同样是员工发展的积极结果。职位提升的机会通常有限，那么职级的提升对员工来说就有许多积极的意义。通常来讲，职级对于员工有着许多含义，包括待遇、专业能力、组织贡献，也包括个人荣誉。一名员工，由专员晋升为主管，一定是工作能力得到了组织的认可，能够由面对具体执行性的任务，到了可以承担某一个职能的职责，这对于组织、个人都是员工发展的结果。或者从初级专员发展到高级专员，对于组织来说的人才价值，或对个人来说的薪酬待遇和成就感，显然是不同的。

3．工作职责扩大

有的时候，职级提升也并不能来得那么及时，在职级提升之前，我们通常会见到员工承担的工作职责得到了扩大，原本只是负责一个渠道的销售任务，现在负责两个渠道，这对于员工来说是一种考验，也是一种认可。承担职责本身，事实上就是对此前员工发展成果的肯定，正是由于充分的员工培养，原本的工作职责完成得较好，我们才能赋予其更宽的工作职责。对于员工来说，扩大工作职责是一种挑战，但也同样是对其工作的认可，员工有可能会对扩大工作职责不够认可，但如果与未来的职级提升或职位提升相联系起来，那么工作职责扩大就变得比较容易理解和认可了。

4．能力提升

工作能力提升当然也是员工发展的一种结果，经过一系列的培养工作，员工由基础工作者成为熟练工作者，甚至称为资深工作者，从组织而言员工的劳动效率得到了提升，从个人的角度，员工的能力提升为其自身发展带来增值，是员工发展的成果。从能力的角度来说，既可以是综合能力提升，也可以是专业能力提升。从个人的角度而言，拥有更熟练的工作能力是员工自身价值的提升。

四、员工成长规划

“成长”主要是指生长、发育、发展等，经济学通常表述为增长的意思，增长理论、增长经济学等。通常提高智能或才能有两种表现形式：第一种通过思维能力和记忆存在来获取资源，促进成长；另外一种是指在学习的基础上，个人能力获得成长，但成长并不是一直进行的，还需要通过实践与思考的结合。对于普通个体而言，成长是指个体在知识、能力以及个人品格方面的进步。经过外部环境的刺激，企业员工通常会对工作情况不断反省，不断提升潜能，最终达到专业水平、经验、能力以及认知水平的提升。员工在工作中的实践，专业知识则不断得以更新累积，自身知识经验得到提高，与其同时，员工的能力，包括思维能力、学习能力及创新能力都将会不断提升；同样，也在这一过程中，伴随着企业的成长，员工在工作中获得成就感。

根据员工成长开发主体的不同，可以将企业员工成长分为两类，一类是基于个人层面的成长，另一类是组织层面的成长。员工个人层面：员工成长是指员工出于对未来发展的需要，在遵循个人爱好、专业和世界观的基础上，对职业生涯进行规划，并在平台之外通过个人勤奋努力而获得能力、经验、认知等方面的提升。基于个人层面的成长强调了在自我成长过程中的主动性。基于组织层面：市场瞬息万变，企业的经营战略自然也会改变，以求更好的发展，这就给企业不断提出了新的命题，为员工打造职业发展平台，促使员工加快成长，以符合战略的需要。从这个意义上来说，企业需要员工成长，此种投入应视为人力资本投入。

这两种分类本质上没什么不同，统一于企业的发展过程中，前者的诉求在于提升自我能力或职场竞争力，员工自身能力的提高，最终也会促进企业的成长，后者的诉求直接承载企业的成长。两者有所区别，其所采取的途径也有所区别。前者要求自我学习，后者要求企业为员工提供平台。二者应通过员工培养体系有机结合。

五、员工文化认同

文化认同（cultural identity）是社会学和政治学概念，借来解析员工对企业文化的认同。文化认同，从个体来看，是个体接受组织文化和融入组织，是“个体组织化”的过程。对组织来讲，则是对员工教育，将其纳入组织的过程。企业文化管理，作为一种管理理论，企业文化认同管理是管理进步的表现。企业管理从经验管理、制度管理到文化管理，是人性被感知并且得到解放和弘扬的过程，同时也是利益相关者互相博弈的过程。在这一博弈过程，管理的中心从物变成了人，从资本中心转向以人为本，管理也不再是刚性的，而变得更柔性，更为人性化。在市场竞争激烈的当下，企业文化成为凝聚员工的工具，塑造着对企业的认同感，企业文化正成为企业核心竞争力的重要组成部分。

员工对企业文化的认同，建立在工作过程中形成的“情感”，并且在情感上和群体或者其他成员的密切联系，从而接受某类观点或做出某种行为。当员工和企业的关系开始认同这一阶段，员工会自愿地接纳企业文化，所谓“自愿”是指员工对企业文化的接纳不会迫于某种压力。此时，他们会积极地使自己的行为和企业文化相一致，这是员工内心情感变化的外在表现。员工与企业的关系能够达到认同，需要上下级之间充分沟通，这就需要有一个符合企业实情的沟通环境。管理学认为，企业文化属于社会文化背景下，企业员工互动的结果，但其形成之初，企业管理者特别是企业最高领导的三观、行为习惯、性格、思维模式、行为方式、为人处世等都在企业文化中留下烙印，他们的一言一行直接影响着企业员工。从这个意义上来看，企业文化是领导者主动，或者说刻意地选择和行为塑造成的，成功与否的关键就在于能否有效地将理念和意识传递给员工，如果传递很成功，员工就能够理解含义并落实领导的意图和主张。反之，如果没有进行充分沟通，就很难真正理解上级的意图，行动中也不可能准确地执行领导的指令。如此，企业的凝聚力也会被消解掉。因此，良好的沟通能够塑造企业的工作氛围，凝聚力增强，共同价值观得以确立，员工的观念和行动得到统一。通过有效沟通，还可以优化员工的文化心理结构。不同员工的文化心理结构既有共同点，也有差异，在明了共同点的基础上，尊重其合理的个性需求，将会更有效地提升员工对企业文化的认同程度。从中观层面来看，部门领导很重要，因为直接和员工接触。对于员工的成绩，部门领导应及时激励，充分表扬，激发员工对工作的热情。企业文化的根基在于部门，部门领导需要根据企业文化的特质，举行各种集体活动，培养员工的团队意识，增强凝聚力，建设好本部门团队。

六、企业导师制

1．企业导师制内涵

企业导师制的定义尚不统一，但有一定的规律。欧洲学术氛围浓且由于教育导师制的渊源，更多强调知识学习和个人发展帮助；美国更强调实践中的教练角色。我国学者的研究多集中在学校。最早由 Kram 提出导师制，并使其成为员工职业发展的重要议题。Chaoetal 对企业导师制的定义建立在正式组织关系的基础上，认为适用于掌握权力和经验的人向徒弟提供帮助。Mullen 将导师制定义为一对一互动关系，资深者给予资浅者信息回馈帮助和支持。Ragins & Scandura 将导师制当作一种双赢过程，双方都从中获益。杜杏华将导师制看作企业层面的机制和氛围，是利用现有资源培养人才的制度。林佳暖将导师制看作是企业内部沟通机制，是为了增进组织行为与发展。总结国内外学者对于导师制的概念研究，有以下特点：

（1）企业导师是一种企业培训制度，是降低培训成本并有效传承及技能知识的途径。

（2）企业导师制涉及师傅和徒弟，师傅一般拥有丰富的知识和经验，徒弟在经验上相对薄弱，存在一定知识差距。

（3）导师对徒弟进行知识传递、资源共享，并提供支持，双方有着很多的交流。

导师制是企业为新员工、高潜员工指定师傅，在知识技能方面提供帮助的支持性关系，是企业人才培养的一种模式和制度。企业导师，是企业为新员工或资历尚浅的员工配备的、通常具有丰富实践经验的人。他提供咨询和交流，在职业发展和心理建设方面提供支持。企业导师制从师徒制的基础发展而来，与指导关系、教练制有相似之处，但本质有一定区别。Allen & Poteet 将指导关系定义为同盟关系，是为了提高绩效，促进职业发展。Park，Yang & Mclean 认为教练制度是为了发挥员工潜能，并鼓励成长的一种督促方法。实际上，教练制有特定的目标注重短期绩效改善；导师制注重言传身教、长期支持与咨询，人数有限且具有偏好选择，看重技能知识传承。对较传统的师徒制而言，企业导师制由组织安排，双方关系、义务与责任较为清晰，传授形式多样，并以提升企业能力为最终目标。

2．企业导师制类型

企业导师制主要分为正式与非正式、直属与非直属两种。正式导师是通过组织规划、执行和管理的模式；非正式导师制则是自发形成，不受组织影响。Silva 通过实证得出非正式导师制与知识共享具有更高的相关性，人们更愿利用非正式渠道建立与知识有关的契约关系。Ragins、Chao、Ralph 等学者对正式和非正式导师制度进行了比较，正式导师制虽在效果反馈上不如非正式导师制，但由于新员工无法准确寻找合适导师，“制度引导”能解决这一点。企业导师制作为一种人才培养模式，以及心理契约制度，可以更好地为组织所用并发挥效能。直属与非直属关系导师制，是企业导师制的另外一种分类。直属关系导师制由组织指定，且具备从属关系，涉及权责、协调、报酬。非直属关系导师制建立在经验和工龄差基础上，没有直接从属关系或利益。Ragins 认为直属领导因长期正式关系，更为了解实际情况，更知道从哪些角度帮助徒弟；Russell& Adams 则认为非直属关系更能从心理层面和经历层面给予帮助，双方均有更好的接受度。

3．企业导师制功效

企业导师制的功效被普遍重视。早期的二维、三维模型建立在深度访谈基础上，由最早的职业支持和心理支持两大功能提取了角色榜样功能，并将心理支持功能改为社会支持功能。朱必祥在此基础上增加了知识分享与创造功能。此外，有学者认为不同师徒关系阶段所起的指导、咨询和调节功能随着组织情境而不同。导师制对学员、导师和组织都有一定功效。徒弟的收益主要表现为工作绩效和成就两方面，Craig、Baranik、MayChiun 等学者分析了导师制对员工承诺、工作投入度、离职倾向的显著影响。近期出现的逆向知识转移的研究，印证了导师制对于导师也有价值，Mullen、Eby、Adewoyin 等学者对导师制过程中导师的思想激发、工作满足、自我效能和声誉地位进行了研究。企业导师制的功效体现在传承文化、增加忠诚、稳固人才等方面，Bryant，Allen & O’Brien，Mathews 等学者认为导师制对组织的作用是促进知识共享、增加吸引力并提升竞争力。我国学者对企业导师制功效研究极少，基于中国背景实证研究并未加入实质性变量指标，如宋培林认为指导关系与工作满意度、组织承诺正相关，与离职倾向度负相关。还有一些对企业导师制的实践经验总结。如山东电建导师制实施结果评述认为，充分发挥了企业人才的潜能，提高知识转移、应用效率；加强内部团队和文化融合，工作效率、组织竞争力有提升。

9.1.4 新员工培训方案设计

1．培训目标设计

任何培训目标是培训结束后学员应该达到的标准，也是开发培训内容和选择培训策略的依据。因此，培训目标的选择是否恰当，直接关系到培训效果。新员工培训的目标，就是我们谈到的让学生转化为组织人、社会人、职场人。

培训的最终目的是要解决企业面临的现实问题，提高组织的绩效。从这个角度讲，培训目标就是解决问题，那么新员工培训就是解决新员工的身份角色变化问题。通过组织、岗位和个人三个层面的培训需求调研发现企业存在的现实问题，并将问题进行归集整理，形成问题清单。当然并不是所有的问题都可以通过培训得到解决，因此需要对问题进行分析筛选。不可以通过培训解决、与学员不相关的问题要剔除，然后将需要解决的问题转化为具体、可衡量、与行为改变相关的目标。这在任何培训中都是适用的。

培训目标既是开发培训的依据，也是评估效果的标准。因此，培训目标的设计要清晰明了，即具体（specific）、可衡量（measurable）、可达成（attainable）、实际的（realistic）、时限性（time-based），新员工培训设计的 SMART 原则。新员工培训目标笼统则无法聚焦培训，导致培训方案开发的随意性，针对性和实效性也就无从谈起。

当培训目标不止一个时，需要在不同的目标之间建立逻辑关系。在新员工培训中，培训目标的结构是提升融入组织程度，提升职业程度，提升成熟度，其内在的联系是职业程度是技能层面，组织是环境层面，成熟度是人的社会化层面。

将培训目标分解，找到解决问题的工具、方法、模型，然后组成培训课程，再将培训课程组成模块，再将模块组成方案。比如，我们在新员工培训中需要新员工充分融入组织，那么一般的课堂就不是最好的方法，因为缺少互动。组成小组，布置小组任务可以让大家迅速建立各自的组织，这就是方法。小组作业和课堂任务有关，与掌握基础技能有关，那么形成了以某项专业技能锻炼为目的的小组作业。

下图清晰地展示了培训目标分解的过程。通过目标分解，我们找到了实现目标的各个知识点，这些知识点有机组合，形成培训课程。比如，调研方法的种类、适用的情景、调研方法优缺点、各种方法的搭配、编写提纲等知识点组合，形成课程，将营造访谈环境、访谈技巧、引导技术、各种调研方法的应用等，减少内容的重复。

培训目标的纵向结构。一个完整的培训方案是由若干培训模块构成的，培训模块包含若干课程。因此培训目标可分为整体目标、模块目标、课程目标。在新员工中，比如，课外作业模块是让学员在紧张充实的训练中获得职业成长，其中让学生完成读书计划是训练其逻辑思维能力，是职业化的具体目标。

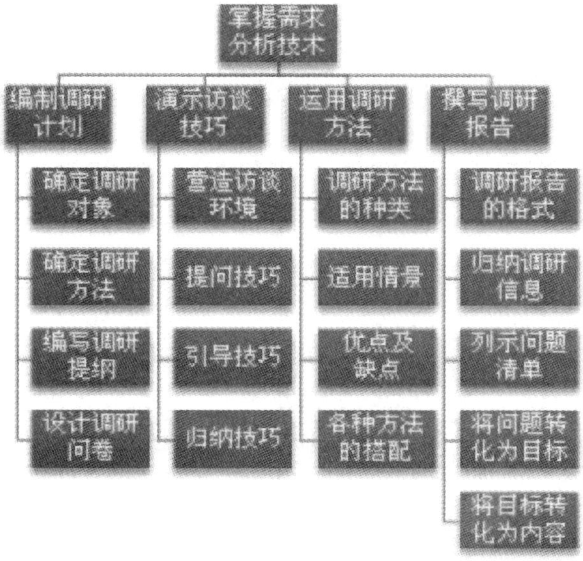

新员工培训的目标分解

培训内容设计。培训内容是培训方案核心要素。培训内容设计的技术主要解决如何将培训目标转化为内容，如何将内容集成为培训课程，以及课程在培训方案中如何表达。按照“目标和模块”编排培训方案，是治理培训方案散乱的有效工具。没有目标，内容选择就没有依据，内容就显得“散”；没有模块，培训内容不能合理分类，内容就显得“乱”。

培训方法的选择直接关系到对培训内容的接受，影响培训整体效果。因此在设计方案时，应该注意培训方法与学员学习风格的匹配，设计“培训心电图”，调动学员各种感官参与到培训中，提升培训效果。

培训方法与风格。成人学习风格分四类：行动主义者、反思者、理论者、务实者。行动主义者喜欢创新，喜欢社交，销售经理是典型代表，他们喜欢以学员为中心，喜欢头脑风暴，青睐互动式培训。反思者喜欢宽容、平静的人际关系，善于倾听，小心谨慎，财务经理是其中典型代表，在培训中更喜欢倾听。理论者崇尚“逻辑”，习惯于逐步、逻辑的方式去思考，研发经理是典型代表，在培训中他们更崇尚场面宏大的模拟，喜欢具有一定深度的推导。务实者喜欢实践，崇尚“有用就好”“总有更好的办法”，生产经理是典型代表，在培训中他们更喜欢学习新理论、新工具和新方法，也非常喜欢案例学习。

对于新员工来说，他们更喜欢社交和融入。由于新员工本身对组织还不够熟悉，对在组织中的人还不够熟悉，因而更喜欢多种场景的复合，在各种场景中可以与他人相识，在场景中融入组织。因而，小组任务，多种形式的课程安排，拓展、课程、分享、演出等正式与非正式活动的组合通常比较适合新员工培训的风格。

培训方法与学员情绪。据科学家研究证明，成人大脑在没有新鲜信息的情况下，10 分钟后走神，并且各种方式对于学员的情绪刺激效果不尽相同。培训师为了保障学员的参与，引导学员在课后行动，培训师在授课的过程中就需要运用多种授课方法去调动学员的情绪。学员的参与感越强，情绪越能被调动。学员的情绪曲线顿挫有序，参与感增强，培训效果增强，具体参考下图。

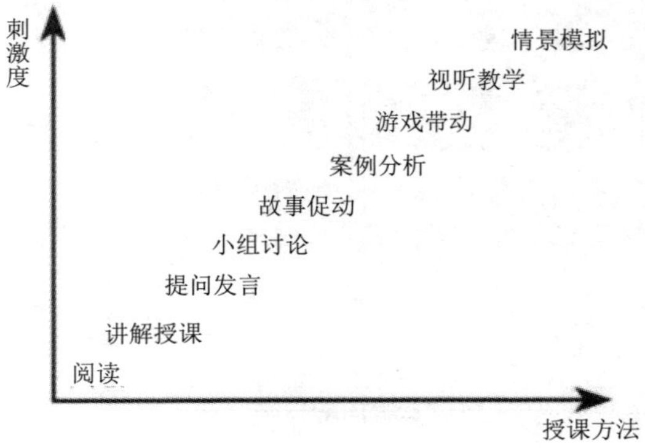

不同授课方法对学员的情绪调动

制订未来行动计划。培训结束时，培训师帮助学员制订未来计划，评估其行为改变。培训师根据设定的目标以及课后作业反馈信息设计行动计划表，帮助学员完成未来计划。未来计划一般包括三个部分：培训中的收获；改进的具体措施；衡量改进成效的标准。未来行动计划必须是可量化的，可执行的，并且在规定时限内可以完成。

培训后评估。评估分为三个阶段：一是，在培训结束时，为学员提供表单，帮助学员制订未来行动计划；二是，跟踪回访，掌握未来行动计划落实的情况，分析影响计划落实的原因，鼓励并督促受训者继续落实行动计划，必要时对计划适当调整；三是，一段时间后再次回访学员，评估行动计划的落实效果，并从学员的上级、下级、同级等不同角度收集学员行为改变的情况，进一步对培训进行评估。培训后评估不仅关注学员的变化，更多在于改变在工作岗位上的学和用的转化程度，同时对影响培训的因素进行总结。

2．培训成果转化设计

培训需要与业务融合，培训成果才能转化为组织绩效。如何使培训与业务高度融合，是培训设计者面对的重要问题。“三个阶段”＋“行动学习”的集合是培训成果转化的有效方式。

所谓“三个阶段”＋“行动学习”模式，就是将培训项目分为三个阶段：第一个阶段集中培训知识、工具、方法以及流程、思路等，作为行动学习的准备； 第二阶段，带着现实问题回到工作岗位，采用行动学习的方式，制订面对现实问题的方案；第三个阶段，带着行动方案再次回到课堂，请负责人和专家点评行动方案可行性，并提出改进建议。受训者将修改后的方案带回工作岗位，在业务专家的指导下实施。

9.2　案例分享：佐佑顾问，新员工培养训练营

佐佑顾问成立于 1998 年，是国内领先的组织与人力资源管理咨询公司。经营理念上，佐佑顾问致力于融汇西方先进理念和中国传统文化，专心研究“人与组织”，探索中国式“人与组织的和谐发展”。业务方面提供组织模式、管理机制、人才选用、企业文化四大领域的优化之道，以及一体化的解决方案与辅助实施。

经过十余年的积累，佐佑顾问快速成长。先后成立高科技制造、互联网、建筑地产、公用事业、能源化工、文化创意、金融等多个行业事业部，并推出股权激励、人才选用、集团管控、组织转型、领导力构建与提升等产品与服务。

佐佑顾问至今已为国内 1 000 多家企业提供超过 2 000 个项目的专业服务，坚持“佐佑顾问、成长伙伴”的服务理念，60% 的企业选择与佐佑顾问结成战略合作伙伴。目前，佐佑顾问已成长为国内同行中的领先者，多次荣获“年度最具满意度的管理咨询机构”“大中华区人力资源机构客户满意度大奖”“中国 TOP10 金牌管理咨询公司”“中国人力资源开发与管理优秀服务商”等荣誉，是一家中等规模的精品管理咨询公司。

一、新员工培养的背景和目标

管理咨询行业，是典型的知识密集型行业。管理咨询公司通常没有太多的固定资产，咨询顾问就是一个管理咨询公司最大的资本。咨询顾问自身水平的高低，决定了咨询项目的质量，咨询顾问群体的水平决定了咨询公司的客户满意度和口碑。如同律师事务所、投资公司等知识密集行业一样，“人”在管理咨询公司中，是最为重要也是最为稀缺的资源，代表着咨询公司的核心竞争力。

管理咨询行业中，对于新员工的重视程度普遍非常高。其原因在于，首先，管理咨询公司是非常重视文化建设的。管理咨询工作压力较大，同时并不是机械式的工作流程，工作的质量、客户满意度高度依赖于顾问的主观能动性、工作投入度和敬业精神，那么文化管理就成为管理咨询公司的重要管理课题。对于员工来说，哪类员工能够对公司文化的认可度、接受度、传承度最高呢？显然是毕业生群体。他们刚刚走出校园，来到第一家公司往往最为接受这家公司的文化，因此，新员工培养在管理咨询公司中尤为重视。其次，管理咨询工作对于人才的依赖性很高，思维方式、工作标准又是非常个人化的，从毕业生中培养人才也能够很好地传承组织的工作方法，思维框架都更加一致，这为以后的人才培养

打好坚实的基础。

佐佑顾问对于新员工的选拔、培养工作一向非常重视。每年秋季，都会在全国顶尖高校中选拔卓越人才，加入到咨询顾问团队中来。毕业生来自五湖四海，专业也不尽相同，但他们都具有出色的思维能力，突出的综合素养，优秀的学习能力和难得的好奇心。他们对咨询感兴趣，但又没有真正接触过咨询行业；他们对佐佑顾问好奇，但对组织的印象朦胧；他们想成为咨询顾问，又不知从何下手。在毕业生同事正式入职后，需要对这个群体开展一系列的培训，用大概半年的人才培养，让毕业生洗脱稚气，融入组织，成为初级咨询顾问。

二、新员工培养的方案设计

1．新人集训营

（1）集训营概述。

佐佑顾问的毕业生在进入公司后，完成基本入职手续后，很快就加入新人集训营项目。届时公司中所有的新员工都将齐聚，共同度过三天的集训。这三天的集训，组织者将准备丰富的课程设计和活动设计，让新员工能够快速融入，对咨询行业建立基本概念，对公司建立基本认知，对如何做一名咨询顾问找到努力的方向和目标。

（2）课程要素。

集训营一般为期三天左右，重要课程包括如下内容。

①开班仪式。全体着正装，进行正式的开班仪式，人员分组，集训营安排介绍、各类预备工作以及合影。开班仪式的重点在于活动的仪式感，正式的开班让学员们有严肃、认真对待。不要小看仪式感的力量，生活、工作中的仪式感对于人们加强对某一事物的认知，或加强某一类感受有非常强的不可替代作用。仪式感可以理解为对待一件事的态度，或者说一件事映射在我们内心的位置。有了这个最初的定位，整个集训营的要求、定位也就比较容易确立了。

②公司介绍。由合伙人就管理咨询、公司文化、组织形式做出介绍。这个环节对于新员工的意义非常重要。首先普及概念，什么是管理，什么是管理咨询，让大家对自己从事的事业有一个基本的概念，知道自己在为一个什么样的事业奋斗。这个环节在许多组织中是被忽略的，大家都很容易理解这个行业是什么，不是很明显吗？但实际上，一个行业并不是一成不变的，应该说很多行业的变化非常快，抱残守缺很快就会被淘汰。那么在合伙人眼中，这是一份怎样的事业，谁是客户，它产生什么价值，如何将价值传递给客户，它从哪里来，未来将到哪里去，这就是这份事业的“元认知”。这才是从业者们最应该清楚的认知，如果这个问题没有想清楚，不要提是否加入佐佑顾问，连适不适合咨询行业都无从谈起。介绍完管理咨询概念后，合伙人要正式介绍公司的企业文化。企业文化的概念包

括使命、愿景、价值观。这当然也是作为一个组织成员最为主要的话题，它回答了对于公司的定义，引发新员工思考“我为什么在这家公司工作”的问题。企业文化的话题是如此重要，需要公司领导一而再、再而三地强调，特别是正式的宣贯。不幸的是，许多企业做新员工培训对此一带而过，有的时候没有意识到其重要意义，有的时候是企业的管理者自己也没有完全想清楚。

③公司业务与发展规划。公司介绍完成后，将进一步介绍业务。对于新员工来说，可能会被分到不同的事业部，对公司整体的业务和发展规划有认知以后，能够帮助员工找到自己在组织中的位置，也是意义感的另一个层面的体现。

④具体业务及产品介绍。新员工尤其是毕业生员工，本身对于咨询的概念是很淡的，对于具体的咨询技术就更是不知所云了。那么在这种情况下，需要对新员工就具体的业务建立基本的概念，让新员工了解公司的业务、技术是怎样产生价值的，未来自己如何开展工作，学习和努力的方向是什么。

⑤技能学习。作为一名咨询顾问，还需要掌握行业研究能力、组织理解能力、商务礼仪、Office 技能等基础技能。在传授相关技巧的同时，也是对于工作标准的一种确认。我们当然无法靠一两天的培训就让大家完全达到咨询顾问的工作标准，但至少告诉大家，什么是公司要求的标准。

（3）非课程要素。

集训营之所以成为“营”，在于其还有许多非课程要素，共同为集训营的培养目标服务。

①晨练。集训营三天中，每天早晨所有学员需要进行晨练。这种类军事化的管理风格，首先可以锻炼学员的意志，让大家树立艰苦奋斗的精神，同时也是组织化的重要体现。从另一个层面讲，在很辛苦的情况下坚持早起锻炼，也是对于职业品格的历练。许多成功人士都有早起晨练的习惯，我们惊讶于他们的自制力，事实上晨练本身就是一个人对于自我管理的体现。

②小组及小组任务。所有的学员打散分入多个小组，共同度过三天的集训营生活。这三天他们学习、生活在一起，在小组竞赛中也作为荣誉共同体。小组是有任务的，比如针对每天的会议纪要、知识管理以及微信稿件的编排，都是由这些新员工完成。相信新人的能量，他们是学习的参与者，也是组织者。

③读书分享。作为一个咨询顾问，一定需要读书。在新人集训营期间，开出书单，让大家迅速阅读并分享。任务不在于阅读，而在于消化、分享和演讲。许多同学对此大吐苦水，两三天的时间阅读、消化、分享一本不太好读的书并不是件容易事。但这又像极了咨询顾问的日常状态，经常接受挑战，接触新领域，高压力下完成任务，还需要获得认可。在此期间，许多新人的完成超出预期，甚至精彩。

④出班任务。集训营既然有开营，那么也需要一个仪式去结束，让学员展示自己就是最好的仪式。在组织管理中遇到的一些课题，交给新员工去承担研究、汇报。不要轻视新人的能量，咨询的种子已经在开始生长，新人往往能提出非常有价值的管理建议，有的甚至能被采纳和应用。

在以上元素的共同作用下，三天的新人集训营很快落下帷幕。将刚刚入营与退出时的照片对比，能够明显感受到组员之间的亲近，而对于新员工来说，组织的重要概念，就是他熟悉的那几个人。也是经过三天的集训，员工对于组织的融入、对于工作的认知、对于未来发展的目标都有了明确的认知。许多人都有感触，集训营虽然结束，却是职业生涯的开始。

2．阶段任务

新人集训营过后，员工走上正式工作岗位，但是新员工培养也才刚刚开始。在最初的150天里，新员工还需要完成一系列任务，才能够成为一名合格的咨询顾问。

（1）资深顾问分享。新人集训营后，所有新员工会被邀请参与每月的分享。分享人是资深顾问，分享主题与业务高度相关，包括行业分享、项目复盘、成长故事等。围绕着这些分享，每一期都会安排反馈任务，以提高新员工对分享内容的认知。密集的集训营让新员工们难以快速消化吸收，而每月的分享学习让学员有思考的空间。

（2）新员工分享。每两周组织新员工作为主讲人，将新学到的管理、咨询知识向其他新员工进行分享。学员成为讲师的过程，本身也是学习的过程。正是通过备课，加强了对于知识的理解。由于作为讲师，要求比较高，学员们会非常重视，效果较佳。

（3）定期写作。在佐佑顾问，每位员工（不只是新员工）都需要定期提交文章，关于管理、咨询、组织、专业、社会、生活等的思考。写作本身是人才培养的重要手段，一方面咨询顾问本身就需要有良好的文案能力，另一方面，写作本身是系统性反思，对于所学、所感、观察进行梳理和呈现，在这个过程中思维能力、认知水平、写作能力都得到了提升，长此以往，效果显著。

3．结业

经过150天的新人培养后，进行新人班结业仪式。正式的结业仪式，同样是新员工成长中的重要仪式，是成长里程碑。结业通常伴随着结业任务，以任务的完成质量判断是否具有结业资格。

三、培养成果保障

新员工培养成效需要一系列的机制保障，并且需要和其他一系列的管理政策相配合，才能发挥效用。新员工培养并非独立存在，也需要与组织的整体人才管理、人才培养机制衔接，从而使得培养导向一脉相承和落地。

1．发展机制

设置任何一个政策，我们都会思考这个政策的意义，所有政策的意义一定在政策之外。新员工培养也一定在要在整体的人才培养体系中。培养的意义，还需要与人才晋级相结合。顾问的专业晋级过程中，分为若干等级，新员工只有完成新员工培养顺利结业才能够进入后续晋级，这样新员工培养就有了现实意义。另外，关于培养项目，经过新员工培养结业，还有项目经理培养，后续还有总监培养，培养的规划需要贯穿始终，这样培养的人才才是一项连续工作，人才培养的输出才能稳定持久。

2．导师制

管理咨询是一个非常讲求经验的工作，有点接近“手艺活”的概念，这种职业特点比较适合导师制。佐佑顾问为每个新人都配备了导师，导师由资深顾问担当。导师的职责在于帮助新员工快速成长，具体形式包括：

（1）对于新员工提出的种种困惑进行解答，提供支持和帮助。

（2）和新员工一起共同制订、完成个人发展计划。提供支持和帮助是以员工为主体，导师作为支持。共同完成个人发展计划，使得导师更深度地参与学员的成长，发挥学员主观能动性的同时，导师充分发挥自身的经验，帮助员工成长。

3．积分制

积分制是平衡新人培养各项工作的机制。集训营、分享学习、个人发展计划、结业任务等都赋予一定的权重，让学员对各个环节都充分重视，都获得成长，而不受个人兴趣或其他因素的过度影响。通过积分的评定，最后选出最佳新人奖，以对新员工进行鼓励。

佐佑顾问的新人培养机制稳定运营多年，为公司培养了一批又一批人才，是公司发展的重要支撑保障。作为咨询公司，这种培养模式、培养资源作为管理输出，近年来已经成为公司的人才培养产品中的一部分，为不同行业的客户培养人才贡献价值。

第十章

因材施教——企业各岗位人员培训管理

10.1 企业对因材施教的需求

10.1.1 “材”因何而分

因材施教是指在教学中，结合不同学生的实际情况和个体差异，扬长避短，使每一位学生可以得到最佳的发展。在企业中的“因材施教”可以引申为针对不同员工的不同特点与能力，为每一位员工安排最适合的工作岗位的同时，提供相匹配的培训，争取让企业中的每一位员工都可以将自己的效用发挥到最大，不仅仅为企业争取更大的效益，还可以在各自的岗位上得心应手。因此在企业中，所谓培训的“因材施教”，可以理解为因面向培训对象不同，设计培训方向、确立培训目标、设置培训课程均有所不同。

那么我们来讨论如何区分“材”。不同岗位需要具备的岗位知识、工作技能、在企业内承担的社会角色各有不同。并且每个人也会因自我概念、性格特质、工作动机不同，而带来培训对象区分的困难。如果站在每一个员工的角度来分析区分方式的话，不说操作难度太大，对于一个企业来讲，研究成本也过高。因此换个角度来看，从企业中各个岗位的角色定位、工作内容来设计分类，一个是体现公司战略的高度。另一个就是体现对各个岗位研究的深度。

我们可以通过明确员工定位来克服以上问题。首先需要明确什么是员工定位，员工定位是指基层部门管理者需要对员工进行素质、绩效两方面的目标定位，并对员工现状进行分析和思考。提出针对性强、可操作性强的员工培训机制，使员工在短时间内能为企业所用，或者拥有长期的持续发展性和较高的忠诚度。

总体来讲，从员工定位的角度来看企业中的因材施教，可从内部和外部角度来分析。从内部来讲，员工定位是分为两个方面，第一，是最主要的，即员工的自我定位，是内在的定位。主要指员工要对自己的能力、性格等方面有一个清晰的认识。当员工对自己有着清楚的定位，那么可以更好地在岗位上完成工作，不会出现在岗位上“大材小用”的感觉。第二，是员工岗位定位，这是外部的定位。即员工所具备的胜任力与岗位所需要的胜任力的匹配。从两个定位的内涵来说，其目的是为了使员工找到位置，自我定位最终推动企业不断进步。

讨论完“区分材的不同”，再说如何从培训角度考虑。区分培训的“材”，即区分培训对象，是从简单的职级，以管理者和普通员工来分类，还是根据培训时间，以入职培训和在职培训来分类？抑或根据综合素质，是否为精英骨干来区分？甚至培训需求的急迫性等。

区分培训对象的方式不同，最终达成的效果也各不相同。做出分类可以从确认三个“最”，作为优先原则帮助开展工作，分别是最需要、最重要以及最匹配。

首先是“最需要”，明确人群特征进行划分后，让最需要的人在最需要的时刻得到培训。

第二个是“最重要”，区分培训的重要性，给最重要的人对企业发展来讲最重要的培训。

第三个是“最匹配”，根据受训对象的不同，能够匹配到个人的成长和企业的发展。

综合来讲，就是给最重要的岗位的人（重点岗位精英骨干），在最重要的时刻，提供匹配最高的培训。

以上三点最重要的核心，就是对人的区分。古人云“因材施教”，在培训上如果完全“一视同仁”，那培训的“匹配度”就很难把控，培训效果自然难以显现。

市场上企业类型多样，我们以岗位综合性较强的生产型企业为例。根据岗位不同大致可分为研发人员、生产人员、营销人员和管理人员。四类岗位工作内容、角色定位特征显著，后文中以此四类展开详细培训管理解读。

10.1.2 “教”据何而施

“教”据何而施——构建基于多层次的培训实施管理体系，随着市场经济的快速发展，竞争化、专业化逐步提升，企业战略发展越来越要求体现专业化，可发展性。而培训作为企业人力资源开发的根本途径，已然成为自身管理水平的重要手段。构建符合企业战略发展方向的培训体系将是培训发展的必由之路。即从企业战略目标出发、满足组织发展的潜在需求，以人力资源规划为指导，应对企业面临的不同环境，满足培训需求多样化、层次化的要求。

首先从企业专业化管理流程来看，企业战略管理的流程一般可分为“一定二分解”，首先通过运用战略分析工具SWOT对企业内、外部环境进行分析，得出企业内部的优势、劣势、面临的机会及威胁，进而制订企业的战略规划、发展目标。其次对企业的战略目标进行分析、分解，落实到不同部门中去。最后再对部门细分目标进行再分解，将目标细化到每个岗位上，形成岗位目标。对企业战略进行分解，以形成岗位目标后，可以着手描述完成岗位目标和工作任务所需的知识、技能、经验、行为、态度、身体等，同时通过工作分析来建立企业的任职资格标准，通过企业胜任力模型明确岗位的行为标准，通过岗位KPI确立岗位的绩效考核标准和通过员工发展中心确定员工个人的发展计划。再接着通过评价中心技术、绩效考核、访谈等方式多方面、多角度的测评和诊断员工现状，这个现状和前面的四个标准的差异就是“培训需求”。

从企业培训实施角度来看，企业培训是否能够真正起到作用？企业培训投入多产出缓慢，效果并非立竿见影，但是持续性的，对未来的职业发展是有好处的。培训成果需要时间来检验。或许两三年之后，就会在工作中有所体现。如同公司的未来之星计划，四年培训周期过后，每个人的进步很明显。精心准备的培训工作如何确保良好的效果？首先，进行企业培训前，导师会采集员工对哪些课程感兴趣，听明心声，才能有的放矢。其次，培训过程要做到监管严格。在培训中，有一定的监管纪律，确保监管到位，培训结束后及时反馈给公司对接人。最后，以考促学。培训结束后会安排考试，不仅公布成绩，同时公开的还包括培训期间的出勤、表现等。

培训内容分门别类，因材施教，培训系统且监管严格。有面向管理层的小班授课，也有针对业务线上项目经理和普通员工的培训课堂，当然还有新员工的专属定制。针对管理层，主要是针对领导力的提升与发展，开阔领导干部的思维、视野。所以业务线上各项目经理的能力至关重要，提升项目经理的管控能力、团队建设能力以及个人综合能力。新员工的培训当然可以是多样化的，除了基本的入职培训，还会安排专项培训。可以说企业培训内容因材施教，形式也是多种多样。

量化培训管理的每一个环节都非常重要，从培训需求、计划、实施以及效果评估都做到，才是因材施“教”的管理，这里面“教”更多讲得是一种管理思想，也是培训管理水平的直接体现。

10.2 企业研发人员培训

10.2.1 研发人员胜任力特征

目前，对于研发人员的概念与内涵还没有统一明确的学术界定。从普遍意义来看，研发人员一般是在科研机构、企事业单位等从事研究、产品设计、技术开发等方面，具有专业技术的人员。在知识化时代，研发已经渗透社会各行各业，研发人员是研发工作的核心要素，在各行各业的研发领域都起着不可替代的重要作用。研发人员的研发水平决定了研发机构在知识和技术领域的发展与创新能力。

研发人员属于典型的知识型员工。管理学家彼得·德鲁克认为：知识型员工属于那种“掌握和运用符号和概念，利用知识或信息工作的人”，不同于传统上听从命令或按规定程序的操作员工，研发人员具备了专门的知识和技能，是某一领域的专家，因此他们比从事物质生产的员工更注重工作上的自主性和创新性、工作中的个性化和多样化，更重视自己的尊严和自我价值的实现，在个性、工作、需求、价值观等方面都有自己的独特性。

（1）素质高。研发人员一般均受过系统的专业教育，具有较高学历，掌握一定的专业知识和技能。同时由于受教育水平较高的缘故，研发人员大多具有较高的个人素质，如开阔的视野、强烈的求知欲、较强的学习能力、宽泛的知识层面，以及其他方面的能力素养。

（2）自主性强。研发人员拥有企业生产意义上的知识，具有某种特殊技能，他们往往更倾向于一个自主的工作环境，不仅不愿意受制于人，更强调工作中的自我引导，依靠自身的专业知识和技能进行脑力劳动，不断创造出高价值的产品和成果，以此带动技术的进步和产品的创新。

（3）过程价值评价困难。研发人员从事的工作是大脑复杂的思维过程，较少受时间和空间的限制，其工作过程也往往没有确定的流程和步骤，呈现相对的随意性和自主性，很难根据员工的行为识别出他们所付出的努力，管理者较难实现对其进行低成本的有效监督与控制。而且由于从事的工作极大程度上依赖于自身的智力投入，产品价值体现周期长，难以准确度量，且一些科技含量高的产品生产，往往是众多研发人员集体智慧和努力的结果，难以进行分割，无法采用一般的经济效益指标加以衡量，因此在考核个人绩效时比较困难，导致薪酬价值分配困难。

（4）需求层次高。研发人员通常具有较高的需求层次，更在意自身价值的实现，他们工作的目的不仅仅是为了获得工资报酬，而是有着发挥自己的专长、成就事业的追求，期望自身价值得到社会的认可，因而更热衷于具有挑战性、创造性的任务，并尽力追求完美的结果。

（5）专业忠诚度高。研发人员知道自己的知识对于公司营运的重要性，所以他们不再从传统的职位角度上去评价个人的能力，他们可以独立于组织之外而获得聘用，实现个人价值，建立个人的声誉和地位。因此，研发人员可能对组织的忠诚度较低，而更多地忠诚于他们的专业，出于对自己职业的感觉和发展前景的强烈追求，导致这一类型的人员在企业间的流动频繁。

10.2.2 研发人员培训需求分析

企业要想生存，需研发新知识新技术才能跟上知识技术革新的速度，需以研发高技术含量的产品和服务为主要任务，并依靠出售所研究生产出的技术产品或服务来创造效益。研发人员是高科技企业核心竞争力，对研发人员的培训需求进行调研非常重要。一是因为研发人员拥有企业发展所需要的技术创新能力，他们的技术创新知识与企业的其他资源相结或在已有的基础上改进，或者革新能够转化为具有市场价值的产品和服务，为企业产生新的产品或具有市场价值的服务。二是因为研发人员在企业中是属于知识、文化素养、智商等方面都很高的一个特殊群体，具有“主动性强”“成就动机强”等特点，所以在培训方面也有自身的特点，需要有针对性地进行调研，并制订专项培训计划。调查发现，创造能力和人际沟通能力，88.9% 的研发人员都有相关要求。

1．培训内容需求

通过对研发人员培训需求调查发现，他们对以下培训内容的需求较高。

（1）专业知识

88.9% 的研发工程师认为自己最需要培训的是“专业知识”，体现了研发人员“事业心重”“成就动机强”的特点。专业知识是从事研究开发工作的理论基础，没有扎实的专业知识必然在技术上有所欠缺，不能为企业创造利润。而且在知识经济时代，科学技术加快了发展的速度，研发人员必须通过培训学习新知识、新技术才能跟上知识、技术革新的速度。

（2）产品知识与客户需求

在培训需求调查中，近 90% 的研发人员都要求了解产品知识和客户需求。这是因为研发人员的工作不是重复性的生成，每一个项目都有不同之处，或者在原有基础上改进或者革新，所以每次成功的研发都会产生新的产品。但是，创新的产品与市场的需求之间往往有差距，一旦新产品不能满足当时市场的要求，或者市场接受新产品需要一定的时间，则说明研发工作是失败的。

（3）创造能力与沟通能力

根据调查结果分析，人际沟通能力、创造能力等是研发人员最紧急需要培训的能力。人际沟通能力之所以重要，是因为在人际交往中，这是可以被别人接受并获得合作机会的能力，善于沟通才能更好地完成工作。创造能力主要是指创造性地发现问题和解决问题的能力。研发人员主要的研发任务就是破除现有的方式，找到新思路，这对研发人员的创造力要求非常高。

（4）企业文化

企业文化是企业价值观的表现，企业文化需要在时间中慢慢沉淀、凝结、提炼。一旦员工发现企业文化与自身价值观不符，则离职的可能性会增加。部分研发型企业对于企业文化的提炼并不清晰，调查显示，61% 的研发人员对企业文化的培训十分强烈。说明研发人员注重企业文化，这与研发人员自身特点有关，当他们认同企业文化时，则在公司中的稳定性强；当不认同时，会因精神痛苦而离开。所以，研发人员更多的是选择企业文化，而非适应企业文化并融合。

2．培训组织形式需求

调查显示，研发人员比较倾向的培训形式主要包括如下两项。

（1）境外培训。很多研发人员提出了境外培训的要求，因为他们认为到科技发达的国家培训能够获得国际前沿的理论和成熟的经验，获得国际化的视野，提高工作效率。但是，境外培训成本高，无法大规模实现，因此很多企业把境外培训作为优秀员工的奖励。

（2）远程学习。远程学习通过声音和数据，可以为不同受训者提供培训互动，具有受众广、不限时间、不限地点等优势，而被广为推崇。

10.2.3 研发人员培训需求的改进空间

1．企业发展战略培训需求弱

企业发展战略是企业运行的根本指导思想，对员工进行企业发展战略培训的关键在于让员工对目标达成共识，觉得追求此目标有意义，并愿意积极投入。仅有不到3%的研发人员认为完全没有必要进行企业发展战略培训，这部分人员对企业发展战略表现出的冷漠态度说明他们对公司的忠诚度极低，离职的风险极高。因此对研发人员进行企业发展战略培训是非常有必要的，以培养他们对企业的认同感和信心。通过正式与非正式的方式，对研发人员进行指导教育，潜移默化，赢得其对公司的衷心，与公司共同成长。

2．职业道德培训需求弱

职业道德是职业活动的道德准则、道德情操、道德品质，是从业人员的行为标准和要求，也是对社会承担的道德责任和义务，是社会道德在职业活动中的表现。对研发人员的道德要求高是因为：

①研发人员向客户提供技术性服务，没有良好的职业道德会给公司造成不可挽回的负面影响。

②研发人员是企业的核心人才，掌握着公司的重要信息和技术，一旦职业道德有失，则有向竞争对手泄露机密的风险，会给公司造成不可弥补的经济损失。因此对研发人员进行职业道德培训是非常有必要的。

可以通过以下形式进行职业道德培训：

①思想教育，这是目前最广泛使用的方式。

②以企业文化建设为载体，培养员工的主人翁意识，在无形中提高员工职业道德。

3．部分培训形式需求可操作性不强

研发人员的培训形式需求显示对传统的培训方式并不认可，喜欢在培训形式上大胆创新，提出的培训新形势多为组织控制力弱、培训成本高、风险难控制的方式，需要进行可操作性分析及合理化改革。公司既要满足研发人员的培训需求，又要考虑培训成本和培训风险，比较常规的规避风险的方式为签订培训协议，将较高的培训成本和培训风险降低。

10.3　企业生产人员培训

10.3.1　生产人员素质特征

先进的科技成果需要通过技术人员的劳动转换为现实的生产力，提升企业的核心竞争力、提高企业产品质量，一线生产技术人员是企业生产经营的直接推动者，其技能水平高低直接影响着企业发展，技能培训提升是提升企业生产操作人员技能水平的重要途径，是企业实现人力资本管理开发的重要手段。如何有效提升这类人员技能水平，是我们本章节要探讨的一个课题。鉴于企业生产技术人员素质特殊，相对其他种类的企业人员，主要有以下特点。

1．重视职业素质

生产技术人员受高等教育较少，但熟练掌握专业知识和技能，同时由于岗位操作重复性较高等因素影响，具备较强的动手实践操作能力，理论性较为缺乏。

2．自主性一般

生产技术人员具有某种一定专业技能，他们往往处于单调重复的工作环境之中，较容易受环境影响，依靠自身的专业知识技能进行劳动生产。

3．过程价值评价相对容易

生产技术人员从事的工作一般不需要太多思维过程，有较为确定的流程和步骤，比较容易量化员工的行为，识别出他们所付出的努力，管理者较为容易对其进行低成本的有效监督与控制。

4．需求层中等

生产技术人员工作的目的不仅仅为了获得工资报酬，还可以发挥自己的专长，这些任务不是完全具有挑战性和创造性的任务，工作过程中保健因素和激励因素需要配合使用。

5．专业忠诚度相对较高

生产技术人员对公司生产营运发挥着重要作用，行业差异大，生产工艺流程差异也很大，对技术人员的要求差异性也较大，生产技术人员在公司相对服务时间较长，一般较为认同公司企业文化，整体流动性不高。

10.3.2 生产人员培训需求分析

一、明确人才理念和培养目标

需要把生产技术人员培训提升到公司战略高度进行规划，并且明确人才培养目标以及人才理念。管理层的管理理念直接决定了员工培训工作的开展情况，而培训又涉及公司的人力成本支出。实际操作中管理层往往对生产车间员工培训的重视程度不够。一方面，管理层往往重生产轻培训，担心培训占用时间，影响公司的生产工作。管理者心目中往往以生产和市场为第一位。生产任务比较重，订单多时，生产车间往往是加班加点地工作。为了能够顺利完成订单任务，公司领导会认为此时进行培训会影响生产的推进。而当生产任务少的时候，公司领导也认为培训的重要性不足。另一方面，生产车间员工本身不重视培训。特别是经验丰富的老员工，认为拥有相对成熟的工作经验，缺乏对培训的热情。所以只有和公司经营战略结合起来的时候，上升到战略高度，才能凝聚共识，自上而下重视起来，才能更持久。

二、充分培训需求分析

培训需求分析是培训活动全流程的首要环节，是制订培训计划、设计培训方案、培训活动实施和培训效果评估的基础。每一个员工都是不一样的，因此，正确的培训需求分析十分重要，如果这一步忽略了或出了差错，随后进行的所有工作都可能是错误的，至少效果会大打折扣。几年下来，公司生产车间的培训活动均按部就班，一成不变。一方面，培训部门并没有运用科学的培训需求分析方法对生产车间员工的培训需求进行系统分析，无法与企业战略相结合，无法对企业业绩和部门业绩目标进行分解，无法与生产车间的年轻员工个性特征相匹配等。例如，培训活动并没有做好分析业务收益目标与知识技能要求间的关系，也缺乏与各生产车间部门直线经理的沟通，因此更无法从中找到与业务关联最紧密的切入点进行培训导入。另一方面，培训需求问题也引发了后续培训计划制订的不合理性。正是因为培训需求分析的不科学和不合理，导致在培训实施过程中，往往容易出现内容、形式、课程与企业总体目标不一致，导致培训不受重视、走过场和流于形式。

三、建立合理有效的培训机制

围绕生产经营计划制订年度培训计划，将岗位要求技能进行拆分，对相似性技能进行合并，掌握岗位技能和情况确认，有必要进行笔试和职业技能摸底测试，确定相关职业技能培训计划，通过让受训者知道其他技能需要什么样的内容，受训者根据自身的技能水平和希望达到的技能水平做好培训申请表，然后根据培训部门计划与培训安排，包含培训时间、内容和形式。优化培训课程，根据具体岗位细化的岗位技能进行针对性培训，精准设置课程、讲师和课程考核以及整体评估总结，组织形式多样的生产技能竞赛，选拔技能能手，建立技术能力导向。岗位技能与培训内容的对应关系见下表。

岗位技能与培训内容的对应关系

序号	岗位技能	培训内容
1	普工	设备、操作标准、快速判断故障
2	钳工	视图培训、车辆结构、故障判断
3	电工	数电、模拟电路、电路故障

建立内部培训师体系，建立师徒制的考核激励机制，有效激发经验丰富的培训师发挥，明确生产技术讲师选拔标准、明确带人培养责任，与职业发展相应机制进行匹配，推动公司进一步激发活力。

四、重视企业文化归属感培养

生产制造行业的人员工作任务相对繁重、枯燥、单调、工作现场封闭，需要经常性组织文化活动，让一线员工在学习了解企业文化的同时，感受到企业带给他们的归属感。企业应该重视内部宣传，利用企业报、新媒体、办公网络等宣传媒介，向一线员工进行企业形势任务教育、思想观念、行为意识的引导，选出优秀员工和先进典型进行宣传，鼓舞员工士气，驱动员工敬业度，主动提高生产效率、产品质量和客户满意度。同时，国有企业要充分发挥其“党、政、工、团”的组织作用，围绕生产经营中心工作，开展形式多样、寓教于乐的“金点子”建议、“精益改善”提案、“五小”竞赛等活动，鼓励他们立足岗位主动提出改善生产的合理化建议，让更多的一线员工参与到企业管理中，激发一线生产操作人员的自主驱动和“主人翁”意识。组织搭建一线员工与企业的多层面沟通渠道，让员工感受到自己与企业共同成长，以此增强一线员工对企业的认同度和归属感。通过逐步完善一线生产操作人员的技能培训，努力健全激励保障机制，营造尊重技能人才，争当技能人才的良好氛围。

10.3.3　案例分享：一线生产人员培训管理

在企业实际生产经营管理中，对于一线生产经营管理岗位的培训内容、形式、时间都要讲求实效。具体安全培训管理又是重中之重。下面通过生产人员培训案例具体展现一下。

案例一：某私营五金厂冲压车间新工小卢上岗第二天，因不了解机器操作规定，不慎将右手放入冲床卡内，右手当场被机器压断。事后调查发现，该车间3年内已连续发生了

4起类似事故，前3起因为伤势较轻而未引起重视。其主要原因是缺乏相关培训。老板在得知原因后表示，以前不重视培训，既导致员工受到伤害，又给企业带来了损失，今后要吸取教训，认真对待培训工作。在案例中小卢上岗第二天就被要求操作生产设备，安全生产操作知识应该是首要知道了，而不是匆忙安排上岗后发现有问题才去解决。

案例二：有一位培训师在浙江某知名食品企业做培训时，发现员工包饺子的效率较低，就对他们包饺子的动作进行了分析。原来员工包饺子时基本上有十几个动作，经过分析和实践，调整了双手的分工，去掉不必要的动作，最后将包饺子的动作简化为3个。随后培训师进行了包饺子的技能培训，结果使生产效率提高了6倍，由原来的每人每天50盒提高到每人每天300盒。案例中通过对实际工艺操作流程梳理和分析，精简不必要的操作流程，从培训需求管理重新梳理提高工人的操作效率。

培训启示：

（1）培训内容。岗位培训的内容主要包括“应知”“应会”“应学”。“应知”部分如部门特性、岗位职责、质量要求、安全知识、作业程序、管理标准。“应会”部分如操作设备、使用工具、储存物料、执行工艺。“应学”部分主要指作业技能，如经济动作、最佳路线。

（2）培训形式。培训可采用书面、环境、现场、专项等形式。书面培训就是把培训内容编印成材料或小手册，发给在岗员工，人手一册，便于查阅。环境培训就是把有关要求、标准、知识做成题板，张贴悬挂在显著位置，随时提醒。现场培训就是通过实例进行训练，让员工身临其境，增强记忆。专项培训就是对特定对象和特别事项，进行单独培训，定向提升。

（3）培训时间。培训时间可以安排在班前、班内、班后；可以在岗，也可以离岗；时间可以是几分钟，也可以是半天一天。两小时的讲座是一种培训，几句简单的提醒语也是一种培训。培训不要拘泥于时间的长短，重要的是要起到作用。

综上所述，无论是培训内容还是培训形式或是培训时间，都要注重实效性。实效性才是岗位培训的重心。

10.4　企业营销人员培训

10.4.1　营销人员胜任力特征

各行各业都少不了营销人员。他们在人们心中有着相似的形象：头脑聪明，时常能蹦出新鲜点子，对人际关系管理有着较强的能力，为人热情、性格开朗、有幽默感且待人温和亲切，同时又有着坚毅的品质等。

除了在企业中的群体特征明显以外，从管理上来讲，同样也有着属于他们的特质。首先，营销人员的工作难以监督管控。营销人员通常独立开展营销工作，他们的工作时间自由，单独行动更多。管理人员无法全面监督营销人员的行为，其工作绩效在很大程度上取决于自身愿意付出怎样的劳动，很难用公式化的硬性规定来约束营销人员的行为，应该用科学、有效的绩效考核制度对营销人员进行指导、管理，规范他们的行为，使营销人员全身心投入到营销工作中，以提高工作效率。第二，工作业绩不稳定。营销人员的工作业绩受多方面因素影响，例如社会政治环境、社会舆论、流行趋势、消费者心理、季节变化，都会影响客户的购买需求，继而影响营销人员的工作业绩，某种程度上说，营销人员的工作业绩是“不可控”的。第三，营销人员对工作安定的需求不大。营销人员的跳槽率很高，这是因为他们试图通过不断跳槽来找到最适合自己的工作，从而使自己对未来的职业生涯有所规划。

根据近些年国内专家对于企业营销人员胜任力的分析，营销人员的胜任力分析主要分为两个方面，分别为基本素质和专业素质。基本素质主要是关于营销人员的个人素质，比如态度、自我修养等。专业素质主要是要求营销人员要有营销工作能力，比如专业的知识技能、职业素养。这两个方面的素质就是区分业绩优秀的营销人员与业绩一般的营销人员的关键。

10.4.2 营销人员培训需求分析

基于营销人员这样一个特定的职业群体，根据其在企业中的岗位特征、管理特征，梳理该群体的培训需求，具体包括如下内容。

（1）解读产品的专业性要求高。营销人员在面对客户时，需要在短时间内向客户展示与市场同类型产品（或服务）对比的绝对优势，分析客户在面对产品时遇到的问题，解答客户疑问，并引导其对产品的需求性。这就要求营销人员对产品“了如指掌”。

（2）对产品信息的及时更迭。产品的迭代更新无论是技术的突破，还是服务的创新，对于客户来说，都是影响到“选择”时的重要考量。如果营销人员对于产品的更新不够了解甚至不够及时，可能就会与客户失之交臂。

（3）客户 / 市场需求的及时掌握。由于营销人员可以和客户、市场直接 “接触”，是否能及时把握“市场上的风吹草动”，有时会成为制胜的关键。

（4）客户心理把握。商谈中，能在微妙细节中，了解客户的心理，及时打消客户的疑虑，增加客户的信任。

（5）营销技能提升。包括沟通技巧和心理素质。

（6）客户服务。面对困境能用最快的时间分析原因，提出有效的解决方案。

10.4.3 营销人员培训管理

考虑到营销人员管理的不可“量化”、不可监督，培训内容应从以下三个方面出发，分别是态度、技能、知识。做到技能素质化，知识技能化，推动其态度转变为对知识的渴望。而在培训方法上可以丰富多彩综合使用，如讲授法、研讨法、轮岗法、学校培训、案例研究法、行动学习法、视听技术法、参观法、网络培训法、角色扮演法、师带徒法、拓展法、沙盘模拟法、自学法、咨询培训法等。结合营销人员的工作特性，重点评估异地培训、线上培训方式的可操作性。

以A企业内对营销人员的培训管理为例。

1．培训的时机选择

常见的营销人员需要培训有七种情况。

（1）营销岗位新员工入职时。

（2）企业有新的产品发布时。

（3）当营销业绩遇到瓶颈时。

（4）市场竞争激烈时。

（5）大型展会活动之前。

（6）为营销团队储备人才时。

（7）营销队伍的士气低落时。

一般当企业内出现这七种情况的时候，就是企业需要特别关注营销人员培训需求的时候。

2．企业营销人员培训对讲师的选择

选择培训讲师的时候要特别注意，对于提升营销技能的讲师一定要选择有丰富的营销实战经验的，曾经做出过成绩的，能做到理论联系实际的讲师。切勿找“理论家”，说起营销理论来一套一套的，却没有任何实战经验。或者原来是做营销的，但是现在工作早已与市场、客户脱节，每天的工作其实就是看看报表、开开会之类的。或者做过几天销售，其实成绩并不怎么样；又或者是有成绩，但是只会做，不会成体系地总结。

3．课程的设置

课程设置一般可分为以下三个方面。

（1）心态类。这一类是最容易被公司忽略的，但对于营销人员来说，却是最重要的一项。营销人员在工作中承受的心理压力往往较大，这需要具备较好的心理素质。有时遇到淡旺季，月工资的差异会很大。甚至有时碰到客户无理取闹，也只得默默承受。总之在他们的工作中，经常遇到各种让营销人员心态沮丧或崩溃的事情。因此企业一定要注意定期给他们做一些心态锻炼的培训。使营销人员常常能保持一种积极昂扬的态度，时刻保持阳光、健康、开朗，培养自己成为“锤不坏”“打不倒”“磨不烂”的钢铁心态。

（2）知识类。包括企业知识、产品知识、行业知识、竞争对手产品知识、营销相关知识和工具等。

（3）技能类。包括营销技能、沟通技巧、服务技巧、商务礼仪等。

（4）培训的评估

建议采用柯氏四级评估里面的第四级，可以从绩效的层面，用数据说话，量化表示出培训的结果。

10.5 企业管理人员培训

管理学赋予管理的意义是保证一个组织经营活动而实施的一系列计划、组织、协调和控制活动。管理者的管理能力从根本上说就是提高组织效率的能力，即在计划、组织、协调和控制系列活动中所具有的素养、沟通、协调、组织等方面能力的综合体现。管理者若要准确地把握组织的效率，需具备决断能力、应变能力、承受压力能力、激励能力、领导风格等各种管理能力。最理想的情况是，组织中的管理者具有的管理能力与组织需要完全匹配，但这是理想状态，我们通常所见的是管理者的管理能力并不能与组织发展需要完全匹配，或者从动态发展的角度看，管理者的固有能力与组织发展速度不匹配，需要不断地补足提高。

如何提高经营管理者的管理能力呢？通常，人们关注最多的是领导力的提升，但综合分析，管理者的管理能力并不仅局限于领导力一个维度。管理能力的提升，我们可以借助培训这一工具，以及胜任力的概念及模型。“胜任力”概念是1973年由哈佛大学教授戴维•麦克利兰提出的，是指在某一工作中能将卓越成就者与普通者区分开来的个体特征，它可以是动机、品质、自我认知、价值观、某领域知识、认知或行为技能等任何可以被可靠测量或计数的并且能显著区分优秀与一般绩效的个体特征。

“胜任力模型”（competency model）是指组织或企业中的个体为完成职位 / 岗位工作目标或绩效目标所应具备的能力要素组合，通俗来讲，是指从事某个职位的人需要具备什么样的能力才能良好地完成该职位的职责。这些能力要素可分为内在动机、知识技能、自我形象与社会角色特征等几个方面。这些行为和技能必须是可衡量、可观察、可指导的，并对员工的个人绩效以及企业的成功产生关键影响。胜任力模型为人们指明了自我能力开发和学习的目标，也是人力资源管理工作范畴内制订培训规划的依据和信息源以及有针对性辅导的方向，该模型还可以作为职业生涯规划的基础。

胜任能力模型就是对岗位核心能力进行不同层次的定义以及相应层次的行为描述，确定关键能力和完成特定工作所需求的熟练程度。企业若想取得理想的培训效果，开展培训工作前，需要首先建立员工能力素质模型，分析员工现状与岗位胜任素质要求之间存在的差距，确定员工不同岗位所需要的培训层级和内容，从而明确培训需求。其次，针对不同人群设计个性化培训方案，这是导致培训行为能否最终取得预期效果的关键所在。因此，关注企业管理人员的培训，必须从企业管理人员的胜任力分析入手，在明确培训需求后，有针对性地组织实施广义范围的培训。

10.5.1　管理人员胜任力分析

胜任力要求是根据岗位在各组织中的职责确定的，在同一组织中，不同岗位对员工的胜任力要求不同。在不同组织中，相同或类似岗位对员工的胜任力要求也不尽相同。每个企业的胜任力模型的应用要根据实际情况确定。

1．管理者胜任力分析

对管理者来说，其岗位胜任力要求会有其特殊性。基于管理类工作的普遍性及重要性，管理类工作的胜任特征是素质模型专家们研究的工作重点，经过大量研究，就管理者共性特征来说，一个合格的管理者需具备下列 12 项素质。

素质 1：影响力。杰出的管理者会非常关注个人的影响力，努力建立个人信用，管理自己对他人留下的印象。关心自己的语言或行动会对他人产生何种影响，在意个人的信誉或留给他人的印象，并运用正面的影响力来改善公司的经营。

素质 2：成就导向。指管理者为自己及所管理的组织设立目标、提高工作效率和绩效的动机与愿望及对权力的需求。由于管理者的工作常常涉及他人的绩效，因此其成就导向必须被团队和下属认同。

素质 3：团队合作能力。团队合作精神或参与式管理能力是管理者重要的胜任特征。团队建设的核心是信任合作，管理者需具备上级、平级及下级的充分信任与充分协作的能力，才能实现最大的管理效能。

素质 4：分析式思考能力。对于杰出的管理者来说，注重逻辑思维是一项很重要的特征，常见的指标包括：发现情况或信息的暗示或结果；用系统的方式分析情况以确定原因或结果；以务实的态度预测障碍，规划解决方案；事前思考行动过程的步骤，分析完成任务或目标的条件。

素质 5：主动积极。其行为表现是，管理者在超出工作的基本要求时，把握机遇，为未来可能出现的问题或机会做好准备。在处理当前情况时表现为：在机会出现时立即抓住；迅速有效地处理危机；超越某人正式的权威界限；在达到目标的过程中表现出坚持不懈的毅力。

素质 6：培养他人。这是管理者必须具备的关键特征之一，主要表现是给下属提供建设性的反馈意见，当下属遇到困难时给予安慰和鼓励，通过各种指示、建议或其他指导方式培养下属。

素质 7：人际理解能力。主要表现方式为：了解他人的态度兴趣、需求和观点；能够解释他人的非语言行为、了解他人的情绪和感觉；指导什么可以激励他人；了解他人的长处和短处，了解他人行为的原因。

素质 8：自信心。在杰出管理者身上自信心出现的频率很高，主要表现为：对自己的能力和判断力普遍有信心；喜欢具有挑战性的任务；勇于质疑或挑战上级主管的行动，面对问题或失败勇于承担责任并采取各种方法改善绩效。

素质 9：直接 / 果断性。杰出管理者使用这项能力的频率可能比培养他人要低，但在某些情况下非常重要，最常见的表现为：设定极限，在必要的时候说“不”；设定工作标准并严格执行；有时会清楚直接地质疑他人的工作绩效。

素质 10：信息搜集。这是管理者的一项重要特征，在一般情况下信息都是用来诊断问题或找出未来的潜在问题的，信息搜集的主要方法是：系统地搜集资料；从各种来源搜集资料；亲自观察或接触实际情况。

素质 11：团队领导力。主要表现在管理者为其所在团队设立绩效目标，在更宽泛的组织层面上维护所在团队的利益，为团队争取所需要的资源。

素质 12：概念式思考。主要表现为：发现他人没有发现的某种联系或模式；注意到他人没有注意到的各种矛盾或差异；迅速把握问题的关键并采取行动。

2．高层管理人员胜任力分析

数据显示，高层管理人员除了以上管理者的共同素质特征之外，还具有某些特殊的能力素质，在高层管理者的胜任特征模型中包含的指标通常要更多。同时，高层管理者有能力以更复杂的方式整合自己的能力。具体来说，呈现出以下特点。

（1）高层管理者的影响力等级较高，而且拥有某些额外的能力，往往通过不容易让人察觉的策略来影响他人，并且努力建立组织的信用和声誉。

（2）在高层管理者的胜任力素质特征中，表现较为突出的素质是：成就导向、组织认知和关系建立等特征。杰出的高层管理者信息搜集和主动积极的能力比中层管理者还要频繁，同时他们的观点与行动更具有长远眼光。

（3）对于关心秩序、自我控制等特征没有出现在杰出高层管理者模型中，但这并不表示他们缺乏这些能力，只是他们具备这些能力被认为是理所当然的。

10.5.2　基于胜任力模型的管理人员培训体系建设

一、基于胜任力模型的管理人员培训体系建设思路

1．明确核心能力，进行素质定义

美国鲍德里奇奖“优异绩效标准”和欧洲业务创优模型奖“绩效评价指标”中，关于优异企业的关键要素有：（1）有效的战略规划；（2）敏捷的市场反应；（3）更高的客户价值；（4）优良的员工素质；（5）顺畅的业务流程；（6）超常的业绩表现。

关于领导者的七项责任分别是：确定组织的价值观、确定发展方向和绩效目标、关注顾客需求和期望、营造积极的经营环境、完善组织的治理、评审组织的绩效、履行社会责任。

对管理人员的胜任力素质要求根植于企业的具体经营之中，每个企业根据经营实际情况的需要进行提炼与确定。二者对应关系如下图所示。能力素质是个体的一种潜在特质，它与一个人在工作中或某一情境中所表现出的与绩效关联的行为有着明显的因果关系。简单讲它可以预测一个人通常情况下的行为方式和思维方式。从能力素质的概念来看，管理岗位的核心能力模型应当是基于独特能力的模型。

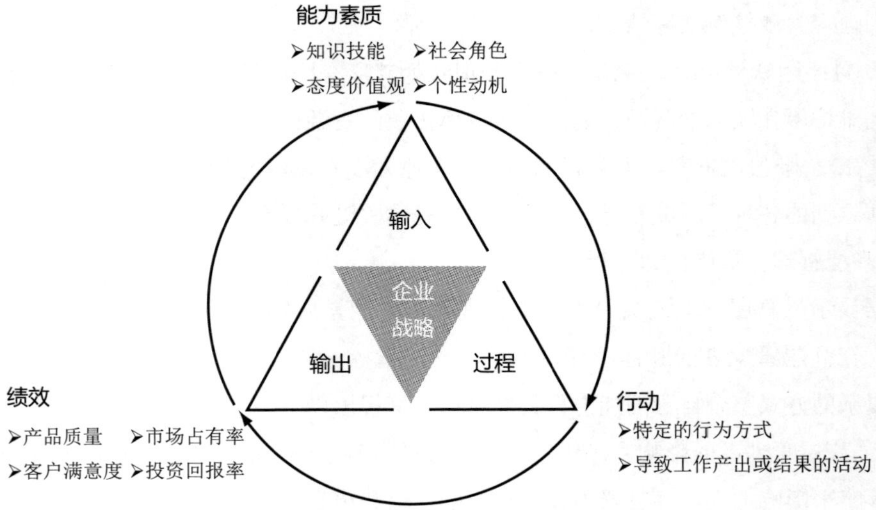

管理人员的胜任力素质模型与企业经营战略的对应关系

2．进行能力等级定位，选拔标杆式人员

将企业经营所需的各项素质能力进行分类及等级区分，例如某些能力在新任管理者与成熟管理者之间做对比，该项能力素质的差异就可能非常明显，将其中的区别进行等次分区，应有梯度差异，最好可以落实到可量化的指标。具体操作方法是，根据企业经营需要，选取各项素质能力较为突出的人员作为标杆式人员，所谓“标杆”，是在现有条件下的相对概念，但以具体的人员作为能力载体，可使得素质特征具有可参照性。将标杆人员的标杆素质作为培训目标。

3．通过行为事件访谈和其他方法收集数据

“行为事件访谈法”（behavioral event interview，BEI）是目前在构建素质模型过程中使用最为普遍的方法，是一种开放式的行为回顾式探索技术，是揭示胜任特征的主要工具。以目标岗位的任职者为访谈对象，通过对访谈对象的深入访谈，收集访谈对象在任职期间所做的成功和不成功的事件描述，挖掘出影响目标岗位绩效非常细节的行为。之后对收集到的具体事件和行为进行汇总、分析、编码，然后在不同的被访谈群体（绩效优秀群体和绩效普通群体）之间进行对比，就可以找出目标岗位的核心素质。

具体操作过程是请受访者回忆并描述过去一段时间（通常是半年或一年），在工作上感到最有成就感（或挫折感）的关键事例，其中的关键信息有：关键事例发生的情境、背景与条件；有哪些人参与了这一事件，各自的角色和任务是什么；事件中有哪些行动，哪些行动是比较关键与重要的；在事件中个人的感想；事件的最终结果怎样，正面结果和负面结果分别是什么，有哪些值得借鉴的经验。通过 3 ～ 6 个完整、详细的行为事件信息汇成数据库，作为分析的基础数据。

4．分析数据，设计核心能力模型，比对差异，有针对性地提升能力

能力素质模型（competency model）被定义为担任某一特定的任务角色，所需要具备的能力素质的总和。能力素质模型方法是从组织战略发展的需要出发，以强化竞争力、提高实际业绩为目标的一种独特的人力资源管理的思维方式、工作方法和操作流程。能力素质模型通常包括三类能力：通用能力、可转移的能力、独特的能力。通用能力是指适用于公司全体员工的工作胜任能力，是公司内对员工行为的要求，体现公司公认的行为方式。可转移的能力是指在企业内多个角色都需要的技巧和能力，但重要程度和精通程度有所不同。独特的能力指某个特定角色和工作所需要的特殊技能，通常情况下，独特的能力大多是针对岗位来设定的。

在行为事件访谈法积累的数据基础上，提炼各管理岗位的核心能力要素，构建核心能力模型。评估现有职位人员能力现状，比对与理想能力之间的差距，设计培训课程，以确保培训课程设计的针对性。根据企业业务发展的需求和人员的能力水平，灵活地对员工的

工作进行合理安排，以保证“人”和“岗”的最佳匹配，从而使“以人为本”得到最大限度地体现。

10.5.3 案例分享：管理人员培训

五年前，徐军作为研究生，以优异的成绩毕业于名牌大学的重点专业，来到当地较有社会知名度的大型企业美滋食品公司工作，在美滋公司工作的五年间，他在该公司经历了三个不同的技术类岗位，竞聘之前在研发部做技术主管工作，主要负责生产线的引进，徐军的专业技术能力在整个公司是数一数二的，经常被上级咨询，除了具有很好的专业教育背景之外他还非常好学，经常参加专业领域内的学术交流活动，积极了解行业动态和新的发展方向。三个月前，因上任研发部经理突然离职，徐军通过岗位竞聘成为美滋食品公司研发部的新任部门经理，可以说，公司上上下下都非常看好徐军的个人能力，在其出色的技术能力之外，他的恒心与毅力在公司也非常出名，一旦开始一个项目就会加班加点毫不放松地坚持直到项目完成，也许就是这一特质，由他引进的四条生产线非常成功，也使之具备了在这次竞聘中能够脱颖而出的资历。

但是，上任以来的三个多月对徐军来说体验并不好，在工作中他倍感压力，明明是自己之前很熟悉的工作，因为身份转变了，现在做起来感觉不一样了，每天不是这个会议就是那个会议，甚至公司后勤工作的事情也需要他知晓配合，原来看起来部门内部每个人都是按部就班的工作内容，可自己做了领导之后发现并不是这样，上个月刚结项的研发一组成员工作的分配问题、职称名额分配问题，甚至小王和小张的人际关系问题都成为摆在他面前不能不处理的问题……公司总经理白总已经有两次含蓄地提示过他要勤于沟通汇报，徐军不是不想处理这些事，可是每天一到办公室，立即就会被这些大大小小的琐事包围，每一件都那么刻不容缓，总是被事情追着忙忙碌碌的一天，总是临下班很懊悔，又有那么多重要的事情没有跟进、完成。徐军感慨自己这三个月过得狼狈不堪，时间不够用，精力分配不过来，部门内部很多事情来不及处理，部门外部和上级领导、平级经理之间的沟通也屡屡受挫，因为工作节奏改变也影响到了工作之外的生活，徐军感觉工作压力巨大，一度非常怀疑自己的能力，也许自己只适合做专业技术工作，并不适合做管理者。

重压之下，徐军将这些困惑向美滋食品公司的人力资源经理张娟倾诉，希望得到她的专业建议。张娟听完徐军的表述深感自责，这三个月来忽视了对这样一位新任经理工作状态的关注，对其面临的工作压力没有及时疏导与帮助。耐心开导了徐军之后，张娟表示，这半年来公司陆续有几位新任经理，都是从出色的专业技术岗位转型到管理岗位的，徐军面临的困惑绝不会是个案，她会向公司领导汇报并申请聘请专业咨询公司为几位新任经理量身定做相应的培训方案。

一诺咨询公司的新任经理能力提升方案最后通过了美滋公司的评审。作为与美滋公司合作较久的管理咨询公司，一诺公司对美滋公司的情况较为了解，在详尽分析了美滋公司近三年的发展战略、几个管理岗位的具体工作内容、工作目标之后，对徐军等几位新经理做了较为全面的能力测评，测评维度包括性格特征、职业能力倾向等多方面，最后为几位新任经理制订了为期三个月的不脱产培训计划，培训从新任经理的心理准备、角色转换、管理技巧、目标管理、沟通管理、培养下属等几个方面，培训方式有线上课程、线下公开课、参观走访座谈等形式。

通过三个月的培训，徐军等几位新任经理受益匪浅，徐军跟张娟表示：虽然这样的密集培训不能达到“速成”的效果，但他自信多了，大致知道了自己的问题所在，也知道可以通过什么样的学习提升自己的管理能力。

第十一章

厉兵秣马——企业培训资源开发

11.1　培训资源开发及管理技巧

如今，许多企业往往倾向于培训外包，而有意无意地忽视了内部培训资源力量的发挥。当确定了培训需求后，或者当完成培训计划后，就开始着眼于搜寻、筛选和考察培训课程承包商，而很少甚至没有意识到本企业内部存在着丰富的培训资源，从而也就没有去着力建立一支规范化的内部培训师队伍并充分利用。

一、建立内部培训师队伍的必要性

内部培训师是企业人力资源培训的重要资源之一，建立内部培训师队伍对于企业人力资源的开发与培训具有十分重要的意义和作用。

1．建立内部培训师队伍是人力资源培训与开发体系的重要组成部分

一套完善的企业内部人力资源培训和开发体系，从其构架来讲，内部培训师队伍是不可或缺的重要组成部分。建立一支有力的内部培训师队伍，对于培训计划顺利、有效地实施，对于推进人力资源培训和开发的规模化、科学化和规范化都有举足轻重的作用。

本文所说的内部培训师，指的是除人力资源部之外的其他部门的兼职培训师。从中选拔聘用兼职培训师是一项具有创造性的工作，一旦做好这项工作，将对人力资源的开发和培训具有巨大的推进作用。

因此，从这个角度出发，发现、挖掘和培养内部兼职培训师，这本身就是人力资源开发和培训的行为，属于人力资源开发和培训的范围。反过来讲，人力资源开发和培训也包含着开发和培训自己所需要的人力资源——内部兼职培训师。

2．充分利用内部培训力量能够有效降低培训成本

现今许多企业把人力资源培训和开发的某些项目实行外包。培训外包作为培训和开发的有效途径之一是无可厚非的，但是，培训项目外包和充分利用内部培训资源二者相比，哪一个效益更高？

众所周知，评价一个培训项目效益的好坏，其标准是培训效果与培训投入的比例。用一个公式表示如下：

培训效益＝培训效果 / 培训投入

从这个公式可以看出，培训效益与培训效果成正比关系，与培训投入成反比关系。仅

仅后者这一关系来说，如果其他条件不变，培训投入越大，则培训效益越小。

现今的顾问公司或者咨询公司一般都有专门给企业进行培训的业务。这种业务主要有两类，一类是自主组织的公开培训项目，收费以人数计，每人近千元至几千元不等，另外一类是派培训师到企业内部进行培训，即所谓的内训，收费以小时计，每小时近千元至几千元不等。不管是哪类培训方式，他们的收费都是相当高的。但是如果充分利用企业内部的培训资源，所需要的费用就远远低于这个数目，如果仅仅以直接成本核算，那么培训所需要的费用则更低。

因此，按照上述公式，在培训效果相同的条件下，充分利用企业内部资源的效益比企业培训外包的效益更好。这个差额与二者的培训投入之间的差额是成正比的。而利用企业内部培训资源一个很重要的途径就是建立内部培训师队伍并发挥其作用。

3．利用内部培训师力量能够有效加强开发和培训的效果

企业培训项目实行外包，适合专业化运作的发展趋势，有利于管理，同时在一定程度上也减轻了企业的负担。但是，培训项目的根本灵魂是效果，也就是培训能不能改善员工的态度和行为，并最终提高其工作绩效。这个根本灵魂是判断培训成功与否的基本标准。

决定培训效果主要有三个因素：培训师、培训内容和培训方式。在这三个因素中，最主要的是培训师因素。这是因为，培训师是培训活动的主导者，直接决定着培训的现场效果，作为这二者的承担者，他还决定着培训内容和培训方式。

培训效果对这三个因素的要求分别是：

第一，培训师具备熟练的培训技能和精湛的业务知识、技能。

第二，培训内容具有量体裁衣的针对性和适用性。

第三，培训方式具有强烈的操练性、互动性和感染力。

其中，第一个因素有两个方面，前者的培训技能是一种培训基本功，比如课堂组织和控制技巧、表达技巧、使用培训工具的技巧等。这种培训技能和培训风格对培训方式有直接的影响。而后者的业务知识和技能和培训内容紧密相关。这种业务知识和技能必须是具体的、实务性的，这样才能以“专家”的身份把培训内容传授给受训者并对他们进行训练。

若比较企业培训外包的培训师和内部培训师，前者的培训技能要略高一筹，但是在业务知识和技能包括培训的内容方面，其针对性、适用性则一般不如后者。虽然有的外包项目的培训师在类似或相同的企业、岗位有过工作经历，但是不同企业之间的管理体制、企业文化等都相异。另外，培训项目外包的培训师在培训内容、培训方式上大都千篇一律，即使有的顾问公司或咨询公司做了培训前的调查工作，其培训内容也基本上还是一种笼统抽象的说教。即使其培训内容有一点实用性的东西，也仅仅是隔靴搔痒、无甚关联，从而导致他们的培训效果和培训效益大都难以让人满意。而这正是内部培训师能够很容易克服

的地方。不但能够克服，而且做得很好。因此，内部培训师所做的培训内容都具有十分显著的个性化，是真正针对管理体制、企业文化和培训需要等度身定做的。这就是典型的个性化培训。

内部培训师的培训技能和培训风格，及其所影响的培训方式等，虽然多不及外包项目的培训师那样专业化，但这些服务于培训内容的外在形式在较短的时间内进行培训和锻炼后可有显著改进。可见，建立内部培训师并充分发挥其作用，其培训效果明显好于项目外包的培训效果。

综合以上几个方面，建立内部培训师队伍并有效利用，对于企业整体的人力资源的开发和培训是十分必要的。

二、建立内部培训师队伍的可行过程

建立内部培训师队伍并有效地利用，在企业人力资源的开发和培训中是必要的，同时也是可行的。可行的程序如下。

1．工作动员

这是建立内部培训师队伍的首要环节。因为这些培训师都是兼职的，本职工作是主要的，培训工作是兼任的。做好这项工作，必须要在动员的基础上，争取其所在部门的支持，征得本人的同意。

首先，要在企业高层管理者的支持下进行。具体做法可由高层管理者象征性地出席动员会或亲自举行动员会。这样使得选聘兼职培训师的工作更具有权威性，从而自上而下获得各方面的支持。

其次，各个部门在本部门管理者的主持下自上而下独自进行动员。

2．筛选候选人

各个部门上报有资格的培训师候选人名单，培训部门对候选人进行筛选。

在前期动员工作的基础上，人力资源培训部门或培训的组织者就要着手实施选拔工作。这是建立内部培训师队伍关键的一环。

首先，公布兼职培训师的资格条件。这些资格条件要说明目前所从事的业务知识和技能、EQ（包括沟通能力、合作精神、奉献精神等）、培训技能等方面的标准。

其次，整理上报的名单。对于那些更符合资格条件的人员，尤其是在职的管理人员、业务精湛及 EQ 高的员工，应纳入候选人的行列而予以重视。

再次，对候选人进行考试筛选。考试筛选可采用试讲、面谈的方式进行，考查其培训的基本功潜力，比如组织能力、表达能力、逻辑能力等，兼顾考察其他的素质和能力。

最后，初步确定培训师队伍组成人员。按照资格条件进行考查后，就可以按照一个部门或一类部门 1 ～ 2 个名额的原则进行人员确定，并上报至高层管理者予以确认和认可。

3．对培训师进行技能培训

对所有培训师队伍的组成人员进行培训，是建立内部培训师队伍最重要的环节。这直接关系着初步建立的培训师队伍能否有效地发挥应有的作用，直接关系着整个人力资源开发和培训的效果。

由于这些组成人员以前很少或没有接触过企业培训，因此对于培训的专业技巧方面掌握得很少，即使具备一些，也需要加以规范和强化。因此，培训的重点就是关于培训活动的策划组织技巧方面，具体包括：培训师的职责和角色、培训师的基本技能、课堂组织技巧、培训效果的评估方法等。

对这些组成人员培训后，再次进行测试，以确保组成人员被培训的效果，提高培训师队伍的整体素质。

4．进行培训师的资格认定

培训测试后，要对这些组成人员进行正式的资格确认。这一最后环节标志着培训师队伍最终建立起来。

进行资格确认可以仿照培训动员的方法，即由企业的高层管理机构或管理者出面，以开会颁发证书的方式进行公开确认和表扬，宣布培训师队伍最终建立。

最后，人力资源部将其培训师资格归档并录入个人人事资料，从而成为绩效考核、晋升薪酬评定等方面的依据。

上述过程，不仅使选聘兼职培训师的工作做得扎实，而且使培训理念、公司发展、个人成长等公司文化风靡整个企业，十分有利于企业的健康快速发展，从而取得一箭双雕的效果。

三、内部培训师队伍的管理体制

因为内部培训师基本上都是兼职的，所以对他们的管理就需要采用比较独特的方法。

1．授予资格，并给予相应的鼓励

培训师的地位确认是以上述的资格授予为标志的。因为他们有着自己的本职工作，参与人力资源的开发和培训的主讲或主持是他们的分外工作。因此，如何激发他们对分外工作的积极性和主动性，就是一个必须解决的问题。

要激发他们对于培训工作的积极性和主动性，除了颁发聘书或荣誉证书以授予资格外，重点还有物质上的激励以认可、鼓励其所做的培训工作，比如提高薪酬、增加福利等。具体操作既可以按照本企业内部的薪酬设计标准比附进行，也可以按照项目管理的市场作标准比附进行。当然，给予提供充足的职位晋升空间也是很重要的。经无数实践和理论证明，此举的激励作用非同小可。

2．双重管理

如何正确处理好培训师的本职工作与兼职工作之间的关系，这就需要从管理体制上着手进行。

遵照“分开管理、双重管理”的原则，对这些培训师的管理可从以下几个方面进行。

第一，对于本职工作，由其所在的部门进行管理，人力资源培训部门不必、不需、不要干涉，而且要负责与其所在部门及其管理者沟通协调妥当，保证其本职工作顺利圆满地完成。

第二，对所兼任的培训工作，人力资源培训部门要及时、经常地给予他们适当的指导和监督。人力资源培训部门和培训师之间是伙伴合作关系，是业务指导与被指导的关系，而不是领导与被领导的关系。

3．保持培训师开发实施培训的相对独立性，但需及时协作、指导和监督

按照上述的管理原则，在具体的培训和开发人力资源的过程中，围绕培训的规划和目标，人力资源培训部门和兼职的培训师要共同处理好以下几个方面。

第一，在课程开发、教材编写、培训活动的策划上，要尽量保证培训师基于本部门实际情况的相对独立的操作。人力资源培训部门支持和鼓励培训师根据实际情况所进行的培训开发，在必要时给予协作或帮助。

第二，人力资源培训部门要把各个部门的培训师的培训开发课程纳入整个培训计划中，予以统筹安排。比如，对于需要加以推广的课程，就可以扩大受训对象。

第三，在具体的培训实施过程中，人力资源培训部门要协助培训师，以便于指导和监督培训的过程和质量。比如，在培训实施过程中，随时指导其培训的技巧和方式，把培训内容更好地传达给受训者。

第四，对于培训的跟踪评估，由人力资源培训部门承担。无论是对于培训现场的评估还是对于培训后的跟踪评估，人力资源培训部门都最好亲自操作。这一方面是基于对培训的全局控制和监督的考虑，另一方面是培训师本身的专业化程度不高、本职工作的压力、工作时间限制等方面与评估工作的复杂浩繁之间的矛盾。

11.2 如何利用身边“免费”资源

根据企业发展战略，建立企业的培训资料库，形成企业自己的知识积累和内部培训教材，将成为企业未来发展的必然选择。

一、为什么要建立企业的培训资料库

伴随企业的快速发展，各企业对培训越来越重视。但培训内容的载体——培训教材却

逐渐成为培训的软肋。在培训教材的选择上，我们往往采用社会上流行的培训光盘、教材等，或者是借助知名公司的培训资料。时间一长，问题随之产生，社会流行的教材总有些纸上谈兵、隔靴搔痒之感，不能真正解决问题。而知名企业的课程与本企业的情况有很大出入，不能直接照搬。这样就导致培训学非所用，员工在实际工作中不能直接感觉到技能的提升和企业效益的增长，这是导致培训无用论和部分员工对培训有抵触情绪的重要原因。

事实证明，对企业最有价值的、最能带来人员技能直线提升的培训教材，莫过于企业自身的经验教训，企业人员从实践中摸索体验出来的智慧总结。这样的培训内容，让人员感触深、记得牢、用得上。让他们直接站在前人的肩膀上学习工作，不仅促进人员快速成长，企业也能不断形成自己的知识积累。因此，把人员积累的智慧固化下来，形成企业内部的培训资料，进而建立企业的知识管理体系将成为企业未来发展的必然选择。

英特尔公司在加速新产品开发速度的过程中，发现60%以上的技术问题其实在别的小组的开发经验中早就碰到过而且得到了解决。这启发英特尔建立了一个“最好方法资料库”，让每个人都能在此分享其他人的经验。大幅度减低了问题重复出现的概率，新产品产出的速度大约提高了两倍。

现在，很多企业的知识系统还不完善。人员的能力经验保留在个人身上，形成不了企业共同的经验。一个业务能手走了，他的知识经验也随之带走，很多经验窍门随着失传，其他人员还需要重新花费大量的时间精力摸索总结，这样的过程一次次重复，让很多企业无法复制以往的成功经验。针对这种情况，建立企业的培训资料库就非常有必要了。

二、如何建立企业的培训资料库

建立自己的培训资料库，这对企业来说是一个功在当代、利在千秋的工作。同时，这个工作也是一个涉及企业方方面面的系统工程，需要协调企业各方面资源来完成。因此，这是个典型的一把手工程，最好由企业领导出面，成立专门的项目组，把它作为一个系统性工作来做。这是做好该工作的前提。同时，还是个长期性工程，需要企业人员做好长期作战的准备。

内部课程库的建立流程：由企业成立项目小组，作为整个课程库建立的领导中枢，统筹协调管理此项工作；然后由项目组对企业的知识分类，甄选企业需要的知识；接着选择对企业经营有重大影响的关键部门或岗位知识，进行提炼和完善，把提炼过程总结出一套模板；最后把模板在全企业推广，完善其他部门、岗位的知识，这样企业培训资料库就逐步建立起来了。

1．成立项目小组

（1）成立目的：对企业培训资料库建立统一管理，对知识提炼和培训资料库的流程、标准、形式等统一协调，对出现的问题集中处理。同时，通过项目小组的形式，调动企业各方面人员参与，从而引起他们对培训资料库的高度关注和重视，便于此项工作的顺利开展。

（2）人员组成：项目小组建议由领导挂帅，汇集企业的精英人士，包括人力资源部人员、各系统分管副总、部门经理、业务骨干能手、内部讲师、外部专家或顾问等。当然，在企业初步试点提炼知识时，项目小组人员可以短小精悍，等有了眉目后可以扩大人员范围。

（3）人员分工：培训资料库建立中，项目组每个人员都有不同的分工。

企业领导主要起确定方向和提供资源的作用，对重大事项拍板。

人力资源部主要是牵头组织，负责建立培训资料库过程中大的事项安排和日常事务性工作，包括专项讨论会的组织、培训库框架格式的确定、培训手册的编写修改督促、问题协调处理等工作内容。

分管副总、部门经理和业务骨干负责本部门 / 系统的知识内容提炼、总结和完善。由于他们掌握着更多的专业知识及技巧，他们就成了提炼专项知识和编写本系统 / 部门培训资料的主力军。

外部专家或顾问主要起参谋和指导作用，使知识经验挖掘得更加深入、专业。

另外，企业普通员工在对培训资料知识的补充修改完善的过程中，也起着一定的作用。

2．梳理企业知识

企业各类知识纷繁万千，需要积累和培训的素材也非常多，从何下手呢？这就需要项目小组讨论确定。总体来说，只要与企业经营有关、对企业有用的知识，都需要总结和提炼。这不仅包括企业，也包括同行、对手及外界其他优秀的成果。大体来说，主要包括以下类别。

（1）各项业务作业流程、方法、标准、注意事项等。

（2）技术图纸、业务档案、客户资料等。

（3）重大事件、内部经验、教训事故、专有技术、独家窍门。

（4）别人的经验教训（同行、同类型公司、其他类型企业）。

（5）社会其他优秀成果（如社会中的培训类光盘、培训类书籍 / 教材）。

企业的知识建立根据轻重缓急优先次序的原则，通过培训大力提高人员生产力或竞争优势的关键部门或岗位知识，需要优先总结。这主要包括销售、服务、技术研发等业务部门、岗位。不太重要或不太紧急的岗位知识可以随后逐步完善，如行政后勤部门的课程。通用性强的岗位培训资料，如财务知识，可直接从外部购买。

3．提炼关键岗位知识

确定了关键部门、岗位知识后，就需要项目小组集中提炼。这主要通过讨论会的形式进行。针对某岗位需要的知识进行头脑风暴，相互补充完善，逐步成稿。项目小组的人员并不是固定的，一般提炼到哪个岗位知识，该系统分管副总、部门经理、业务骨干人员都要参与，而其他部门人员可以在轮到自己部门时参加。不过，上下游岗位、部门的人员也需要参加，以便他们提出对该部门人员的知识技能要求，如讨论营销人员需要的知识，技术部门也需要参加，他们会要求营销人员掌握市场调查知识，以便及时了解竞争对手的新产品等。在提炼形式上，需要按照岗位知识要求，确定培训资料模板或框架。模板或框架标准，由部门精英初步确定，大家讨论修改通过，然后按照这些模板和框架填写内容。

通常来说，岗位培训资料框架或模板一般需要根据岗位说明书、岗位作业流程确定。通常分为岗位主要职责、岗位作业流程、需要掌握的知识技能、常见的问题及防范措施、经验与技巧分享等。这样就把岗位培训资料内容分成几大类，然后在每大类中再继续细分各个独立的小类，直到不能细分为止。这样知识的主干、次干、细枝都有了，形成了整个培训资料的框架，在这个框架的基础上，大家再往里逐步填写内容。

如营销人员的营销作业流程包括市场调查、客户开发、市场推广、客户服务等大的环节。这其中每一个大的环节都可以继续细分，单独成册进行总结。如客户开发，可以分成开场白—客户谈判—产品演示—异议处理—谈判签约等小流程。

不同岗位的培训资料的繁简程度并不一样，要根据各岗位人员实际需要而确定。一般来说，关键岗位的培训资料内容要丰富详细些，而辅助性岗位的培训资料就可以简单些。岗位内部各具体知识也不能一视同仁，关键流程的知识或者人员容易出问题的知识可以详细提炼，如客户谈判技巧，而辅助流程知识或人员容易掌握的知识可以简约些，如回款流程等。

知识提炼讨论的过程是一个思想交锋和智慧碰撞的过程。在讨论过程中，大家按照职位说明书、作业指导书、岗位任职条件等逐一分解、提炼、总结，这时常常会畅所欲言，天马行空，出现跑题、纠缠细节甚至激烈争吵的情况，这时就需要各负责人控制好讨论的节奏和方向，稳定秩序。讨论过程需要由专人记录打印，形成讨论记录文档，然后大家以这样的文档为基础继续修改完善，在讨论的过程中出现反复的论证和修改是常有的事情，正所谓真理不辩不明。而电脑和投影仪的运用可以大大方便讨论的效率，因为可以把讨论的过程文稿直接投放在墙上让大家现场修改。

一个岗位的培训资料确定也不是一次讨论就能完成的，常常需要数次、数天甚至更长的时间。其中还会出现反复，如在后一个知识讨论中，常常会发现前一个知识的不足，这时就要回头补充完善。这就需要参与的项目小组人员做好持久战的准备。

4．完善培训手册

等项目小组人员把岗位知识讨论完成后，就形成了岗位培训知识的初稿，这时，岗位培训资料还没有完成。还需要把培训初稿通过手册、内部网络、邮件等形式展示给大家，让没有参与的人员进行讨论，提取意见，逐渐把培训资料补充完善。

把大家新的修改意见补充完善，项目小组审核通过后，培训课程就能定稿了，这时可以通过手册、电子文档、录音、录像等形式，把它们固化下来，这是企业知识积累的宝贵资料。通过光盘、视频资料或者内部网站上的共享文档，是学习型企业的典型做法。其中培训手册由于便于携带、制作简单等优点，成为培训资料的主要载体。

5．提炼模式推广

关键岗位、部门的培训资料材料定稿后，人力资源部对教材进行格式统一，并按照部门、类型等统一编号归档，形成标准化的培训资料。然后人力资源部把这些标准化教材以及讨论的过程方法等形成模板和样本，向其他部门推广，其他部门也成立项目小组，把这个总结提炼的流程重新走一遍，这样各个部门的培训资料就能完善起来，整个公司的培训资料库就建立起来了。

三、建立企业培训资料库的注意事项

1．注重借鉴吸收

在培训资料的编写过程中，对外部培训教材的引入和消化吸收非常重要。“它山之石，可以攻玉”，对社会上提供的优秀的资料教材等，在知识提炼讨论过程中就要借鉴和吸收，平时企业也要有计划地引进和购买。同时由人力资源部组织人员进行教材的“本土化”改造，让本企业人员更容易接受。本土化改造主要由相关部门经理或业务骨干人员实施，他们根据企业实际情况，对教材内容进行改写或丰富，加入企业的实际运行状况、操作原理、相关案例等，这样就把外部教材有效地揉进本企业的培训资料库中，让企业的培训资料能内外结合，对人员更有价值。

2．日常性完善

培训资料不是一蹴而就的事情，也不是编写完就万事大吉了。由于企业知识日新月异，经验教训常常发生，因此，对培训资料的更新和日常完善也是非常重要的事情，这样把人员的最新经验总结快速形成标准化文件，企业人员的知识经验也就会与时俱进。

在培训资料日常完善中，人力资源部主要起督促作用，定期督促部门人员进行课程更新。更新主力还是部门经理和业务精英。

3．企业制度保障

（1）建立分享的文化：没有人员知识的分享，就没有企业的经验积累，这就需要企业形成良好的分享文化，以分享为荣，以良性竞争为时尚，需要管理者以身作则，保持良好的心态，不怕下属超越自己，积极向下属传授自己的经验。同时各部门人员不能藏着掖着自己的独家窍门，应当开诚布公，相互分享奉献之后，彼此掌握的知识经验会更多，培训资料库内容也会更丰富。

（2）制度保障：企业需要建立制度来保证知识分享，如把员工信息分享作为考核的一项指标。在内部评奖晋级时，把分享知识、编写培训资料的质量作为重要的考察项。同时，要把下级的成长列入上级的考核指标，许多跨国公司明文规定，必须培训合格的、能接替自己位置的下级，上级才能获得晋升，否则，上级只能原地踏步，不能获得晋升。

有了制度保障，有了分享的文化，加上领导的高度重视和支持，培训资料库就能逐步建立和完善起来，人员技能就能逐步提高，竞争优势就会更加明显！

11.3 平台化培训资源建设探索

一、搭建企业培训平台化资源库的意义

什么是平台化培训？平台化培训又称为“数字（化）学习”“电子（化）学习”“网络（化）学习”等。不同的称谓代表了不同的观点：一是强调基于互联网的学习；二是强调电子化；三是强调在网络平台中要把数字化内容与网络资源结合起来。

三者强调的都是数字技术，强调用技术来改造和引导教育。主要通过互联网进行学习与教学活动，充分利用现代信息技术所提供的、具有全新沟通机制与丰富资源的学习环境，实现一种全新的学习方式。

当然，这种学习方式离不开由多媒体网络学习资源、网上学习社区及网络技术平台构成的全新的网络学习环境。在网络学习环境中，汇集了大量数据、档案资料、程序、教学软件、兴趣讨论组、新闻组等学习资源，形成了一个高度综合集成的资源库。

随着互联网在我国的普及，越来越多的企业搭建自己的平台化资源库，极大地促进了员工的学习。其意义体现在以下5点。

（1）全面提升员工的职业化素质，造就职业化的管理团队，加快本企业的职业化进程。

（2）帮助企业加快建立规范化的管理平台，为企业的规范化管理创造有利条件。

（3）通过企业培训平台化资源建立企业商学院，为企业解决员工跳槽率高、人员流失严重的老大难问题。通过学习，企业将为自己培养一大批人才。

（4）实现高效学习的同时，用较低成本投资，换取较高的培训回报。员工边学习边运用，不影响正常的生产运营，同时还大大增强学习培训管理的计划性、可控性与针对性。

（5）为所有员工创造学习培训条件，增进员工与企业之间、员工与员工之间的互相理解与信任，增强员工的归属感与工作热情，为企业文化的建立创造条件。

二、培训资源平台的构成要素与特点

完整的平台化培训资源也如传统培训资源库一样，包括培训课程体系、培训讲师体系、培训资源库，但增加了最重要的实施系统——培训资源管理平台和培训实施支持系统。

培训资源管理平台大致可以分为课件资源、视频资源、音频资源、教案资源、试题库资源等。

培训实施支持系统大致包含多媒体软件、网站、电子邮件、在线学习管理系统、计算机模拟、在线讨论、数据文件、数据库等。

平台化培训将传统的培训课程和内容经过数字化处理，依据学习者特征进行编辑，可以在多媒体计算机上或网络环境下运行供学习者自主、合作学习，且可以实现在时间上与空间上的资源共享。能够激发学员通过自主、合作、创造的方式寻找和处理信息，从而使共享学习成为可能。其特点如下。

1．获取的便捷性

利用平台化培训资源，学员可以不受时空和传递呈现方式的限制，通过多种设备，使用各种学习平台获得高质量课程相关信息，可以实现随意的信息传送、接收、共享、组织和存储。

2．形式的多样性

平台化培训资源以电子数据的形式表现信息内容，其主要的媒体呈现形式有文本、图像、声音、动画、视频等，极大地丰富了信息内容的表现力。除此之外，其友好的交互界面、超文本结构极大地方便了学习者的学习，虚拟仿真的应用也更有助于学习者对知识的记忆与理解。

3．资源的共享性

任何信息资源都具有共享性这一属性，但平台化培训资源的共享性比起其他信息资源的共享性来说，相对强一些。其主要表现在，利用电子读物或网络课程实现的资源共享传播面要比普通信息资源共享的传播面大。

4．平台的互动性

平台化培训资源与以往传统的学习资源相比较，其最大的优势在于互动性，无论是通过网络媒介进行的学习方式，还是通过光盘等进行的学习方式，其双向交流的方式得到越来越多学习者的喜爱，一方面学习者可以通过网络上的交流工具，实现与老师或学员之间的交互；另一方面学习者还可以从学习软件的数据库中寻求问题的答案，同时也可将软件数据库自行更新。

5．内容的扩展性

平台化培训资源的扩展性主要表现在两个方面：可操作性和可再生性。

（1）可操作性。数字化学习过程，既把课程内容进行数字化处理，同时又利用共享的数字化资源融合在课程教学过程中，这些数字化学习内容能够被评价、被修改和再生产，它允许学员和教师用多种先进的数字信息处理方式对它进行运用和再创造。

（2）可再生性。经数字化处理的课程学习内容能够激发学员主动地参与到学习过程中，学员不再是被动地接受信息，而是采用新颖熟练的数字化加工方法，进行知识整合、再创造并作为学习者的学习成果。数字化学习的可再生性，不仅能很好地激发学员的创造力，而且能为学员创造力的发挥提供更大的可能。

三、整合企业内外部培训资源，搭建企业内部培训资源平台

1．培训课程体系的建立

与传统的课程体系搭建一样，平台化培训课程体系搭建也需要两条腿走路，专业课程和通用课程，课程体系才算完善。

（1）专业课程体系的建立。

首先，将专业课程按照部门业务运作模块进行大类区分，如基础类（企业文化）、战略类、安全类、销售类、生产类、管理类、研发类等，如果大类下面还可以继续细分的话，可以进行二级或者三级课程分类。

其次，将公司部门现有的课程内容，按照类别进行梳理，并进行课件整理，课件整理应采用统一的格式，既要有内容的充实性，又要有课件表现形式的美观性和多样性，人力资源部可以制作模板，给各部门进行参照。

第三，加强对外部专业课程培训的转化，形成制度和机制，同时专业课程也要根据公司组织、战略以及产品和外部环境的变化及时进行更新，保证课程体系与时俱进。

（2）通用课程体系建立。

通用课程指没有行业限制的，大家都可以使用的课程，像时间管理、沟通技巧、领导力、PPT、Excel使用技巧等，大类有经营战略管理类、领导力类、人力资源管理类、财务管理类、行政管理类等。

如果公司通用课程体系缺乏，可以直接采用外引方式，然后转为公司内部的通用课程，培养自己的内部讲师，同时还可以借助企业资源，丰富公司的通用课程体系。

2．讲师体系的建立

讲师跟课程一样，有内部讲师和外部讲师，从员工能力培养以及跟公司工作内容的契合度和培训成本节俭方面，应该加强内部讲师的养成和培育，适时引进外部讲师作为补充。

（1）内部讲师的养成。

内部讲师的定位是传授专业知识、技能和文化。

首先，从业务部门寻找合适的候选人，候选人以部门负责人推荐的方式进行比较合理，人力资源部应树立内部讲师推荐的基本条件，应从四个方面进行：专业、个人意愿、行为规范（基本素养和道德品质）、课程设计及授课技巧。

其次，进行内部讲师的培养，可以邀请外部培训机构进行讲师养成课程，传授课程设计和授课技巧，并进行试讲，培训合格者颁发内部讲师证书和聘书。

第三，形成内部讲师认证、职责、考核、评级及激励的机制和制度，不断激励和提升内部讲师的授课水平。

（2）外部讲师库的建立。

外部讲师是讲师体系的一部分，特别是管理类的课程，外部讲师可以带来更多更好的理念和方法，推动组织的管理向更专业的方向发展。

首先，根据组织的需要，在匹配课程的时候，需要培训机构提供讲师的个人基本资料以及授课经验，并借助相关渠道进行讲师能力的初步判断。

其次，课程参加过程中及课程后，需要对讲师讲授相关课程进行严格的评价，作为后续讲师选择的依据，并添加到外部讲师库中。

3．培训资源共享系统的建立

目前公司培训的方式采用的大多为集中授课式，需要将员工集中到一起进行，如果员工有其他业务形成冲突，往往不能确保培训率以及培训效果。

（1）建立网络平台，像在线学习等，把课程及相关资料上传至培训平台，员工可以根据自己的时间，在规定时间内灵活安排学习，并可实现在线学习效果评估。

（2）对部门讲师进行微课程开发的培训，将课程以微课的形式上传到公司网络平台，由员工自由学习。

4．培训设施的建设

良好的培训环境能够让受训者从忙碌的工作状态中摆脱出来，全身心投入到培训当中，增强培训效果。

（1）选择合适的培训室，培训室应有良好的通透性，阳光照明充分，无压抑感。

（2）培训室内部设施齐全，如投影、音响设备、麦克、白板、笔记本电脑、板夹、移动的长条桌和椅（便于根据不同的培训选择不同的桌形）等。

5．培训管理信息系统

当组织人员比较多的时候，简单的表格管理已无法满足培训信息管理的需要，借助培训管理信息系统可以有效地对培训信息进行管理，并提高工作效率。培训管理信息系统可以借助网络管理工具下载使用，进行培训信息的管理。

总之，平台化培训资源库的建立是一个长期工程，非一朝一夕能够建构成功，需要公司上下各级日积月累，不断充实内部培训资源平台。

11.4 案例分享：平安知鸟——企业共享、共创的移动学习平台

平安知鸟是中国平安旗下一款移动学习及员工培训的平台化软件系统，打破了传统的授课式、网络式员工培训学习模式，具有移动化、碎片化、游戏化三大特点。员工不再需要长时间坐在公司面对电脑，随时随地动动手指就能学习，而在课程时间安排上，不需要花费大把时间，将知识点碎片化。知鸟软件通过游戏增加学习的趣味性，也增加员工学习的热情，一边玩一边学，学习效率获得提高。同时，知鸟课程陪伴员工一路轻松成长，成为产品达人，让学习真正融入员工日常生活。总结来讲，就是随时随地用来学习的软件！

一、传统培训面临的问题

平安集团拥有约170万名寿险销售人员和约21.2万名正式雇员，业务跨度大、人才基数大，因此批量培训供需难以平衡；传统面授覆盖面有限且成本高；时空受限占用大量上班时间；形式枯燥，难以受到欢迎；时效低内容更新慢；标准不一，同样课件，授课老师不同效果不同；培训效果不可持续，内容一次即完，难以回顾。传统培训一般受到以下3方面的限制。

（1）时间限制。传统培训一般是在规定时间内进行，员工不能合理安排自己的时间进行培训，只能被动接受培训时间或者不参加培训。

（2）地点限制。传统培训的地点固定，分公司或外出员工分布在全国各地，很难全部在规定时间到规定地点参加培训，不利于员工平等享用培训资源。

（3）进度限制。传统培训大多对员工进行统一培训，学习进度不一样的员工很少会进行个性化培训，很多情况下员工不能系统学习整个课程。

与传统培训模式相比，在线学习拥有众多优势：

（1）随时随地。企业在线学习系统，基于网络的培训，彻底打破了时空限制，员工可以随时随地通过网络接受培训，在公司、在家里，甚至在出差的途中。

（2）降低成本。在线学习的培训方式在一定程度上减少甚至避免了传统培训所必需的差旅费、住宿费及误工费，从而大大降低了培训成本。而成本的大幅度降低使全员培训成为可能，全体员工综合实力的提高从根本上保证了企业在竞争中立于不败之地。

（3）提升素质。个性化的在线学习培训课程方便员工从不同侧面提高自己的综合素质，为自身的职业发展奠定良好的基础，从而提高公司的业绩，并加强员工队伍的稳定性和人力资源的储备。

（4）效果可控。在线学习的培训方式因其可量化、可跟踪，也可作为人力资源部门对员工进行绩效考核的一部分参考依据。

（5）提升绩效。通过在线学习，能够马上开始提高团队、部门甚或整个公司的技能。

在线学习可以把员工培训成一支更为熟练、高效、能更好履行各自岗位职责的团队。在线学习帮助个人增加其职业技能，帮助管理层提高整个组织的业绩。

二、基于移动互联网发生的变化

在平安集团，当企业内训吸纳了移动互联网的基因，传统的培训模式和组织模式发生了根本改变：

首先，培训角色定位转变。服务对象从小众到全员进行了覆盖；响应速度从半年到半周，甚至是当天；从跟随企业发展到引领企业战略。

其次，师资挖掘和定位的变化。从名师、专家向草根业务明星转变；从严肃选拔向分享、游戏竞赛进行转变；从能力模型的搭建到典型场景和关键行为模拟方面转变。

再次，课程体系的重新定义。从集中培训到碎片化学习；从小班面授到大型开放式网络课程的转变；从组织专家到用户自生成内容的转变。

最后，运营上更关注粉丝学员。从生硬的通知要求到获取粉丝的拥戴，从外部强制转化为内升动力；从被动的安排学习到促学推广的转变；从黑匣子到学习大数据，关联人才发展的转化。

以上这些方面在基于互联网的转变中重新定义了企业内部培训价值，拓展了更有深度的培训价值。

1．从培训成本角度看

培训成本分两块，一块是显性成本，比如讲师费、场地费、差旅费、误工损失费，这些基本是可以计算的（误工损失费计算相对困难，通常以工资计）；另一块是隐性成本，比如学习时间、学习效果，这些很难准确计算。

在线学习相对传统培训，成本低廉，平均每小时课程仅需 3 元，可以三个月内无限制学习。以 200 位员工受训为例，如果每人每年学习 40 个小时的课程，人均培训费不到 140 元，仅仅相当于委外内训费用的 1/20，甚至更少。相当于用 1.5 天的内训课费用解决了 200 人 40 小时的培训。就隐性成本而言，由于每个人根据时间需要选择学习内容，学习时间可以减少 40% ～ 60%；由于可以反复学习，并且有完善的绩效改善跟踪系统，因此保证了学习效果。

2．从受众范围角度看

从理论上讲，在线学习对受众的数量没有限制。由于网络基础等硬件的限制，并不是每个人都可以方便获取。但中国的 3.83 亿宽带用户，他们用简单的浏览器就可以方便地进行在线学习。因为成本低、无时间空间限制，在线学习成为企业实现全员培训的最佳选择。

传统培训的受众是有限的，因为学员的需求不同、教师精力的限制、时空的限制，面授培训最佳的人数是 20 ～ 30 人。如果课堂人数超过 50 人，培训的效果会大打折扣，基本上只能做演讲式培训。

3．从资讯一致性角度看

就传统培训而言，一方面由于教师的学识、经验和能力不同，同一个主题，甚至相同的培训教材，不同的老师诠释都不相同。因此既是受过相同主题的培训，每个人接收的信息差异很大，不利于公司采用相同语言进行沟通和工作，有时会造成理解混乱，减弱了培训效果。另一方面由于培训信息散落在学员手里或者不同的地方，当遇到培训内容更新时，无法保证所有培训资料都得到及时正确的更新，这样就无法保证培训资料一致。

在线学习则最大限度地避免了这两个问题。首先，所有学员都是调用同一个数据库的资料，所得到的资料肯定是一致的；另一方面，因为只有一个地方存放资料，因此很容易更新，保持资料与现状一致。

4．从时空限制性角度看

传统培训限制度极高，时间、空间都受到限制，所有人必须同时到同一个地方接受学习 / 培训。另外由于每个人具备的基础不同，但是教师只能兼顾大多数人的水平进行授课，无法针对每一个人。

而在线学习完全冲破了这些限制。只要有能上网的电脑，就可以随时随地进行学习，满足了分散化学习的需求。而且每个人可以根据自己的需要选择性地学习和决定学习速度，从而实现个性化学习。这样便极大地缩短了人们的学习时间，据相关推测，几乎可以节省 40% ～ 60% 的时间。

5．从知识管理便捷性角度看

传统的培训是师傅带徒弟的方式，而且学习中的思考很难保留下来，过几天几乎就全部丢失了或者仅仅存在于某个特定人员的大脑里，企业的知识没有积累，更不用说管理了。

众所周知，现在是知识经济时代，师傅带徒弟的方式不仅知识传递速度慢，而且很难连续传承，这些都削弱了企业的竞争力。因此，我们需要把员工在学习中所思、所想，学习后所思、所改都记录下来，形成一个学习社区，每个人都可以和伙伴分享所思、所想、所改，这样便形成了一个很好的知识管理途径和平台。

6．从质量控制难易度看

培训质量评估通常有四个层次：学员反应、学习结果、工作表现、业绩变化。

由于传统培训管理的工作量很大，而且第 3、4 层次评估时间跨度大，因此大部分企业只能做到第 2 层次评估，很多时候只是做了第 1 层次评估。而由于第 1 层次评估是及时的，受主观因素影响大，也容易受环境因素影响，因此常常驱使老师或者培训单位课后碍于面子更改评估，这样的评估结果往往不真实，也偏离了学习的本意。

在线学习作为一种解决方案，充分利用网络技术和电子技术，轻松地对学习全过程进行有效跟踪，并且设置评估方法，可以轻松做到第3层次的评估。至于第4层次的评估，难点是如何度量业绩变化，一旦衡量方法确认，用技术实现管理是很容易的事。现在常常采用非系统性的记录展现业绩变化。

三、平安知鸟——移动培训管理和学习互动平台

基于平安集团的整体培训体系，建立平安大学的通用课程系统，将培训对象涵盖了内部用户和外部用户，对内部用户建立了职业技能培训体系——管理技能培训、专业技能培训、销售技能培训，对外部用户树立经验价值分享的目标。对内部用户，根据内部人才的不同发展阶段，建立了分级分阶段的培养模型，区分各层级不同角色、不同任职阶段人群，通过线上（微课、E课、TED、游戏）、线下（面授、沙盘、行动学习）提供全方位学习途径。

平安知鸟，企业个性化专属的“移动培训管理和学习互动平台”，它为企业带来了新的培训革命，轻松利用移动互联网，自主、便捷地推动各类培训管理工作。而员工可以在任何时间、任何地点，通过图文、视频、游戏等手段让员工快乐主动，随时随地学习。平安知鸟包含的主要内容如下。

1．定向课程

根据企业的培训需求和不同部门与层级人员的属性，定制各属性人员专属的定向课程，在知鸟系统中实现定向推送、选修、必修课程的安排，使得培训更精准化。

延伸了与线下课程的配合，整合线上报名、线上签到、线下上课、线上提问互动，线上考试、调研与学习评估等功能，使得培训更完整。

但在实际使用中，定向课程的安排更需要企业培训管理人员更专业地进行用户属性的分类，配置合适的、适量的定向必修课程，并根据反馈及时调整定向课程内容，以便达成企业必修课程的学习。

2．个性化课程

在知鸟系统中收录了很多不同类别的课程，实际达成企业必修课程之余，员工可以通过知鸟系统的“发现”频道，根据自己的兴趣，通过分类、搜索、排行等形式，找到自己感兴趣的课程来学习，如情绪管理、语言学习、仪表美容、音乐、绘画等类别的课程，为员工多样化的自身需求找到合适的路径，并可以与家人、朋友共享这些个性化的课程资源，节省了员工自身的学习费用。

3．员工自制微课

知鸟系统中的“来做课”功能，是微课制作工具，可以实现“傻瓜式”的课程制造，一键上传。企业日常的知识培训都可以通过这个功能上传分享，将知识日常化、扁平化。“来做课”中课程制作的样式也非常多样，有纯视频、纯图文、图文＋视频/语音、交互动漫、测试闯关等类型的课程形式，让日常课程更具有特色，不再是单纯的视频讲解或者

图片 PPT 类型。但在日常使用中，企业需要更关注员工自制微课的审核。

4. 共享分享

平安知鸟已不再是单纯的培训系统，它还设计了日常的交互功能，更增加了员工或者使用者对这款软件的黏性。

（1）学习交互功能：完成课程学习后可以讨论评价；对好的课程给予认可、点赞；对课程、班级、老师都可以评分；好的课程可以转发到朋友圈，与大家分享。

（2）朋友圈交互功能：在知鸟系统的朋友圈中，可以设置公开和私密的讨论圈，覆盖了吃穿住行玩等各个领域，由员工粉丝运营，提高了平台的活跃性。

（3）商城交互功能：员工通过日常学习累计的金币，可以花金币学习更高级、更精品的课程，也可以与企业福利系统对接，用金币在企业商城中兑换学习礼品或者书籍，实现更多的学习获得感。

在个性化的知鸟企业平台上，还可以设定头条信息发布功能、会议直播功能、问卷调研功能，这样的信息发布与交流平台，让更多的知识分享成为现实。

5. 从内容的需求方到内容的提供者

在知鸟系统中，员工从培训的被动使用者这样的角色，转化成了培训的参与者。企业也从培训内容的需求方，变成了内容的提供者不断参与和制订新的课程，培训模式体系的不断组合，让各企业能把个性化的培训内容提供给更多的使用人。不同企业有不同的创意，可以在知鸟平台不断提升企业的文化影响力。

第十二章

无规矩不成方圆——培训制度与案例分享

12.1 培训制度的建立

制度是指要求大家共同遵守的办事规程或行动准则，也指在一定历史条件下形成的法令、礼俗规范等。制度是整个社会的游戏规则，更规范地讲，是为人们的相互关系而人为设定的一些制约。实行制度化管理是指强调依法治理，在管理中到处都有规章制度约束，因此必须保证管理制度的完善，并重视管理方法的科学化。在企业经营管理中，制度化管理，一是可将个体智慧转化成为全员遵守的管理行为规范，形成一个统一的、系统的行为体系；二是能够发挥组织的整体优势，组织内外规范化配合，避免由于个体差异导致的管理问题；三是为个体能力的发挥提供公平的平台，不会因为游戏规则不同、评价标准不同，对员工评价产生大的误差；四是有利于员工更好地了解单位，能够更好地规范单位的工作流程，让员工在其中找对自己的位置，工作行为有章可依；五是有利于员工的培训，有利于员工对标差距谋求自我发展，有利于培训发展的动力和标准。

国有国法，家有家规，对于企业这样的经营性组织而言，各方面工作都需要制度化、规范化管理。要想实现制度化管理，首先领导意识达成共识最为重要，其次各项制度须科学合理、符合实际，最终形成一套行之有效的规章制度，最后，要实现制度化管理，必须建立相应的考核机制。只有科学合理，符合实际的规章制度还不够，必须建立与其配套的考核制度。考核是检验规章制度落实情况、评价规章制度是否合理可行和便于操作的方法。

培训是企业活动的重要组成部分，培训工作需要务实有效的培训管理制度加以规范，才能保证培训工作的专业化、规范化、制度化。对企业而言，不仅仅要保证建立培训制度，同时需要注重培训制度的切实可行性，并且严格执行。要保证培训制度的切实可行，制订时需考虑组织战略、组织目标、组织氛围等各方面因素，就企业而言，还需考虑企业的经营目标及现有制度规定，培训制度要为企业经营目标的人才需求和知识需求服务，同时也要与现有各项管理制度相匹配，搭建培训制度体系时要注意企业各项管理制度的系统性。

从两方面讲，一方面从培训的对象角度来说，是面向企业员工的在岗持续学习机制，一名员工自进入企业到在岗工作，到离开企业整个过程，都需要有相对应的培训保障。新员工进入企业要接受公司的岗前培训，上岗及转岗后要进行岗位专业技能培训，培训始终是一项长期、持续的造血工程。这个长期持续的工程需要制度加以规范。另一方面，从培训组织的角度来说，培训工作本身就是系统工程，培训制度是培训体系中的重要行为规范，是培训体系中的重要一环，科学完善的制度有助于培训体系的高效落地。

12.2　员工培训管理制度实例分析

培训工作中，从培训的对象角度来说，员工进入企业的岗前培训、在岗工作期间的在岗培训、外派人员培训等都可成为培训制度。就公司培训工作组织的规范化管理制度本身而言，内容涉及组织的培训目标、适用范围、对内部讲师及外部讲师的管理、培训费用管理、培训效果评估等各个方面，不同组织可结合自身管理风格及业务领域实际情况，本着严谨、科学、全面、可执行的原则制定，在保持一定稳定性的基础上保持版本的时效性。以上内容可单独成为制度范畴，也可统合为一。

××企业培训管理制度

第一章　总则

第一条　目的

为支撑企业发展战略实现发展目标，持续打造和提升组织能力，制定《培训管理制度》（以下简称本制度），作为企业进行人员培训实施与管理的依据。

第二条　适用范围

本制度适用于××企业所有员工培训。企业全员均享有培训的权利和义务，作为行业领跑者，员工每年培训课时不得少于32小时，其中专业能力提升培训不得少于20小时。

第二章　培训原则及组织分工

第三条　企业培训以组织能力提升和企业文化建设为目标，企业组织的培训需服务于这一目标。

第四条　人力资源部负责制定企业培训制度和规范。

第五条　人力资源部负责统筹协调各部门完成各自培训项目的计划工作，并统筹企业年度培训。

第六条　人力资源部负责组织、实施、检查、效果评估与改进、知识管理与传播；并负责建设和组织内部讲师团队，筛选及管理外培训机构，负责管理培训费用预算及支出。

第七条　企业各部门负责该组织发展目标中培训目标的制定，在人力资源部协助下完成计划制定以及部门的日常培训管理。

第三章　培训内容及培训方式

第八条 按照员工进入企业的阶段不同，分为新员工培训和在职员工培训。

第九条 按照组织培训的渠道，分为内部培训企业组织师资力量，在企业内部进行的培训；外部培训指经企业联络或批准，员工在企业外部参加的各类培训。

第十条 按照组织能力建设素质模型，培训内容分为通识培训，专家培训，精英培训等系列课程；年度培训课程内容参照培训部门提供年度培训手册。

第十一条 培训方式包含面授、网络讲授、自学、小组讨论、示范、模拟、实习等。

第四章 培训计划

第十二条 培训计划于每年的11月第一个工作日开始，为期一周的需求收集，两周的分析，与12月的第一个工作日提交管理委员会，经讨论审批，于企业年度计划中宣布确定并实施。培训计划每季度回顾一次，确定下一季度的调整和执行计划。

第十三条 培训需求的收集分为全员培训需求，部门培训需求及核心骨干及高管培训需求三部门，由人力资源部负责主导，各部门配合完成。

第十四条 培训计划需包含：培训需求，培训目标，培训对象，培训内容，培训预算，培训时间及地点，培训形式；培训计划的审批由人力资源负责人及总经理办公室双重审批确定方生效。

第十五条 培训计划每季度末需再次审批确定更新的下季度执行计划。

第五章 培训实施流程

第十六条 人力资源部门负责培训计划实施的全流程管理。

第十七条 内部培训：明确计划，明确实施负责人和协调人，确保培训实施的高效正常开展，培训后评估，培训内容及讲师评估，所有培训过程产生的有效的知识均有视频及文字存储，培训评估调查，培训项目总结备案。

第十八条 外部培训：透明公正的审批流程，签署相关的培训协议，跟踪培训的高效正常开展，培训成果的收集及分享，培训项目的评估总结及备案。

第六章 培训管理

第十九条 师资的管理：持续加强内部讲师队伍的建设建立分级制度。根据行业领先性及业务特点发掘外部培训合作伙伴。

第二十条 培训费用的管理：遵照财务管理制度，走严格财务申请报批流程。

第二十一条 培训纪律：周密的计划，严格的执行，严谨的评估和分析。培训期间员工考勤纪律参考企业员工手册。

第二十二条 专项的外部培训管理：符合组织建设战略和计划，严谨的培训协议签订和管理。

第七章 培训管理文件或表格清单

培训需求调查表

年度培训计划申请表

年度培训计划表

培训内容评估调查表

讲师评估调查表

培训项目统计表

第八章　附则

第二十三条　本制度由人力资源部协同各部门及财务部执行，企业总经理、职代会审批通过后生效。

第二十四条　本制度由人力资源部负责解释。

案例分析

（1）以上制度结构完整，责权明确，流程完整清晰。

（2）培训内容中可以考虑罗列培训内容的详细定义及课程内容。

（3）建议作为制度可以把培训实施流程做成流程图方便查阅和传播。

（4）另外培训管理部分原则多，实操标准未做明确描述及罗列，为了加强可执行性，可以考虑将需参照的标准在本制度中详细描述。

××企业培训管理办法

第一章　总则

第一条　为加快企业发展，加强和规范企业培训工作，培养造就高素质干部、员工队伍，实现培训管理科学化、制度化、专业化，结合企业实际，制定本办法。

第二条　培训工作的指导思想是："围绕企业发展战略和人力资源战略，建立科学、规范、有效的培训体系，提高员工技能和职业化素质，造就一支德才兼备、技能优异、有较强竞争力的员工队伍。"

第三条　培训工作的原则。

（1）统一规划，突出重点，集中管理，分步实施。

（2）规范操作，动态监控，科学评价，注重实效。

（3）厉行节约，形式多样，点面结合，共享资源。

第四条　人力资源部是企业培训工作统一协调和归口的管理职能部门，负责拟定培训政策，制定年度培训大纲，协调相关部门组织企业级培训，管理企业培训经费，审核各部门、培训计划等。

第二章 培训规划和计划制定

第五条 企业级培训规划和年度计划由人力资源部根据企业经营战略目标和业务发展，结合行业状况及发展趋势，针对企业各部门、分（子）公司培训需求与技能情况制定。

第六条 年度培训计划编制方法。

（一）年度培训计划编制依据

（1）企业培训规划。

（2）企业领导确定的重点培训课题。

（3）企业领导及各部门、分（子）公司提报的培训需求。

（4）企业客户、设备厂商提出的培训建议等。

（二）年度培训计划内容

（1）培训目标。

（2）培训对象。

（3）培训方式。

（4）师资教材。

（5）考评方式。

（6）费用预算。

（7）实施安排等。

（三）年度培训计划编制程序

（1）每年第四季度为企业培训计划制定期，人力资源部根据企业培训规划、企业领导指示和企业年度经营目标，制定下年度培训计划。

（2）各部门、分（子）公司根据本单位培训需求，填写《培训需求调查表》，经主管领导审批后，于当年 11 月 30 日前报人力资源部。

（3）人力资源部汇总各单位的培训需求，于 12 月 20 日前统筹编制企业下一年度培训大纲，经主管领导审批并报企业党政联席会审定后，发布实施。

（4）各部门、分（子）公司，依照培训大纲安排组织实施。

第七条 如果培训时间、内容因业务调整等原因发生变化，人力资源部将依据培训项目适当修改培训方案。

第三章 培训组织实施

第八条 年度培训大纲经企业批准后，由人力资源部组织实施。

第九条 企业级培训项目实施程序。

人力资源部根据培训大纲的培训项目，会同培训主办单位报请企业领导，获批准后通知参训单位并组织实施。

第十条 部门级培训项目实施程序。

各部门、分（子）公司内部组织的小型培训，由各单位自行组织实施。

第四章 考核与评估

第十一条 为提高培训质量，保证培训效果，促进学员培训成果转化，逐步建立有效的考核、评估流程。

第十二条 评估组织与评估效果。

（一） 组织评估

（1）评估内容：培训内容、培训质量。

（2）评估方式：采取评估问卷调查等方式。

（3）评估对象：培训机构、培训师资、培训实施等。

（4）评估结果应用：评估结果作为调整培训机构和师资、完善培训组织实施工作的参考依据。

（二） 效果评估

（1）评估内容：重点考察员工在工作中运用培训成果情况以及岗位能力提高的情况。

（2）评估方式：主要依据员工工作过程中反映的素质能力，并参考员工的培训考核成绩、培训心得、培训交流分享情况等。

（3）评估结果应用：培训效果评估结果记入员工培训档案，并作为员工绩效考核参考之一。

第十三条 培训评估与考核由人力资源部负责组织实施。

第五章 培训对象选定

第十四条 企业培训对象为全体员工以及与企业业务有密切联系的单位。

第十五条 部门级业务培训，由培训承办单位和参训部门依据项目要求共同确定培训对象。

第十六条 企业级业务培训，根据培训项目需求，由培训承办部门与人力资源部确定参训单位、参训人员及考核方式。

第十七条 境外培训和重要培训，由人力资源部与相关部门共同研究确定培训人员名单，报企业领导审定。

第六章 培训工作日常管理

第十八条 员工按企业安排参加培训，视为在岗出勤。参加培训的员工在培训期间须遵守《员工培训出勤管理规定》。

第十九条 员工参训后应积极认真学习，做好培训小结，培训结果纳入个人培训档案。

第二十条 企业对优秀员工的培训小结、学习心得、集中辅导课件等培训材料，在征得本人同意后，可在一定范围共享。

第二十一条 人力资源部负责网络课堂的建设、使用和维护。

第二十二条 人力资源部负责组织相关单位编写系列培训教材。

第七章 在职学历教育和资格（证书）考试

第二十三条 企业鼓励员工学习行业先进专业知识与技能，支持员工在不占用工作时间，工作安排许可、部门及企业同意的情况下，参加在职学历教育和资格（证书）学习考试。

第二十四条 在职学历教育是指员工参加在职研究生及国内外 MBA 等。

第二十五条 资格（证书）考试包括由政府单位主办及核定的资格类课程、行业专业知识或技能资格考试、各种资格证书取证考试等。

第二十六条 员工参加在职学历教育和资格（证书）考试，必须根据企业人才培训计划、工作需要、专业对口的原则申请参加并提出申请（附《招生简章》等材料），报所在部门负责人、人力资源部、企业主管领导审批并备案。

第八章 培训经费

第二十七条 人力资源部负责企业级培训经费年度预算与支出管理。

第二十八条 培训经费使用坚持节俭、高效原则。

第二十九条 培训经费预算编制程序。

（一）人力资源部负责《培训大纲》培训项目经费编制和使用。

（二）部门级（含分、子公司）培训计划和经费预算，在本单位全年财务预算中申报，同时报人力资源部核定汇总。

（三）部门超出预算内的培训项目，预算内经费不予报销。

第三十条 预算外培训经费使用程序。

（一） 培训需求部门提出培训申请。

（二） 报人力资源部审核。

（三） 经企业经理办公会批准后，可作为预算外培训经费列支。

第三十一条 培训经费专款专用，主要用于员工培训所发生的教材、资料、课酬、考核、劳务、交通、食宿、餐费、饮用水等费用。

第三十二条 企业级培训经费经人力资源部、企业主管领导审批后方可支出，并遵循企业财务管理规定执行。

第三十三条 各（分）子公司培训费用的支出和使用按照企业财务管理的相关规定执行。

第九章 附则

第三十四条 本办法由人力资源部负责解释。

第三十五条 与本管理办法有关的其他规定包括《员工外派培训管理办法》《培训讲

师管理办法》《员工进修培训管理办法》和《员工培训出勤管理规定》（详见附件）。

第三十六条 本办法自发布之日起施行，原《×× 企业企业员工培训管理办法》废除。

附件：

（1）《员工外派培训管理办法》

（2）《培训讲师管理办法》

（3）《员工进修培训管理办法》

（4）《员工培训出勤管理规定》

12.3 培训师管理制度实例分析

×× 企业培训师管理制度

第一章 总则

第一条 目的

为支撑组织能力目标建设，打造和管理一支金牌内部培训师团特制定 ×× 企业培训师管理制度（以下简称本制度），作为企业管理培训师团队的管理依据。

第二条 使用范围及定义

本制度适用于 ×× 企业（包括下属各分公司）内部培训讲师的选拔及管理。

此处的培训师指的是：经过内部流程选拔出的负责持续某一类及多类知识、技能、经验的分享传授者，也包含临时赋予讲师职责的系统性讲授者。均为内部员工，均是在本职工作外承担分享、讲授的职责。

第二章 组织职责与分工

第三条 人力资源部负责讲师团队的选拔、组织管理、课程开发、绩效评估和激励。

第四条 各业务及支持部门在各个流程中协助人力资源部的工作。

第五条 管理层及核心员工均有知识分享的义务，按照年度绩效考核中的知识分享维度达到并超过指标设定。

第三章 培训师的选拔及晋升

第六条 培训师的选拔。

培训师来源：凡符合以下条件之一均可称为培训师后备力量。

✓ 各部门经理及以上级别管理人员。

✓ 各部门高级职称员工。

✓ 各部门委派接受外部系统培训的员工。

✓ 企业内部价值观评分优秀的员工。

✓ 各部门业务精湛、高绩效员工。

✓ 某个领域造诣超群的员工。

培训师选拔标准：

✓ 符合候选条件，且是企业价值观的践行者。

✓ 有必备的讲授传播知识的素质基础。

✓ 有一定的时间保证。

培训师选拔流程：

✓ 培训师的选拔每季度例行一次，根据培训师数量及培训目标每月度会回顾目标与达成，作为储备。

✓ 选拔流程包括提名、专业能力和软性素质评估、内部培训师培训，通过培训者正式授予内部培训师称号。

✓ 对于临时任命的和发起的培训课程，需通过人力资源部会议、总经办会议双重确认。

培训师等级评估：

✓ 企业实行三级讲师等级制，分为讲师、资深讲师、金牌讲师三个级别。

✓ 每个级别的晋升由培训时间的投入及培训效果评估两个维度决定。

✓ 讲师的评估及晋升由人力资源部管理全流程。

第四章 培训师的职责和义务

第七条 培训师完成人力资源部管理内部培训师的培训课程，应与人力资源部密切合作做好充分的授课准备。

第八条 培训师负责按照计划实施分享，培训及讨论。计划包含授课内容设计，授课的目标管理，授课时间安排及授课的后期评估。

第九条 培训师对于实施的培训内容讲义、内部讨论成果、后期评估成果等知识承担保密责任，不得向非目标学员、团体提供上述资料。

第五章 培训师的激励原则

第十条 培训师团队的激励以荣誉激励为主，物质激励为辅的标准；管理岗的培训师无物质激励。

第十一条 年度培训小时数超过20小时将获得4小时带薪年假奖励。

第十二条 培训师的授课费标准如下表所示：

职务	每课时报酬
金牌培训师	200 元
资深培训师	100 元
培训师	60 元

第十三条 培训师授课费用申请及管理办法参见培训费用管理制度。

第六章 管理及纪律

第十四条 培训师团队的日常行为规范遵照员工手册细则，培训师团队的绩效管理遵照人力资源部出台的培训评估办法及培训师绩效考评办法。

第十五条 本制度由人力资源部负责制定、更新及解释。

案例分析

（1）以上制度是高科技企业常见的，充分调动资源建立讲师团队的例子。

（2）制度具有较强的可实施。

（3）建议内部讲师激励以非物质激励为主，不以现金结算。

（4）制度中关于培训师的团队本身的发展建设未有提及。

12.4　培训费用使用管理制度实例分析

××企业培训费用管理制度

第一章 总则

第一条 目的

为了规范培训费用的管理，特制定企业培训费用管理制度（以下简称本制度）。

第二条 使用范围

本制度适用于××企业（包括下属各分公司）人力资源部及财务部培训费用发生的管理。

第二章 组织职责及原则

第三条 所有因企业培训项目实施而发生的费用支出，由人力资源部负责归口统一管理，财务部监督执行。

第四条 培训费用的管理以预算管理为主，年度、半年度、季度预算需通过才可申请费用，特殊情况下发生的费用报人力资源部及财务部特批。

第五条 培训费用预算及使用对应会计准则：一一对应的原则，效益最优的原则，双重确认的原则。

第三章 培训费用的预算及申请

第六条 培训费用的预算包含在部门、企业的年度预算范围内，由各部门提交，人力资源部审核，通过年度计划会议通过，半年度、季度再次符合确认审核通过。

第七条 如有人力资源部组织和发生费用，则由人力资源部提出申请，报批财务部审批，总经理办公室审批通过，费用详单参照财务部关于费用申请的详细管理办法。

第八条 任何一个培训费用的发生至少需要人力资源部和财务部的双重审核。

第四章 培训费用

第九条 培训费用主要包含以下几种情况：

- ✓ 外请讲师及培训团队来企业培训发生的培训费用、差旅、餐饮、住宿费用。
- ✓ 外部培训机构展开的培训所带来的培训费用、认证考试费用、差旅餐饮住宿费用，培训津贴、餐饮住宿费用。
- ✓ 内部讲师授课产生的培训费用。
- ✓ 培训激励中产生的激励表彰费用。
- ✓ 以及其他应培训项目发生而产生的合理费用。

第五章 关于培训补偿费

第十条 培训补偿费指的是由企业为员工提供的外部的专项培训，并与培训师订立了培训协议，如违反培训协议约定则需支付培训补偿费。

第十一条 培训补偿费的总金额等同企业提供的培训费用，异地培训的交通费和津贴等，不包括培训期间的工资、奖金、津贴和劳动福利费用。

第十二条 补偿费用额计算公式：补偿额 = 企业支付的培训费用 ×（$1-x$），x= 实际服务年限 / 规定服务年限。

第十三条 补偿费用回收后仍列支在培训费用科目下，用于企业培训。

案例分析

（1）培训费用的支出需要遵守各企业的财务制度制定，作为人力部门制定费用规范的重点在于对费用的发生有明确的定义。

（2）以上制度结构基本完整，有可实施性。

（3）如果预算以及费用支出再多一些如何控制预算、预算如何合理的指导性要求就更好了。

12.5　外派培训管理办法

××企业员工外派培训管理办法

第一章 总则

第一条 为科学有效建立员工外派培训体系，加强外派员工培训管理，特制定本办法。

第二条 外派培训是指由企业安排员工到指定单位或培训机构进行与企业业务需求相关的学习或实践性培训方式。

第二章 外派培训管理

第三条 人力资源部是员工外派培训的管理部门，负责收集外派机构资源、了解企业外派培训需求、组织员工外派培训、监管外派人员培训实施和质量、开展外派人员培训经验推广和知识普及等。

第四条 各部门负责人、分（子）公司总经理根据工作需要，提出外派培训需求、推荐可提供外派培训条件的专业机构资源、协助人力资源部与专业机构建立外派培训合作关系，组织员工参加外派培训。

第五条 外派参训员工应积极参与外派在岗培训，努力学习并深入挖掘专业机构的工作方法和经验，配合本部门实现学习成果转换、经验分享和知识应用。

第三章 外派培训计划制定

第六条 外派培训单位将培训需求、目的、人员、费用、周期等内容报人力资源部。

第七条 人力资源部统筹考虑参训员工知识、技能及专业机构合作意向，根据企业工作重点，确定外派培训安排。

第八条 人力资源部与培训机构商讨培训内容、组织形式、时间和费用，制定外派培训项目计划，报企业领导审定。

第四章 外派培训人员选定

第九条 人力资源部根据培训计划与相关部门及主管领导协商确定参训员工名单。

参训员工需符合以下基本条件：

（一）人事关系在本企业并工作满一年以上。

（二）工作表现突出，具备掌握参训知识的能力。

（三）本职工作需求与培训内容相关。

（四）工作任务与培训安排无重大冲突。

第十条 项目、人员确定后，由外派单位报文经人力资源部审核并提交企业领导批准后实施。

第五章 外派培训事前准备

第十一条 人力资源部组织参训员工开展培训前教育，介绍培训内容安排、培训纪律和行为规范，参训员工与企业签订《培训服务协议》。

第十二条 外派单位与参训员工明确学习任务并提交人力资源部备案，安排好参训员工的工作衔接。

第十三条 参训员工做好工作交接，保证本人所负责的各项工作平稳过渡。

第十四条 在同一机构参训人数达3人以上（含3人）时，由参训单位确定培训组长1名，负责参训学员日常管理和培训保障。如遇重要情况和问题，组长及时处理并向企业汇报。

第六章 外派培训管理

第十五条 外派培训期间，参训员工或专业机构的联络人，每月向人力资源部沟通培训、生活情况，并协助处理重要情况和问题。

第十六条 培训时间超过3个月时，参训员工应于每3个月结束之日1周内，向人力资源部提交一份学习情况小结，记录所学知识、技能和体会，归入参训人员培训档案。

第十七条 参训员工在培训期间应严格遵守保密规定、行为规范及专业机构的有关规定，严禁泄露企业和派驻专业机构商业秘密和损害企业形象的行为和事件发生。

第十八条 参训员工因故不能完成培训的，及时告知人力资源部并说明原因。人力资源部将相关情况报企业领导同意后，参训员工方可退训。

第十九条 外派参训人员费用，由派出单位列支。

第七章 外派培训效果评估与成果分享

第二十条 参训员工应于培训结束后第一个工作日返回企业，并于两周内向人力资源部、部门负责人及主管领导提交培训总结及相关资料。

第二十一条 参训员工积极配合人力资源部完成对本次外派培训工作满意度评价。人力资源部在培训结束后向专业机构了解参训员工的整体表现，并归入参训人员培训档案。

第二十二条 培训结束三个月内，根据需要人力资源部会同部门组织安排参训员工在一定范围内进行培训成果分享和交流。

第八章 附则

第二十三条 本办法由企业人力资源部负责解释。

第二十四条 本办法自发布之日起施行。

12.6　员工培训出勤管理规定

××企业员工培训出勤管理规定

第一条　企业组织的员工培训出勤管理由人力资源部负责，各部门、各分（子）公司组织的培训考勤由组织单位负责。

第二条　培训期间不得随意请假，如确因公请假，须主管领导批准，假条交至人力资源部，否则以旷工对待。因特殊情况不能及时请假者，必须向人力资源部申明，并补办请假手续。

第三条　上课期间迟到、早退（因公并持有证明者不在此限）达3次者，计旷工半天。迟到、早退达3次以上6次以下者，计旷工一天。若缺勤时数超过课程总时数1/3者，需重新补修全部课程。

第四条　学员收到培训通知当日起，所有上课学员凡遇公务或私事与上课发生冲突者，一律办理培训请假手续，凡违反规定人员，旷课时数以旷工处理。

第五条　员工参加培训，必须在员工培训签到表上亲笔签名以示出勤，严禁其他学员代签，一经发现代签学员和被代签学员均按旷课处理。

第六条　参训学员自觉遵守培训纪律，培训考评纳入员工培训档案。

第七条　本规定由人力资源部负责解释。

第八条　本规定自发布之日起施行。

第十三章

授人以渔——培训常见问题解析

13.1　培训为什么无效

培训到底有没有效果，具体哪些东西是通过培训提升的效果，哪些效果是通过培训而进行评估的，如果在培训开始前没有一个很清晰的界定，如果最开始的培训需求描述并不是很清晰，后果可想而知。一方面 80% 以上的企业管理者抱怨下属员工素质太差、技能不足，另一方面，包括很多企业管理者在内的企业员工认为企业培训没什么用或者不知道是否真的有用。这种悖论的格局为什么长期在企业中存在而得不到有效解决呢？企业培训对提高员工技能、改善员工心态，到底有没有用呢？为什么培训会给人以没有用的负面印象呢？

要解答这个问题，我们必须深入到：（1）接受培训的员工中；（2）培训过程中；（3）培训完成后一起要进行评估总结。否则，作为人力资源工作者就不会有话语权。

当深入企业了解培训的作用时，每一个员工都认为培训很重要，但没有多少员工认为培训会给他们带来实质性的作用。他们通常认为，培训嘛，形式主义而已，作用不大。也就是说，培训的形式主义，是造成培训没用的罪魁祸首。培训的形式主义，指的是什么呢？真的是这样吗？回到实际工作中培训工作并不都是“形式主义”，而是公司组织氛围、人员能力以及领导管理风格等多方面影响，最后成为一个无奈的选择。所以，培训是否有效还要回到培训的初心，培训需要解决向组织赋能的问题。因为需求庞杂，需要企业解决发展的重要问题，而理解员工个体培训需求也非常重要，对员工越了解，对员工心目中的“形式主义”所包含的内容也就了解得越清楚。员工们说的“形式主义”，当然不仅仅是反对培训的形式，反对任何作秀、做表面功夫的培训。而是说，我们通常所采用的培训方式、设计的培训内容，甚至连同培训实施的具体环节，没有对员工需求对症下药。员工需求是一回事，培训是另一回事，相互之间搭不上边，或者关联度不高。员工并非不需要培训，员工也并非天然地反对培训，而是培训“文不对题，离题万里”，让员工感受不到好处，甚至受到误伤。

可见，有效果的培训有两个必要特征，需求梳理是培训成功的基础，有效培训需求是能够可量化、可衡量的，并且能够承上启下，明确培训需求可以作为一定周期内的工作目标，同样也是一个培训效果保证的基本前提。有了培训需求，在实际培训组织实施过程中，必须深入到一线实操工作中，具体梳理影响培训活动要素，针对群体的客户习惯进行分析，制定有效培训实施安排。近年来，随着互联网技术以及移动互联信息发展，劳动人口年轻化、学习终身化等因素，培训实施更加重视应用互动性强的新技术。古人云“授人以鱼不如授人以渔”，培训工作更多在理解组织与个体需求基础上，在组织内营造“学比赶超”的方法氛围，多一些内部活力的策划，让受众群体自我激发学习。所谓“渔”，更多是掌握新事物的工具和方法，关键在掌握新知识之后的实践机会。

最后一个影响培训效果的重要因素是：不知道如何进行培训效果评估。因为对培训效果缺乏评估，所以从根本上不知道培训是否真的有效、效果大小，或者“不知其所以然”地对培训效果“满心怀疑”。诚然，目前不论在理论界还是在实践中，对培训效果的评估确实没有一种“放之四海而皆准”的万能评估工具。通常我们会采用四级评估法。第一级评估是在培训之后，评估培训的即时反应，一般会采用让学员填写评估表的形式进行。第二级评估是采用考试或考核的形式，分析评估学员对培训知识或技能的掌握程度。第三级评估是针对培训之后的行为改进，方法是对学员在培训前后的行为状况进行对比分析。第四级评估是针对培训之后的绩效改善，方法是定向跟踪学员在培训之后，用培训所学的知识、技能或心态，改进工作、促进绩效提升的情况。这四级评估表面上看起来简单，但实际上真正用好、这四级评估的企业少之又少。一般企业会用其中一级或两级，可能还不能长期坚持。只有卓越的公司，才会重视培训效果的评估，真正用好、用活这四级评估方法。

没有无效的培训，只有无效的培训管理。衡量一个培训最后有没有效果，总结一下：培训事前有培训需求分析，培训过程中要全身心参与进来，最后培训工作一定注重效果评估总结工作。

13.2 培训如何协助业务发展

如果把培训只看成培训，那就太狭隘了，培训工作者的视野要广，思维要宽，研究要深。如果只是把培训看成是请个人讲课，那还停留在 5 年前的培训思维。尽管大多数企业重视员工培训工作，但不少企业还未能从企业战略的高度认识和把握培训问题，单纯地认为培训就是理论学习和技能提高，在培训设计上盲目跟风或仅着眼于眼前的业务需要，而缺乏长远规划。培训实践者需要战略性地为不同业务打造不同的培训与发展体系，从而达到战略性支持业务发展与落实，同时又动态迭代地发展培训及发展的双重目的。

13.2.1 培训体系支撑业务战略

培训体系如果与业务缺乏关联性和协同性，那么各个培训项目计划容易各自为政，从而导致每个项目的投资回报很低，培训工作者不仅费时费力，还“出力不讨好”。培训与业务部门之间的整合与协调不足，难以甄选有助于业务发展的知识、判断员工的核心能力，以及确立员工的行为标准。

企业培训体系是一种战略性工具，它通过实施培养个体或组织的学习知识和智慧的活动，支持企业实现自己的使命。培训体系要真正成为战略规划和实施的一部分，就必须要了解企业中各项业务的需求，从而更好地融入业务战略中，并更好地支撑起业务的发展。

企业员工培训工作是一系列任务组成的过程，是一项系统工程，需要投入各种资源。如果没有建立科学合理的培训体系，也会导致员工培训工作效率低下。同样，企业的业务战略决定了培训重点。业务战略不同，经营重点也会发生变化。基于业务战略的员工培训如下图所示，其与传统员工培训的比较见下表。

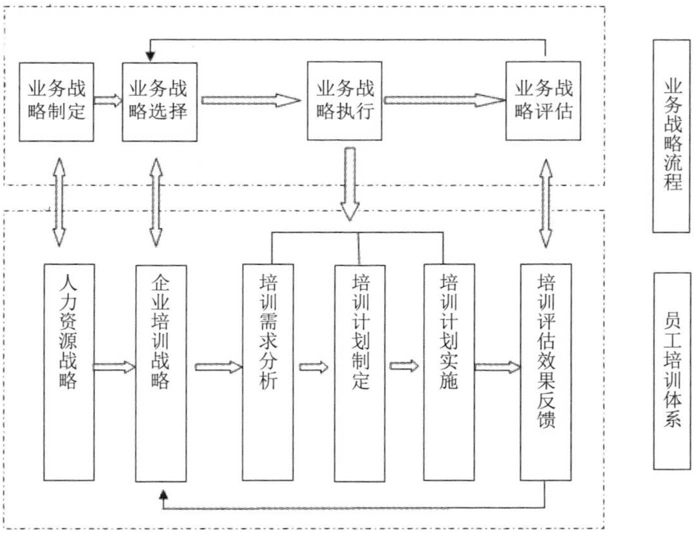

基于业务战略的员工培训

基于业务战略的员工培训与传统员工培训比较

培训环节	基于业务战略的员工培训	传统员工培训
培训目标	形成企业的核心竞争优势	提升组织和个人绩效
培训导向	业务战略导向	人力资源管理职能导向
培训作用	支持性的	辅助性的
关注重点	长期的、未来的	近期的、当前的
关注的问题	整体的、战略性的问题	局部的、个人问题
培训效果	寻求企业可持续发展	改善企业和个人绩效

13.2.2 三种业务战略模式

一般来说，一个持续发展的组织其业务结构需要系统考虑以下三个层面的业务，包括目前的核心业务、未来短期的成长业务和未来较长期的新兴业务。每项业务或产品的生命周期可划分为胚胎期、成长期、成熟期和衰退期。每项业务终有一天会遇到天花板，任何公司想要持续发展，需要在战略、业务、组织、人才上为未来的发展做好相应的布局和战略契合。

核心业务处于企业的核心地位，用户能够很容易地将该类业务与企业的品牌联系起来。在企业的运营中，这些业务能为企业带来大量的利润和现金流。

成长业务是正在增长的业务，这类业务发展快速，且经营模式基本成熟，有望成为第一层面的核心业务。作为公司的明星业务，第二层面的项目专注于追求增加收入和市场份额，公司愿意投入更多资源加速它的发展。

新兴业务指有望成为未来长远业务的种子项目。这类业务虽处于胚芽期，这类业务在早期的可行性尚不确定，可以通过团队内创新、跨部门创新和外部协作的形式进行孵化。

持续成长的关键是保持新旧业务的连续更替。企业需要在核心业务处于盛年期就创建和发展新兴业务，保证旧业务衰落和新业务兴起之间没有太大的时间延迟，从而带来企业整体的相互受益。拓展和守卫核心业务，建立具有中期增长点的成长业务，“孵化”具有未来长远发展潜力的新兴业务。

13.2.3 业务需要的培训与发展

为了确保三个层面业务上有经营能力的人才，企业必须重视制定人才战略。人才战略需要尊重各个业务之间的差异，公司需要对不同业务使用差异化战略，对于核心业务采用“防御者战略”，保持住在已有市场的既有竞争地位。对于成长业务采用“分析者战略”，在保住已有市场稳定的同时，力争实现市场扩张和市场创新。对于新兴业务，采用“探索者战略”，追求能创造出满足客户需求的新产品或产品组合。

与核心业务相协调的人才战略是积累战略。积累战略建立在员工最大化的工作投入度和技能熟练化的基础上。这种战略倾向于用一种渐进的方式对员工的能力进行发展，更愿意招募有潜力的员工，当招到这些高潜力人才后，也更愿意去培养和发展他们与公司业务密切联系的能力、技能和知识。与成长业务相协调的人才战略是协助战略。开拓新市场需要吸引新的人才加入团队，鼓励从外部招募人才，同时保持已有市场，需要鼓励从内部发展人才。因此，人才配置策略需要内外选拔的结合，而这种混合又可能会导致政策上的分裂，如薪酬不平衡。协助战略通过招聘自我发展动机强烈的员工弥补了这个缺陷，协助战略的基础是知识创新，把发展的主动权还给员工自己。它通过对员工的自我发展提供支持和协助来满足业务发展对人才能力的要求。另外，协助战略更关注合理的人员配置和灵活的团队设计，并在两者之间进行有效协调，从而满足经营战略上的双重要求。由于新兴业务环境的不断变化，与其相匹配的人才战略是效用战略。效用战略不强调员工的高承诺度，而关注员工在业务发展中的能力使用度。因此，选拔时非常强调人才能力与任务需求的匹配度。响应市场的快速资源调动能力也部分替代了培训的作用。绩效评估更倾向于以产出结果为导向。因业务层次的差异，三种人才战略追求的根本目标不同：积累战略追求最大化的工作投入和熟练化的执行；协助战略追求最大化的效果；效用战略追求最大化的效率。

培训实践者在为三类业务打造人才培养体系时，需要根据组织的内部资源能力进行定制化设计，包括对核心岗位的确定、学习对象的选择、课程数量的设置、学习方式的设计等。公司业务发展的阶段不同，培训体系也应该有所区别。三类业务对应的培训体系见下表。

三类业务对应的培训体系

业务类型	核心业务	成长业务	新兴业务
人才战略	积累战略	协助战略	效用战略
人才角色	经营者	业务建立者	开拓者
培训体系	员工职业发展导向的系统化学习地图	以客户价值链为导向的高价值人才培训体系	“按需学习”打造创新团队

核心业务的战略更多是在组织内追求运营效率的提升。人才积累战略倾向于用一种渐进的方式对员工的能力进行发展，培训具有内部导向性和长期导向性，且更倾向于通过在岗培训帮助其员工发展出一套与具体业务相关的能力组合。对于核心业务，其业务相对稳定和成熟，业务组织架构和岗位架构成熟，员工的培训需求也较大。核心业务培训体系是以员工的职业发展为导向的系统化学习地图，能够更好地为核心业务的培训进行系统性的规划、设计和管理，同时满足组织和员工发展的需求。

成长业务的培训体系是以客户价值链为导向的高价值人才培训体系。其设计逻辑是促进产品价值链上各类高价值员工更快“上手”新产品，从而把产品快速推向市场。这种培训体系保证了对当前产品的更新，能够快速而清晰地让产品相关线条和岗位的员工获得必要而及时的培训，从而兼顾系统性和灵活性。它不仅提升了高价值人才的个人能力，还搭建了组织能力的架构，并关注产品价值链上集体行为的改变。它需要产品部门、业务部门和培训部门三方协同，定制化开发课程。培训部门与产品部门配合，梳理产品要求的培训内容。在培训实施时，培训部门需要整合内训师资源，还需要在整体上发挥协调作用和提供专业的课程开发方法论。

新兴业务的培训体系“按需学习”打造创新团队。“按需学习”需密切联系新兴业务的情境和工作中的挑战，并从中提炼出关键岗位员工的学习需求。另一方面，新兴业务中涉及很多未来探索性的任务，具有较高的不确定性，需要根据业务的实践需求定制化地设计实用的学习活动，重点培养创新型人才的素质和能力。它具有即时性、灵活性的特点。该体系构建基本的培训运营流程，根据员工实践需求快速搭配学习资源，重视员工个体把所学快速迁移到专业业务中的效果。它倾向于考虑在岗学习、基于项目的学习及行动学习等实践性强的学习方式，因为这类方式可以把工作和学习更好地融为一体，实现“工作中学习、学习中工作”。

13.2.4 培训工作者协助业务发展的角色定位

一是，学习的促发者。当前各种学习技术非常多，如行动学习、世界咖啡、复盘、微课等，这些技术都可以支持到工作场所中的非正式学习。有些公司业务部门每周开例会没有条理、没有章法，但是如果采用复盘的方式，那将是非常好的自我学习方式，如果把例会策划成经验分享会，那效果将会非常好。作为一个培训工作者，如果将学习的战火燃烧到业务中去，燃烧到业务的日常工作中去，是非常核心的功能之一。

二是，经验的提炼者。微课目前非常盛行，但流于形式的偏多，把原来传统的通用课碎片化，整成微课的形式。其实，基于业务中“针尖大”的问题梳理经验，形成标准方法流程的微课才更有生命力。找到业务痛点，针对每个痛点找 4 ～ 6 名专家，通过利用焦点小组课程开发的方式把他们的经验萃取出来，然后广泛传播，找更多人实践，迭代优化。相信会沉淀出一大批自己组织的鲜活解决业务问题的知识资源。

三是，人才挖掘者。针对培训功能的定位越来越模糊，广泛的说法是要转型为“人才发展”，更前沿的说法是“人才供应链”。也就是要求做前后的延伸，有些企业没有企业大学、培训中心这样的说法，而直接叫人才发展中心、组织发展中心，将职能延伸到人才的招聘工作。很多人越来越认同“招聘比培养更重要”，作为人才发展中心或者组织发展中心的定位首先我们要界定人才标准，不管是通过对绩优人才的观察也好，在学习项目中的挖掘也好，总是能够梳理出优秀人才的标准。如果可以前移，则可以为人才招聘构建标准，同时为高潜人才的挖掘贡献方法论。

四是，品牌打造者。企业大学或培训中心的运作可以提升企业注重人才培养的形象，是一家企业规范化运作、“以人为本”的象征，企业大学目前承担着打造企业品牌的职能，相信企业大学优秀经验的输出也会成为企业承担社会责任的最佳体现。

五是，客户的培养者。企业大学可以为公司的客户提供培训，一次美好的学习体验可以让高潜质客户对业务有贡献。如中兴大学为其下游客户提供培训，一年提供 1 个多亿的收入。一般公司的培训部门很难做到这样的实力和规模，但这不妨碍培训为业务发展做出贡献，促进业务和客户构建良好的合作关系。

定位决定价值，思路决定出路。尽管看起来像是给自己找活干，但是培训人如果不多给自己找点活干，那就越来越被边缘化了。培训不仅是一项业务，还可以支撑业务发展。

13.2.5 获得业务支持的技巧

建立培训人员与业务部门的交流机制。实践中具体的方法有培训人员与业务部门矩阵交流、培养 HRBP、轮岗等。

建立机制，使业务部门卷入到组织学习流程中。如经理人员教练机制，与绩效结合在一起；讲师参与业务手册的编写；在开发的各个阶段评审开发成果，引入资深业务主管评审，在业务专家内建立赛马机制，调动荣誉感。

提升理解业务、针对性设计学习解决方案的能力。解读和理解业务的功力来源于两个方面，一是懂业务，二是快速对需求进行方案构想和设计。解读业务的信息源有很多，比如业务部门例会，很多企业应该都有工作日志系统或者周报、月报等与业务工作紧密相关的一手资料，资源和素材就可能在这些沉睡已久的资料中，可以积累和利用起来，经过一定时间的资料解读，得到有用的关键信息。要注意的是，这样的信息往往是点状需求，解读就是将这些需求进一步分析，哪些是培训可以介入的，哪些是培训没必要介入的，需要完善哪些结构性信息。培训人员是情报获取和解读高手，还应该是销售高手，结合解读信息，将自身能够利用的培训资源和业务需求、培训需求做完美的设计与结合。

举办业务分享会议，业务专家内容分享相对容易，但是以书面形式贡献相对较难，在这种情况下，可以以相关业务专家的业务分享回忆形式进行弥补。举办这样的分享会议，需要提前做功课，具备框架思维，需要关注分享过程，培训人员不仅仅是旁听，还有挖掘和催化作用；分享者的资格和分享信息本身的权威性和专业度；内容设计，好内容也需要针对人群和学习场合针对性呈现；推广分享内容，同时扩大分享者的声誉，使贡献者获得鼓励。在交流互动的过程中解读业务，培训人员要提前做好相关领域的理论铺垫和实践关注点，在交流中适时引导。通过分享完成内容贡献，事后由培训人员对内容结果逻辑进一步梳理。

对业务专家赋能，让业务看到培训的价值。业务专家往往对培训理解不深，认为培训没有技术含量，不能帮到他们，改变观念后配合度自然提高，培训人员需要对业务专家培训、教练等形式赋能，对齐思路，让其看到培训的专业性和能够带来的业务价值。让业务专家看到培训的专业性和各业务带来的价值方面，其实很多业务专家是缺乏这些方法支持的，以个人经验主导为多，专业的方法业务还是很认同的。培训人员建立专业的方法论，例如课程开发方法论、角色认知方法论、案例开发方法论、引导方法论等，以工作坊的形式，在给业务专家赋能的同时，顺带萃取业务最佳实践，一箭双雕。比如有的公司的案例教学方法就很有借鉴意义，训练部分一定要嵌入实际工作流中，围绕真实的业务开发案例，围绕案例进行沙盘推演、复盘训练，训练后有工作行动并汇报成果，对业务产生触动，感觉到对业务帮助很大。

建立基于业务贡献的组织学习发展机制。管理者当讲师、教练，实行业务专家全员导师制度，并与绩效与晋升等结合起来。学员的训练和在岗实践情况与学员职业发展挂钩。前者比较常见，后者目前也能看到实践。

培训课程与公司实际业务紧密结合。培训课程需要源于公司实际业务，经过提炼并结合一定的理论，学员觉得真正能够用到实际业务中，而不是觉得培训课上感触颇深，回去后还是无动于衷，培训是否接地气已经成了很突出的一个需要解决的矛盾了。

从培训的学习内容上来看，应该形成知识管理闭环，这个闭环的实现需要大的投入和精力，而且还需要机制支撑，有时候这个机制需要培训部门督促业务部门去建立。闭环不是一步形成的，但可以在不同阶段重点推动。实践中有公司以项目的方式，形成一套运营机制和方法，前期以培训部门主导、业务部门支持，逐步过渡到业务部门自己运作，培训部门通过不断优化机制方法，提升效果，持续改进，这对于内容设计是源头上的帮助。内容既要具备有效性也要有可读性，所以内容设计越发重要。

在业务生命周期的视角下，不同发展阶段的业务具有不同的环境特点和业务属性，因此培训实践者需要战略性地为不同业务打造不同的培训与发展体系，从而达到既战略性支持业务的发展和落实的目的，又动态迭代性地发展培训与发展体系，同时对三类业务进行动态协同和按需供应学习资源。

13.3 员工不喜欢培训——要从“被动”变“主动”

培训是企业对员工的投资，为什么费力不讨好？

企业中或多或少都会有员工参与培训“被动”的情况，“强制要求参与才能保证出勤率，且仍有迟到、早退现象”“员工主动参与性低，培训课程中不积极，走神、玩手机”“员工把培训当休息机会，人在心不在”等，这些情况听着很耳熟。企业为员工培训投入了大量精力、时间和资源，员工作为企业培训的直接受益人，却总对企业培训不满意；即使企业组织高频次、高覆盖率的培训，员工仍会感到培训不足。为什么？因为没有达到好的培训效果，没能满足员工的发展需求，说简单点，员工想要苹果，企业却给一堆香梨，结果当然是企业埋怨员工“不领情”，员工抱怨企业培训不好。

让我们回想一下企业是如何实施对员工的培养管理的。

关键词 1：战略导向，定位培训。

培训管理作为支撑企业发展的重要支柱之一，企业管理者为员工制定培训计划时自然受企业发展战略影响。而员工直接作为培训受众，其培训需求信息收集则稍显不足。员工对培训各有一套理解，将更多注意力用于关注自身培训需求是人的本能，员工不会站在管理层的角度，像公司战略制定者一样思考，当员工感到自身的培训需求没有得到及时的满足时，或是在某一阶段内从未得到满足，员工的积极性就会被打击，自然对企业提供的培训满意度不高。试想如果一个人在做一件事之前就已经认为这件事对自己的发展无效，当然对应产生的重视度也会随之降低，那么迟到、“参与度”低也是可预见的情况了。

关键词 2：集中规划，分类管理。

不同职业序列、不同岗级、不同职业生涯阶段的员工培训需求各不相同，作为企业管理者针对各个员工一对一进行培训课程设计管理成本过高，当然是不现实的。企业为了让人才发展“跟上”企业发展的脚步，满足企业在竞争压力日益增大的社会环境中，能够长期、稳定发展的用人需求，从组织战略、发展需求角度出发，为员工规划培养方式和培训课程。然而众口难调，企业认为考虑到不同职业序列、管理层和员工层的培养需求的不同就已足够，但事实是，这样远远不够。

关键词 3：虎头蛇尾，反馈不足。

从培训的阶段性投入来看，培训前期的重视和投入多于中期，后期最低。企业根据培训计划和培训预算安排各时期的培训课程，设计培训内容，聘用培训讲师，安排培训地点和时间等，而到了培训中期，对培训的跟踪管理就已经在减少了，企业多数仅靠跟踪员工到场率和满意度评价作为管理方式，但这样就够了吗？到了培训后期，企业给培训反馈分配的精力就更显不足了，整理员工满意度评价，虽有利于后期培训课程的内容设计和讲师的选择，但对员工成长而言尚未达到引导作用。培训中、后期的反馈不足导致企业管理者无法及时看到员工的成长情况，同时，员工也会由于看不到自身成长，而感到培训不足，这对企业而言，损失的不仅仅是培训成本，更是员工对自身成长能力的信心。当员工在企业中即使参加了诸多培训，仍感到无成长，这对自身发展能力的打击是巨大的，员工受到打击，对企业管理的满意度和“工作敬业度”自然无法得到提升。

既然企业原有培养思路让员工处于“被动”角色，那么如何改变现状，提升员工参与培训的主动性呢？

寻根究底，是提高员工对企业培养管理的满意度。培训培养的是员工，培训效果首先反映在员工获得更多知识和技能上，其工作效率得到提高，个人得到更好的成长上面，员工进步了，之后才是企业得到更好的发展支持。前文提到，员工作为培训的直接受益人，既然要提高员工满意度，自然要让员工看到投资的回报。当员工预期可以在培训中得到自己想要的“成长”，自然提升参与培训的主动性和配合度，获得成长后的员工也自然会提高对企业培养管理的满意度，企业也得到了更优秀的人才队伍，以此实现员工和企业共同发展的双赢局面。

为了有效提升员工对企业培养管理的满意度，首先需要改变的是员工培养管理的思路。培训是企业行为，注重分层分类管理，明确管理者与技术骨干培养需求差异的同时，也需要适当给予员工在整个培训阶段更多的主动权。让员工获得更多掌控感，而不再是“抽个空去参加一下”。那么“掌控感”怎么给呢？从培训需求调研到培训形式的选择，再到培训内容的安排，除战略定位引导外，给予员工一定的选择权，参与线上和线下课程均由员工自由选择安排，也就是说由企业提供资源，员工自行掌控“学习进度”。让员工“感受”到自己是培训的重心，而非被强制参与。通过培训价值宣贯，将企业培训课程和员工自身的事业成长需求相结合，换句话说就是当企业培训与员工的职业生涯发展相结合的时候，才能让员工意识到培训是关系到自身发展和切身利益的事，激发员工的学习热情和学习动力。当企业帮助员工了解企业提供的培训课程确实有助于自身成长，自然有利于提升员工参与的主动性。

其次要明确“量变不一定引发质变”。高频次、高覆盖率的培训并不代表能为员工带来“质”的提升，在企业中参加多次培训仍感“无成长”对员工而言已不在少数，有质量的参加才能给员工带来成长。此处引出秋叶曾提出的观点：有条件的量变才能产生质变。那么如何才能保障培训质量？《刻意练习》一书中提出成就源于 “正确的练习”，首先要有目的地练习，即找到目标、一个定义明确的目标。

那么如何定义自己的目标？

先要知道培训的对象是谁，这个问题的答案不在于具体是谁，就企业而言当然无法管理到那么细致，重要的是帮助员工知道自己是谁，明确自我定位。了解自我发展需求，培养方向。

定位方式有很多种，可以通过丰富人才测评手段帮助员工了解自我职业能力，还可以通过行业对标和公司内部员工对标进行自我定位，以便于员工实现客观自我认知，列出个人待发展能力清单。根据现有学术研究成果表明，员工的职业能力可通过工具或方式得出，以测量出个体在某个岗位上职业能力水平的高低，并可根据职业目标选择提升能力。员工职业能力评价来源可包括员工个人反应、素质测评工具和组织部门反映三部分。具体如下。

- 员工个人反应：对员工简历和档案等过往数据进行记录和分析。
- 素质测评工具：霍兰德职业兴趣测试-六类型职业人格划分；“职业锚”测试-反映员工长期职业目标，终极职业目标；MBTI 职业性格测试-个性判断与分析工具；DISC 个性测量-用于行为倾向、人际关系、团队协作、领导风格等测量，作为一种人类行为语言，主要从支配型（D）、影响型（I）、稳定型（S）和服从（C）四个维度对人格特征进行定义。
- 组织部门反映：收集来自部门负责人及同事等多角度反映信息，并综合考虑员工在公司内的年度绩效考核结果及奖惩历史。

员工明确自我认知后，即可进行个人发展计划的制订。制订方式如下：基于公司对人才队伍整体能力发展规划方向，结合个体需求，可由员工上级为其担任导师，并由人力资源专业人才协助，根据员工不同职业阶段和不同职业性格特征，规划成长路径和培养计划，辅导制订个人的人才发展计划（见下表），并形成定期监控、分析和评估机制。

人才发展计划

年度提升 / 改进目标	在岗锻炼（做什么？如何做）	辅导（做什么？何时做？谁来做？）	参与课程（做什么？何时做？谁来做？）
（1）对员工实施绩效辅导和沟通	（1）为每个团队成员制订详细的专业发展计划，半年中每人开展一次绩效面谈 （2）举办一次以上团队聚会 （3）年底之前为团队成员提供一次专业进修培训活动机会	寻求××作为导师	参加领导力课程，时间计划……
（2）鼓励团队，营造团队氛围	…	…	…

IDP 制订原则

战略性的：基于组织战略和工作要求的

聚焦的：聚焦于 1 ～ 3 项任务和目标

具体的：具体的行动计划，做什么、何时做、如何做

适合的：匹配个人能力要求和个人职业发展需求

实践性的：包括在岗的工作时间锻炼

定期跟进的：定期回顾、总结和改进，做到可监控

目标定完了，再来谈谈标准。设定合理的执行标准，才能保障人才培养的有效性。对标制订方式中，公认技术标准、行业优秀案例、自我历史标杆，三种对标方式的难度依次递减，其中自我定义的标准难度最低。由于不是量化指标，操作空间更大，因此标准容易在不知不觉中下滑。当自我制定的质量标准随着时间推移而不断下滑时，最易产生滑坡效应，如下图所示。避免方式就是根据定时监控、分析结果，评估现状，随时对标、随时校正，以保持人才发展状态。

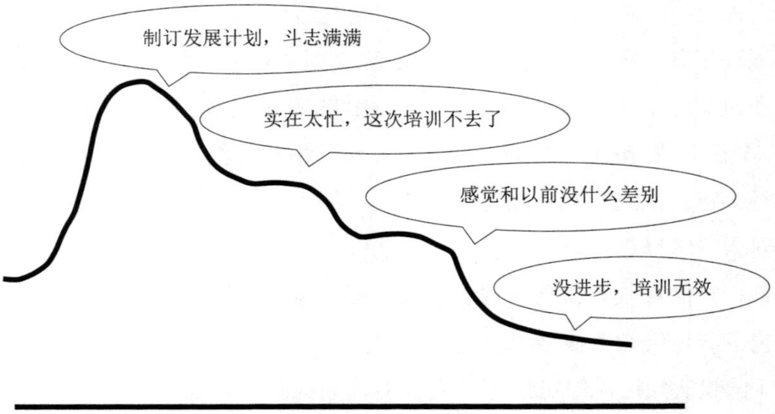

滑坡效应

除此之外，丰富培训手段和方式，引入在职锻炼、内部分享等多种方式，促进人才有效发展。根据员工不同职业阶段的不同培养需求，鼓励员工个性化制订培养课程，把握对各个培训课程的需求。重视内部知识萃取及分享，均有利于提升员工“培养自我”的主动性。

再说提升培训效果。定好目标，做好对标（重点是分阶段性及时调整对标，避免故步自封甚至“滑坡”现象）后，如何保障培训效果，让员工确确实实看到投资收益呢？

关于“培训反馈如何做”书本上理论丰富，具体实施方式各个公司的人力资源部员工自然也是了解的，但为什么做不好？多是因为精力不足。那么让我们来调整一下反馈工作的分担方式。员工从培训反馈中收获到的是培训成效总结和自身的成长反思，企业管理层从培训反馈中收获到的是培训方式和培训内容的满意度。企业原有的反馈管理方式是：对于前者，多隐形管理，全权交给员工自己做反思；对于后者，企业倒是给予了重视，填了不少满意度调查的表格。但结果如何，我们也知道，反馈整理结果多呈中庸化，“满意”“比较满意”占多数，但过一段时间，一做访谈，员工又提出各种批评，认为培训课程形式单一、培训内容趋同化严重、不满足员工多元化需求。

那么，让我们把视线放在培训效果的跟踪方式上，原有调查问卷形式偏于机械化，参加完一门课、填上一张卷，并不代表就是跟踪好了。首先，跟踪对象扩大，从参与对象扩大到直接上级，一个人工作上有没有进步除了自己，当然就数上司最了解了，让上司根据员工行为对照进行反馈评价也是不错的方式。

人力资源部追着跟踪，不如让员工自我跟踪。前文提到，一个培训效果如何，对行为有没有改观，员工是最了解的，其次是上司，那么提高培训反馈有效性，当然最重要的还是要从员工入手了。根据之前提到的个人发展计划（定目标）和对标（定标准），指导员工合理客观评估自我发展现状，进行有效反馈。反馈的目的就是获得下一阶段如何继续改进、发展的信息，根据及时和客观两个主要原则，辅导员工自评培训效果，计划下阶段培养方向和阶段性安排，其中可由上司进行辅导。

再说及时跟踪，及时跟踪并不代表参加一个培训，由人力资源部跟踪一次，而是由员工从自身角度出发，根据自己各阶段成长节奏进行跟踪，是可量化、可调整的，毕竟不同员工设定目标、对应标准各不相同。每个人的进步速度不一，跟踪节奏最好也是由员工自己掌握的。

总的来说，给予员工更多培训管理的“主动权”，让员工看到培训效果的投资回报，有助于改善员工“参与度低，培训被动”的现状，提升员工培养的主动性。如何给予主动权呢？可根据“需求”定目标；及时调查对标，避免滑坡效应；重视培训反馈。

13.4　如何用“互联网 + 培训”打造超级 IP

13.4.1　企业培训 IP 的特点

现代管理大师彼得•德鲁克说过：管理是一种实践，其本质不在于“知”而在于“行”；其验证不在于逻辑，而在于成果；其唯一权威就是成就。笔者认为，管理的重要成就之一就是培养人才，而培养人才离不开培训。近两年，国内整体经济下行，压力增大、实体经济不振，企业愈发需要提升核心竞争力，其中关键在于人才，因而员工培训开始成为刚需。

所谓超级 IP 的定义，就是有内容力和自流量的魅力人格。IP 唤醒对群体的尊重，它包括关键词：内容、原创、人格、流量和商业化。

培训 IP 具体表现在以下方面。

1．培训内容能主动发酵

这可能是超级 IP 最重要的基础。不能发酵——不能引发用户（学习者）好奇、喜欢并传播的内容，其生命力极为有限。

2．原创但可衍生和再创作

共创共享成为企业间学习的新形式，以前企业间学习交流都得找熟人介绍，去参观一番也未必能够学到人家的真本事。现在不一样了，互联网打破了信息壁垒，大家比拼的是学习速度，你今天学了我的本事，明天我有新本事。所以干脆这样，还不如大家一起共创共享。

3．培训差异化策略

差异化在未来可能越来越重要。从定位理论角度解释，差异化意味着在细分品类中占领用户心智。根据企业内部培训学员的特点，设计适合学员的学习方式和学习内容。

4．持续形成值得期待的被订阅机制

企业培训经历了流量时代、价格时代、品格时代三个阶段，目前社群学习成为一种新常态，在社群化学习中，学员间分享最新鲜的实践经验，共创有效的解决方案，培养了用户黏性，养成了用户持续期待培训的习惯。

13.4.2 “互联网 +”应用于企业培训

“互联网 + 培训”不仅仅是指互联网技术和互联网思维应用在培训过程的某个环节，而是技术、思维、商业模式与培训价值链各环节的深度融合，实现价值链的升级和重构。

“互联网 +”与企业培训深度融合后，会发生三个层面的变化，如下图所示。第一个层面，以用户为中心，信息传导机制由原来的自上而下转换为自下而上，培训者首先要倾听用户（学习者）的声音，深入研究用户，关注用户体验，调动用户参与感，让用户在参与和体验中重构自己的知识和技能体系。第二个层面是数据驱动，实现信息流的数据化流通，这些信息流包括学习内容、学习计划、学习效果、个人偏好、学习相关行为记录等。打破信息不对称，提高信息的传导效率，借助大数据技术完成数据分析，让数据驱动产品的价值创造和价值传递。第三个层面是生态协同，以用户为中心的商业模式将原有的单向链式模式重组为价值网模式，在价值网模式中，原有的供求关系变得更加不确定性，生态圈里的每一个利益相关方既是某个场景的供方，又是另一个场景中的求方，大家互相协同，最终变成利益的共同体。

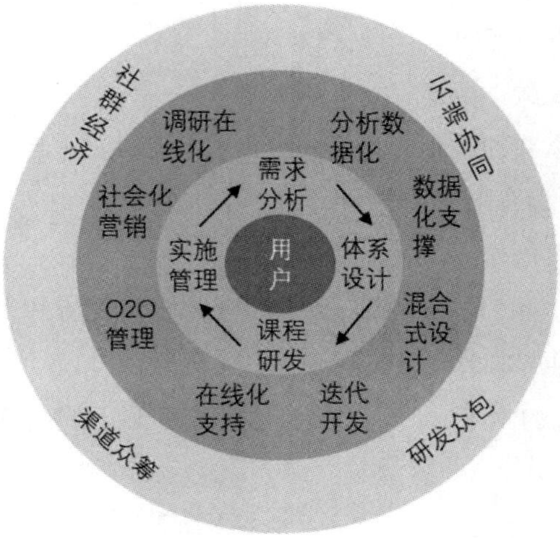

“互联网 +”与企业培训深度融合后三个层面的变化

无论是价值链还是价值网，变的只是信息传导的模式，不变的是价值环节。三个层面中不同价值环节中可能会发生的变化，见下表。

三个层面不同价值环节中可能会发生的变化

价值环节	用户中心	数据驱动	生态协同
调研分析	用户体验导向，用户参与在线调研，在线测评	数据导向设计，用数据说话	众包研发、众包设计
体系设计	用户驱动设计		
内外部供应商选择	用户在线参与供应商选择	建立供应商服务数据库数据筛选热门课程	
课程开发	定制化开发、柔性化生产、人人为师、参与感	关注在线学习平台上的行为数据、数据分析辅导课程开发、迭代课程体系	
品牌传播	口碑营销、多平台传播、自媒体传播	信息传播在线化、关注数据反馈、数据驱动传播迭代	社群营销、渠道众筹
培训实施	自定目标、自定步调、即需即学、即学即用 翻转课堂、多元学习形式、移动业务支持	基于互联网平台实现、实施行为数据化、效果评估数据化	社会化的学习环境、开放共享的学习生态圈
培训管理	用户驱动用户、自组织、自主式学习	在线学习平台记录学习数据、监控培训价值转化	内部平台化、外部生态化

用户中心意味着整个价值网环节都围绕用户展开，深入研究用户，关注体验，鼓励参与，死磕经营。在整个价值链中，需求分析阶段鼓励用户参与，积极研究用户需求、用户体验，体系设计和课程研发阶段建立关注用户绩效导向的培训体系，实现众包众创、让用户参与供应商选择，甚至进行定制化课程研发。品牌传播阶段关注用户体验，引入口碑营销、多媒体营销。培训管理阶段引入社群经济，让用户驱动用户，甚至可以让用户参与学习进度的自我控制，学习方式的选择上学习者有一定的自由，让学员参与学习评估，并能够及时收到学习反馈等，在此不一一列举。笔者曾听过网易一位老师做的领导力产品设计分享，其中以用户为中心的理念贯穿整个环节，深入研究用户后，她将不同层级的管理层进行了深入研究，并基于他们的管理生涯将不同层级的管理者用婴儿、青年、家长、部落首领来形容，基于各个阶段的成长需求设计培训产品，最后动用多元化的 O2O 手段完成落地，这种设计就充分体现了以用户为中心的设计理念。

“互联网 + 企业培训”中，培训项目是动态的、开放的，需要实时维护更新，整个价值环节都实行数据化监控，最终实现数据驱动。课程设计、应用数据和案例素材不是封闭不变的，而是根据学员的需求和业务活动数据需要随时做出调整改进。培训工作者需要借助移动互联网及 xAPI 技术，通过大数据分析研究学习者的学习数据，包括学习次数、学习时长、最热门课程、热门问题、热门讲师等，不断迭代培训产品，为将来的人才选拔和企业整体的人才管理机制提供参考，更好地为组织发展创造价值。因此，“互联网 +”下的企业培训工作者虽然不需要成为数据分析的行家，但必须要有学习数据分析的思维，并能够收集和使用学习数据，以设计更受学员欢迎的培训产品，彰显培训的价值。同样，如何识别人才培养需求？如何设计具有针对性的方案？如何确保培训方案的有效执行？这些都需要与数据相结合实现数据驱动。

整个价值链环节引入学习生态圈各利益相关方参与，鼓励众筹众包，打破原有的单向链式的供求关系，让整个利益相关方变成利益共同体。企业学习生态圈包括企业用户（业务部门）、学习者、培训管理者、直线经理、培训师、培训供应商等，在企业培训中，用互联网技术经营好这些用户，做到生态协同，如在产品研发阶段实现众包研发，众包设计，在品牌传播环节引入社群营销、渠道众筹，在内部学习生态圈内完成目标协同，在培训实施环节创造社会化的学习环境，创建开放共享的学习生态圈，在培训管理阶段利用互联网手段实现信息互通共享，协同联动。

如何实现生态协同，我们可以让生态圈里的所有相关者参与其中，课程开发阶段倡导人人为师，鼓励学习者及一线草根参与分享，如京东的微课开发，定向邀请业务部门的业务能手参与课程开发，最后将优秀经验先个人内化再群体外化。再比如借助移动互联网手段，按时、即时地为学习者提供必要的学习内容和支持工具，为供求双方搭建更多交流协作平台，搜集用户数据，迭代产品体系，当然，这些只是个别的应用，更多应用大家可以共同探讨。

13.4.3 移动互联网发展迅猛，企业建立移动学习平台

从用户需求角度，我们发现，企业管理层已经逐渐从 60 后、70 后过渡到 80 后、90 后，80 后、90 后是伴随互联网成长的一代，因此他们的思维方式、知识结构和交流方式与传统培训思维截然不同。传统的授课模式、网络式培训模式面临困境，新型的移动化、碎片化、游戏化培训方式处于蓬勃发展态势，如何让学习内容更加生动、有趣、互动，充分调动员工的积极性，寓教于乐，理论与实践有效融合，成为用户最大的痛点。

在信息大爆炸的今天，时间成为稀缺资源，终身学习的理念已经深入人心，降低学习成本，借助移动互联网平台和工具学习，移动学习成为新生代更愿意接受的学习方式，这样可以高效利用碎片化时间，从而有更多的时间享受生活。

移动学习是基于网络技术环境的学习形式的移动化，随时随地的碎片化式学习，学习者和学习资源都是移动的，具有高互动、高效率、随学随用、个性定制等特点，因其低成本、移动性、场景化的特点备受企业青睐。企业移动学习能充分利用移动互联网与生活、工作密切结合，使得新一轮经济变革正在发生，企业移动培训备受关注，理念领先的企业都在筹建自己的移动学习平台。

移动学习不是传统的e-Learning的翻版，不要把e-Learning内容照搬到手机上。移动学习平台需要按需求设计，即用即学，简单直接，碎片化，呈现方式有视频、图文等方式。

移动式学习让培训场景更加具象，培训场景就是具体的业务情境，最好的学习方式就是在工作场所中，在具体的业务情境中，随时随地用所学解决实际问题，就地分享，就地反思，就地学习，就地解决，是移动互联网时代最好的学习方式。

什么样的企业适合搭建移动学习平台？企业移动培训平台的搭建，需要根据自身的实际需求和具体应用场景来决定。一是高科技企业，对新事物接触较多，有随时更新知识结构的需求，能通过移动学习平台为企业带来较高的企业效益。二是大型连锁企业，人员流动性高，员工分散，文化素质不一，统一培训困难，而移动学习平台能很好地解决这类痛点，进行碎片化、移动式、随时性的学习。三是如能源、通信、银行类大型集团企业，地域分布广，人员层级多，业务培训量大，传统培训方式耗时耗力效果差，移动学习平台不仅能节省培训时间，降低培训成本，还能提升员工的培训效率。

移动互联网为线上培训提供了天然便利的环境和土壤，单线上培训平台和工具就有：QQ群、微信群、千聊直播、朝夕日历直播、红点、网易云课堂、腾讯云课堂等，使用十分方便，同时，支付宝和微信支付带来的便捷支付也是一个重大的帮助。

运用微信公众号开展企业培训。现在的企业员工都有个人智能手机，推广移动学习的硬件方面已无阻碍。推广移动学习对企业培训有着重大的意义，教师将教学资料推送至学员移动终端，让学员利用业余时间学习，可以缩短集中脱产培训时间，缓解工学矛盾。因此，人们急需借助一个基于手机开发的平台来发布教学资料，促进移动学习。微信是一款为手机提供即时通信服务的免费应用程序，企业员工个人智能手机基本都安装了此软件。微信互动教学平台由微信公众号和微信群构成，教师可以申请一个微信公众号，从微信公众号上发布学习资源，让学员去关注微信公众号接受资源。教师同时组建师生微信群，群里及时与学员沟通交流，实现教学信息的双向交流与互动。微信互动教学平台的功能有：第一，教师可利用微信群便捷地与学员沟通。微信的语言输入相比以往逐字输入更便捷，增加了沟通的时效性，提升了师生沟通效率同时调动了学员参与交互的积极性。教师可利用微信群方便地指导学员解决学习中遇到的难题，学员也可及时向教师或其他同学请教。第二，教师可利用微信公众号定期推送共享资料。教师要求学员提前关注微信订阅号，把教学内容以文本、图片及视频形式保存到微信公共平台上，通过微信订阅号定期群发学习材料，学员可在手机上随时点击进行学习，也可将学习资料分享至微信朋友圈或微博。上课时教师可组织学员就移动教学内容开展交流研讨，同时可检查学员学习情况。同时，微信互动教学平台在企业培训应用中也有不足之处：第一，平台每天可群发的教学信息受限。微信公众号认证用户在24小时内可群发3条消息，非认证用户在24小时内只可群发1条消息，而申请认证则至少需要 500 人关注，教师微信公众号要达到这个条件有难度。从这个角度来说，学员每天可获取的教学信息有限，该限制影响了学员能力的提高。第二，教学信息字数受限。学员大多利用手机浏览教学课件，手机屏幕大小有限，阅读时间过长会对眼睛造成不适。多图文的信息课件，最多可包含八部分，一般每部分字数不超过 1 000 为宜，否则学员在线阅读时间过长易造成疲劳感，影响学习效率。第三，教学效果难以及时反馈。培训微信互动教学平台在运行过程中暴露出个问题，教师无法得知推送的教学信息到底被多少人有效阅读，又有多少人在朋友圈和微博上加以分享和评论。为了检查学员学习情况，教师需设置合理教学质量控制点，如采取根据移动学习内容出题考试方法，将学员的移动学习行为纳入考核评价体系，督促其自觉地利用有效网络信息资源进行学习。每一次新技术的诞生都会对人类的思想观念、生活方式和工作学习或多或少产生影响。微信公众号原本是腾讯公司为企业和创业者开发出的一种新的信息传播方式，现在已经被很多培训机构作为传统培训的辅助方式。微信公众号拓展了微信的用途，提供了企业培训新方式，开辟了学员获取教学信息来源的新途径。

13.5　人才培训与人才培养的关系

谈到人才培养很多时候容易在概念上跟人才培训混淆，其实很多时候我们在实际工作中，谈的更多的是方法论上更加宏观的“人才培养”，但是在实际工作上指的都是培训管理的概念，有什么需求、上什么课、谁来上课等具体事宜。由此可见理论和现实工作是脱节的，有时候讨论为什么人才培养不到位，不少 HR 认为资源有限是导致人才培养薄弱的重要原因，而深入分析会发现对人才培养缺乏系统认识才是根本原因。单纯的培训只能传授有限的理念、知识、技能，而这些知识技能只有被培训者充分理解、消化，并应用到工作中去，才会带来业绩的提升，相应的个体学习者才算是真正实现了能力提升。那么具体人才培训和人才培养是一个什么关系，怎么做才能是一个有效的人才培养呢？

首先从内容上来看，人才培养应该包含人才培训，广义上的人才培养具体指人才选拔、人才培训以及任用管理综合手段，企业内部的人才培养机制应该是“选用育留”为核心的，把各个机制融会贯通，为人才发展使用。其中涉及具体的培训环节，作为其中的重要环节，需要保障选拔出来的人到任用岗位之前，主要解决上岗前应知应会的一些问题，同时建立保障组织内的人才充足储备的培养机制，一旦有岗位空缺实施人才继任。如果定位一个人才培养的项目，人才入口有一定规划的选拔，人才出口相对方向也是确切的，那么人才培训环节最重要的需求就是明确的，并且这个项目是公司层面主导的，人力资源有很大的主动性。区别于传统方式做培训方式，这是“内部订单式”培训服务。

再从方式上来看，人才培养的手段更加丰富一些，“7-2-1”学习发展模型是比较有代表性的，如下图所示。其核心理念是：一个人 70% 的技能来自其实践和经验，20% 通过沟通与交流，传统意义上的培训知识技能仅为 10%。

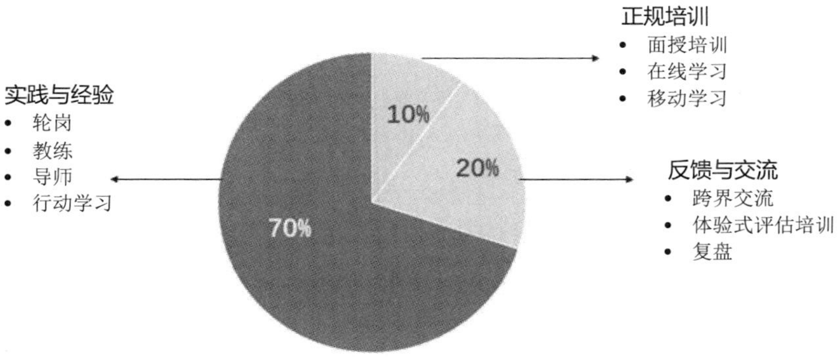

“7-2-1”学习发展模型

对于一个在岗人员的培养，更多是通过“轮岗”“导师制”以及有一定目标的“行动式学习”方式培养，纵观先进企业的人才培养模式，最见成效的有三种：熏陶、实践、引导。

- 熏陶：创造组织的整体氛围，让员工在耳濡目染中不知不觉形成企业所需的工作作风。不同的组织、不同的文化熏陶出不同的人才。比如我们常说西安杨森、中美史克为中国制药业培养了很多人才，最根本的是在企业文化的熏陶，员工养成了良好的职业精神。
- 实践：为员工创造磨炼的舞台和空间，让其在工作中提升自身素质。实践成功的前提是发现员工本人的优势和职业偏好，再给予相应的实践机会。
- 引导：根据潜质员工的特质，为其提供工作导师，使其能在各个方面得到导师的及时传授与指导。

以上的一些管理实践理念多源自人才培养“7-2-1”学习发展模型，只有更深入理解培训，更深入掌握组织与人才发展的理念，具体培训工作才能与时俱进，才更有活力，更能激发工作动力。

最后是理念上的不同，传统的培训本质上还是以“事”为本，而培养则是真正以“人”为本，传统的培训侧重知识技能经验的传授，而培养则往往倾向于综合素质的塑造。回归到人力资源管理之道，也是符合从人事管理到人力资源管理的转变。目前大家都认识到，通过培训可以提升员工的知识理论、操作技能，但苦于通过何种方式改进员工的态度、价值观和能力。与此同理，相对于操作类员工、服务类员工、技术类员工而言，管理人才，特别是领导人才的培训有效性也存在很多疑问。态度、价值观、能力不能通过培训获得，但不代表不可以通过培养提升。所以随着目前经济社会不断发展，管理理念上的发展往往是本质的，各个层级管理者们都需要适应整个组织发展的需要，好比一家企业的创始人不可能永远适应于一个企业各个成长周期，到了发展期随着管理复杂度升高，逐步聘用职业经理人来弥补自己的能力短板，人才培养也是解决这个问题，所以在一个组织里管理理念的提升其实就是领导力提升的工作。只有解决这些问题，具体的培训工作实施效果才能落到实处。

在组织内建立起来有效的人才培养体系是一个日积月累的事情，作为具体培训工作者来说，最具体的就是用心把每一次具体培训工作，达到一个管理闭环并且持续改进，“不积跬步，无以至千里”，相信每一次工作有效的改进都是对整体人才培养工作的支持。

第十四章

创见未来，学习的革命——培训创新趋势

14.1 企业培训发展趋势多样化，探讨发展可能性

培训是组织实行共同“语言”的学习途径，是企业建设学习型组织的必由之路。随着市场环境的日新月异，为应对日趋复杂的管理挑战，多样化、复杂化的培训形式也应运而生。现代企业的未来培训发展趋势也呈现着多种的可能性。

1．培训的重要性逐步达成共识

随着全球化进程的加快，企业面对的是更加激烈的国际竞争。培训作为企业人力资源开发的重要管理手段，不仅注重新知识、新技术、新思想、新规范的教育培训，更注重人才的潜能开发，尤其是培养、激发开拓型的思想和意识，突出创造力开发、创造性思维，以及员工人文素养和团队精神的培养。事实上，培训的针对性、时效性越强，企业有效知识资本存量越能得到迅速上升，员工实用技能储备也就越能获得有效加强。可见员工培训作为一项管理职能，其在企业管理者心中的重要意义，地位已逐步从“边缘”走向“中心”。

2．培训部门即将成为“虚拟性培训组织”

企业的培训部门（多为人力资源部门，而非单独设立）将企业的管理者（经营层）、部门中层（管理层）以及员工看成是“顾客”，明确培训与企业经营、团队绩效以及员工绩效之间的联系。比如一个金融行业的投资公司。公司内设立面向不同部门的培训部，每个培训课程均有直接对应的责任主管以及课程主管，责任主管就是特定部门的培训经理，他要负责管理该部门所有课程，而课程主管则要确保课程的质量。区别于传统意义上的培训评估，包括每年统计培训教师的人数和培训的天数、新开设的课程数量、课程登记情况，以及培训不同类型的员工（如经理、投资业务员工、后台职能员工）所耗费的时间。培训责任主管将培训和绩效有机结合，包括所学知识、培训效果、培训前后的工作表现、管理者评价等。在未来的培训管理中，企业的培训部门会更加关注如下问题。

（1）受训者是否能真正把培训获得的技能运用于工作之中。

（2）培训要与个人或团队的工作绩效相挂钩，做到把培训与特定的业务目标、员工和团队的绩效紧密结合。

3．更加注重员工人文素养和团队精神的培训

现代企业对新知识、新技术的不断采用一直受到管理者重视，这在于企业员工对新技

术的敏感度。而新技术的“消化、吸收能力”在实施中不断创新的能力也显得越来越重要，这是现代企业培训达成共识的特征。同时，现代企业面对的管理环境日益复杂，企业员工的意志、观念、品德、人格甚至心理素质（如抗压能力）等都在显著影响着企业的凝聚力和企业形象。因此，现代企业培训必须注重员工创新能力、人文素质、责任感和主人翁精神的同步塑造和提高。现代企业的竞争中，事实上更重要的是组织素质的竞争或者说是团队的竞争。企业中团队“共同愿景”的建立、统一“心智模式”的塑造、团队学习能力的培养等在新形势下显得更加重要。现代企业不仅需要出类拔萃的人才，而且更需要“学习型”的团队，这就需要全体员工建立“学习型”的氛围，注重学习、注重创造性地开展工作。要实现这一目标，企业必须在注重个体素质提高的同时，更加注重团队整体素质的提高。

4．在培训传递中运用新技术

在未来，多媒体、互联网和其他新技术在企业培训中的运用将日益广泛，如人工智能（AI）、虚拟现实（VR）。AI 和 VR 等新兴互联网技术的研究已取得了长足进展，并且在很多领域得以应用，如制造和文化艺术领域。目前国外企业已经出现了人工智能虚拟现实培训技术，比如用虚拟现实的方式来培训汽车修理工程师，如何去给汽车换轮胎，这些技术在培训领域的应用将极大增强培训的体验性和培训效果。我国目前也正在支持、布局人工智能等下一代技术的发展。而企业面对培训的需求，培训行业的内外部竞争压力，必要时要求新技术与培训相互融合，从而推动培训进入新时代。

而这些改变是由以下因素决定的：第一，新技术的使用成本正在下降，企业可以采用联合的方式购买和运用新技术；第二，采用新技术以后，不用将不同地区的雇员集中到同一培训地，从而可以节约培训费用，如交通费用、住宿费用等；第三，新技术可以让培训者把学习环境的许多优点融合于培训之中，如实践、反馈、强化；第四，随着企业在将来可能产生的多元用人需求，可能会雇佣更多的临时雇员（兼职人员、顾问），且可能不在同一地点工作，采用新技术提供更加快捷有效的培训也成为企业关注重点。而先进的互联网、卫星传输等教育技术，为企业培训提供了更加优越的条件，现代企业培训的手段也必然很快由传统走向现代。

互联网使培训方式发生革命性变化，它的发展打破了时间和空间的限制，能很方便地满足即时的和不同步的学习需求。通过互联网技术，能满足学习的三种基本途径：自学、集体交流和教师讲授。互联网上丰富的学习资源能让不同水平的学习者，通过整合互联网学习资源，实现学习目的，并且可以节省大量时间和金钱，给培训业带来根本性的变革。

5．培训与咨询紧密结合

目前多数企业培训仍停留在灌输式的教学培训上，整个培训起主导作用的是讲师。此外，培训缺乏前瞻性，如销售量或销售额下降，则组织营销人员培训，临时性、突然性、随意性较大。因此，现代的企业培训在未来的趋势上需要走培训与咨询结合的道路。咨询式培训是培训公司协助客户和企业培训主管，理清企业未来业务重点方向，形成中长期工作规划，分步实施的手段。重点在通过各种咨询方式及现代管理体系进行企业诊断，发现客户的真正问题和业务需求，以咨询报告的形式向客户提供全面的业务解决方案，从而有效地建立起完整的培训规划体系，系统解决企业的业务问题，持续推进企业的业务发展。这种类型的培训短期内也能有的放矢，效果明显，实现快速推进业务发展的目的。为了使培训具有针对性和有效性，培训公司需要有自己的“研发能力”和“研发人员”，在充分调查与分析的前提下，为企业量身定做培训计划，并做到有始有终地监督执行与实施。实施过程中，培训师要充分发挥咨询师的作用，在选择工作方法和客户合作中，将个人诀窍和经验传授给客户，把培训作为关键的实际操作工具，并不断使用它。企业培训师也可以考虑和专门的咨询公司合作，组织实施项目，互为融合，互相促进。

6．培训要加强内外联合

培训部门要善于整合外部培训资源，使培训逐步市场化、产业化。企业精简机构一般会导致培训专职人员减少，而员工所需学习的知识却在不断更新，对培训服务的需求又日新月异。因此，企业需要加强同外部培训人员的协作。外部培训人员包括顾问、大学教师、研究员和大众传媒公司。这些外部培训人员可采取单独或与企业一起合作的方式来提供培训服务。培训部门将加强与学校的联系，提供基本技能培训，并制订顾客所需的专门培训计划。例如，在学生就业适应性培训项目中，公司积极参与课程的设计，并为学员创造实践机会，以确保员工能够掌握必备的工作技能。与学校协作的另一种方式是聘请教师担任课程专家，由大学教师来评估目前的培训，并提出调整建议，从而来增强培训效果。教师还可协同培训部门，共同为公司开发个性化的培训项目。事实上，培训开发的一种未来趋势是企业之间联合起来共同开展培训，它能更充分地利用培训项目开发设计人员和顾问资源。这样通过外部培训人员来提供的培训服务被称作外部培训资源。随着外部培训供应商的日益增多，企业培训人员在同其签订协议以及进行购买分析时要保持充分的理性，要对外部培训人员具有全面透彻的了解，并认真选择，这是与其他公司联合的一个潜在优势，对经营管理人员和受训员工真正有所帮助。

培训的自主化是当今企业培训的主流。而企业培训要求日渐增多、辐射层次变广，许多类型是企业的自主培训无法满足自身的需求。于是，培训的“社会化”应运而生。中小企业由于自身实力和培训资源的有限性，其培训需求往往是由社会性培训机构来满足，因此企业职工培训也必然向市场化、产业化方向发展。坚持以培训推动市场开发，以市场促进培训开展的原则，不断强化自身特色，打造自身品牌，不断增强培训项目开发能力和市场营销能力，及时发现需求，善于提供有效供给，已成为企业及其培训机构努力的方向。

7．企业的培训模式日趋灵活

职业模拟培训模式、职务轮换培训模式、案例评点培训模式将在企业培训中灵活运用。职业模拟是指假设一种特定的工作情景，由若干个受训组织或小组，代表不同的组织或个人，扮演各种企业管理中特定的角色，如总经理、财务经理、营销经理、生产经理、法务经理等，针对特定的条件、环境和工作任务下，进行分析、决策和运作。这种职业模拟培训使受训者身临其境，以提高其自身适应能力和实际工作能力；职务轮换的主要目的是拓宽管理人员或潜在管理人员的知识面，以及实际操作层面的经验。通过各种不同岗位的职务轮换，使受训者全面掌握多种职能的管理知识和经验，各种管理人员之间、不同管理职位之间都可进行不定期的职务轮换。案例评点是提高管理人员分析、决策以及解决问题能力的有效模式。由培训师遴选既有真实性，又有启迪性的案例，通过抛出问题，引导学员进入角色，在独立分析问题的基础上思考解决问题的方案和办法，课堂再鼓励学员积极发言，并给予生动的讲师点评，以激发学员思考、探索、创新的欲望，培养学员多角度、多层次、多渠道解决管理问题的思维和方法，继而达到提高学员能力的目的。

8．境内培训和境外培训相结合的全球化培训方向

发展经济全球化，每一个企业必须面对国际市场，这是企业生存空间的一次再造。企业面对的市场，从现有的激烈竞争但又有所分割的局面，逐步走向内外一体、适者生存的新市场。了解国际市场的运转规则和状态，熟悉跨国公司的运作模式、管理方式及其业务流程，逐步将成为企业员工培训的明确目标。各培训部门会积极借鉴国外培训机构的经验和运作模式，加快教育培训与国际接轨的步伐，有效弥补国内培训内容和形式的不足。与此同时，市场获得新的外部资源注入，开辟新的教育培训渠道，既是培训机构生存发展的不二选择，也是未来协作性社会的必然需要。全球经济渐趋一体化的形势下，培训业作为世界经济中一个重要的发展行业，通信技术、远程教育和旅游业的发展使得在全球范围内配置培训资源变得非常方便。如其他行业一样，培训产品和服务在未来将实施国际标准，而高质量标准化的培训体系和课程设计也将具有广阔的市场前景。

培训有着丰富的发展可能性，它的发展将伴随组织与个人的学习、成长需求的变化而不断变化。由此，我们可以尝试着由两个层面去探讨培训发展的趋势。

（1）培训的进一步组织化。培训工作首要的角度仍然是组织。事实上，所谓培训，就是站在组织能力建设的角度，使得组织能够更好地达成未来目标。那么如何理解培训的进一步组织化呢？即站在组织需求的角度，全方面匹配资源，将培训作为一项组织战略，融入组织的发展中去。在进一步组织化的过程中，培训工作自身的定位、架构、资源、权力都将得到加强，组织化就是更加战略化。在这种趋势中，企业大学就成为一种成长样本。企业大学是以组织能力建设为使命，以培训与人才发展为载体，拥有考核、财务、人员管

理的诸多权力与资源，将培训全方面贯彻到企业管理中的方方面面，在这种模式下，培训不仅仅是一个培训部门的工作任务，成为一种组织的战略选择、部署和执行。因而，企业大学会给组织提供更强的培训能力，培训工作的开展也将更加有力，培训与战略的结合将更加紧密，培训与管理的配合更加紧密，甚至培训将成为管理的抓手，将对组织的经营发展产生深远的影响。

（2）培训的个人化。在培训工作中，一般都有这样的经验：永远无法去培训一个不想学习成长的人，学习发展的意愿永远是培训的来源。培训的组织化是与组织战略的进一步结合，那么培训的个人化，更多的与个人的发展需求相结合。人天生就有学习和发展的需求，甚至可以说，在学习和发展的过程中，人的其他需求会得到抑制，有的时候成长本身就能够带给人满足感。然而，人的学习需求多种多样，可能是各种业余爱好，可能是世界观的升级改造，也可能是一种单纯的生活技能，我们将其中与职业有关的部分定义为培训的个人化。换言之，我们以个人生涯为视角来看一个人的培训需求，就是培训的个人化，与具体某个组织有相似性，但没有直接关系，更接近于学习的概念。我们把一个人当成一个组织来看待，一个人也有自己的使命、愿景、价值观，职业上，也有自己的战略，战略之下就是能力，所谓的培训个人化，就是这一部分的能力建设。在职业维度上，人的使命是什么？通常是养家糊口，也可能是实现自我，也可能是归属需求。

- 愿景：在职场中，我想成为什么样的人，管理者、专家或是其他？
- 价值观：我信奉什么样的价值观？在职场中哪些是我能接受的，哪些是我追求的，哪些是我能放弃的，哪些是我抵制的。
- 战略：我如何达成愿景？职业路径是什么？
- 能力：基于这种战略，我需要什么能力？

由这个分享路径下来，我们就知道，培训也有其个人化的一面，这不仅是一种需求，更多的是一种动力。

上述是我们对于培训发展趋势两个方面的探讨，下文将一一进行更加深入的阐释。

14.2 未来的发展主流——企业大学

企业大学的运作模式是由企业出资，以企业高级管理人员、一流的商学院教授及专业培训师为师资，通过实战模拟、案例研讨、互动教学等实效性教育手段，以培养企业内部中、高级管理人才为目的的一种新型教育、培训体系，企业大学可满足人们终身学习的需求。经过半个世纪的发展，企业大学的建设理念已深入人心，一系列最佳实践证明，企业大学体现了最完美的人力资源培训体系，是最有效的学习型组织实现手段，更是公司规模与实力的有力证明。

14.2.1　企业大学的发展

一、企业大学的发展历程

世界范围内，1956 年成立的通用电气公司克劳顿学院是全球第一所企业大学。从 20 世纪 80 年代开始，企业大学进入快速发展期，数量从早期的 400 多所快速增长，2010 年达到 3 700 所。财富世界 500 强中近 80% 的企业，拥有或者正在创建企业大学。

在中国，1993 年摩托罗拉中国区大学成立，这是中国境内最早的企业大学。其后，伴随着中国经济的跨越式发展、中国企业管理的发展，企业大学得以迅猛发展。越来越多的企业特别是大型名企，认识到企业大学的重要性，开始着手构建自己的企业大学，企业大学建设呈现出空前高涨的趋势。近些年来，企业大学在人才培养和学习方式上、在战略和组织能力建设上进行着前沿性探索。企业大学的职能，从教育培训到学习发展，再到学习运营、智慧运营，正处在一个从内容到形式快速变革的阶段。企业大学发展迅速，但质量参差不齐。与先进国家相比，我国部分企业大学只重硬件建设而忽视软件建设，企业大学硬件环境好，然而在课程体系、信息化体系、讲师质量等方面的投入却不多，这种情况严重制约了企业大学的实质性发展，企业大学不能真正对企业战略转型起到应有的作用。企业大学如何建、建成之后如何运营、企业大学未来发展方向是什么，这是企业大学运营必须面对的重要问题。

近年来，随着新媒体的广泛应用，技术创新不断降低在线教育技术门槛，有些企业借助互联网技术以在线教育形式运营企业大学。例如，作为中国互联网第一家企业学院的阿里商学院，就已经形成了以现场授课、在线教学和顾问咨询构成的立体教学体系，并在教学中注重与学员的互动。

二、影响企业大学发展的因素

企业大学生存发展空间与企业规模、业务类型、行业地位等因素相关。

视企业规模、培训预算情况，可设计企业大学的发展空间是只为提升企业形象还是在做好内部服务的基础上，考虑向产业链的合作伙伴提供相应的培训和咨询服务。集团性的公司，除了服务好本集团之外，还可考虑作为专业培训咨询机构整合外部资源为内部提供服务，减少企业利润外流。除此之外，还可在服务母体基础上开发出具有竞争力的培训咨询产品，同时借助母体的影响力拓展母体产业链上的合作伙伴及行业客户，甚至开拓社会客户。如果集团拥有二级以上集团，除集团总部成立企业大学统筹全集团培训管理工作之外，还可在二级集团成立分院进行运作，也可在集团企业大学下设职能型分院，如质量分院、供应链分院、研发分院等，从而对下属企业提供专业支持和服务。

业务类型决定了企业大学的人才开发重点。多元化集团企业，因业务杂，企业大学的核心人才开发工作主要为领导力开发，其他培训工作基本由下属企业自行完成，下属企业中有重点大型企业可设立分院，如营销分院、工程分院，如果下属企业包含大量职业技能培训工作，可设立职业技能分院对内外提供服务。专业化集团企业业务往往专注某个领域，企业大学核心人才开发工作一般为领导力开发和专业人才开发，如工程行业的项目管理人才、连锁企业的店长等。

行业地位包括公司在产业链的地位以及公司在同行中的地位两个方面。如果公司处于产业链的核心位置，其对产业链的影响往往十分大，企业大学可利用公司的辐射力对产业链上的合作伙伴提供服务从而获得良好的发展机会。如果公司同时在行业中领先，企业大学也可借助其影响力获得良好的发展空间。

14.2.2 企业大学的定位与作用

在当今经济发展全球化的背景下，人才对企业发展起到了前所未有的作用。在这个快速变化的世界，人类的学习方式也正在进行着革命性的变化。中国企业面临客户需求结构调整和企业内部成本结构调整的双重压力，决定了企业发展的新路径以及企业人才发展的新方向。企业大学作为人才培养、学习发展的摇篮，必将肩负起更大的使命。和传统公司培训中心/培训部相比，企业大学除了满足企业当下的学习发展外，更要协助组织战略落地，支持变革转型，打造与时俱进的管理文化。而最先适合这种变化的组织不是传统的学校，而是企业内部的培训部门。

企业大学定位是建立企业大学的首要问题。从服务对象来说，企业大学不仅要面向内部员工，同时也要面向合作伙伴、面向用户、面向社会，承担与社会对接的触手功能，变成社会的大学。国内外众多优秀的企业大学成功推动了企业的变革，企业大学是企业新思想的摇篮，是企业变革的发动机。

因此，从职能上讲，企业大学不仅是人才培养基地、企业内部沟通、组织文化传递的有效途径，同时也是企业对外展现竞争力、对内育人留人、实施跨文化管理的重要平台及品牌输出和文化输出的窗口。总体而言，其价值与作用体现在如下几个方面。

首先，企业大学的首要价值在于推动企业的战略能力提升。战略能力的提升涉及培训能力、变革能力、学习能力和创造能力等几方面，这几方面又有内在逻辑关系，其中，变革能力是核心，培训能力是基础，学习能力和创造能力起到助推作用。同时，变革能力也是支持培训能力、学习能力、创造能力有效打造的重要力量。培训能力，是指通过培训工作的实施以推进企业战略实施的能力，具体而言，是围绕组织年度重点工作，设计系统的年度培训方案并以高效的培训管理模式充分挖掘培训价值。学习能力建设以快速成长模式为基础，以学习型组织建设为手段，以核心人才开发为核心，有效缩短成长周期，打造规模领导力，并有效提升组织战斗力。创造能力建设以绩效挖潜模式为基础，以知识管理为手段，以推动绩效挖潜为核心，引进先进管理手段，提升组织绩效和竞争力。企业大学在服务好本企业的基础上，可逐步向产业链上合作伙伴延伸，最终提升产业链的战略力。

其次，企业大学可推动企业文化的传承与再造，有效提升文化力。对内，激发强化员工的思维能力、执行能力和创造能力；对外，树立企业形象、获取外部支持并威慑竞争对手。

再者，企业大学可提升企业品牌形象、增强企业对人才的吸引力。根据官方统计数据显示，求职者在转换工作时最为关注的因素中“企业是否具有培训平台”是求职者最为关注的前三个因素之一，求职者普遍关注组织是否有能力为员工持续系统地赋能以实现个人职场能力增值，这一能力也被视为衡量企业品牌能力的方法。

除此之外，企业培训通过企业大学的模式面向内外部运作，不仅节约了培训成本，不会增加企业的成本费用，甚至可以为企业带来相应的培训收入，增加了企业营业收入，进而产生盈利，真正实现“开源节流”。一些大型企业的企业大学，已具有咨询公司性质，一方面培训咨询项目内部化，大幅减少培训咨询成本；另一方面，以自身实力对外提供与培训相关的咨询服务，为企业创造直接利润。

14.2.3　企业大学的筹建方法

通常，企业大学是为了响应企业发展战略落地实施的需要在企业培训部门的基础上成立的，并没有设立严格的门槛，单纯面向企业内部的企业大学也无须工商登记。为了企业大学的建设质量，其筹建与运作之道需慎重对待，需把握企业大学的核心原理并结合企业情况制订科学的战略规划和有效的管控方法。

一、明确企业大学的价值及其价值的创造逻辑

筹建企业大学首先要管理层达成共识，明确企业大学的定位及作用所在，结合企业情况探讨本企业建设企业大学的必要性、迫切性和可行性，以统一认识、强化企业大学建设的决心。在强化决心的基础上，筹建组还需要进一步梳理出企业大学的价值创造逻辑，以便有针对性地强化企业大学的各项能力，充分发挥其价值。

二、确定企业大学建设指导理论体系

在明确企业大学的价值及其价值创造逻辑的基础上，为确保建设效果筹建企业大学需要确定企业大学建设指导理论体系，如下图所示。实际操作中，可以选择某个理论体系，也可以效果为导向，整合多种理论体系形成一套适合本企业的理论模式。

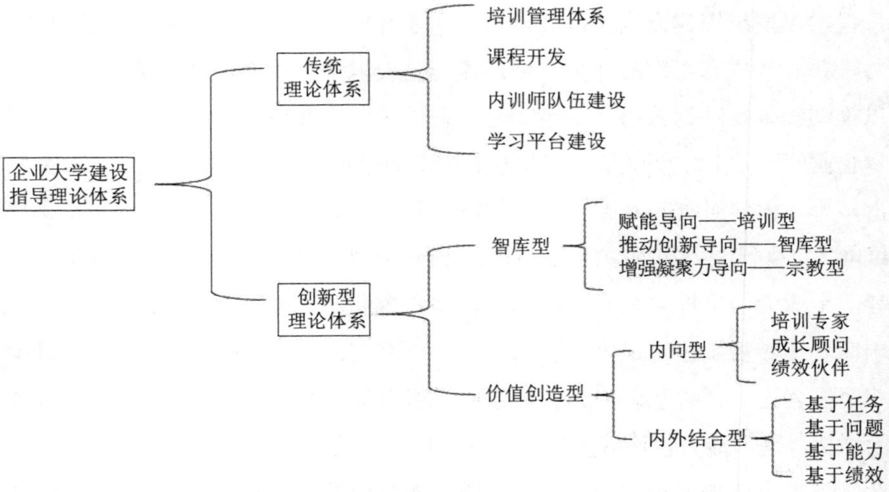

企业大学建设指导理论体系

经过几十年的发展，企业大学理论体系日益成熟，大致可分为传统的规范化建设理论体系和创新型理论体系，两种体系各有千秋。

传统的规范化理论体系倾向于从规范化的角度解读企业大学的建设，一般是从战略规划、培训管理体系、课程开发、内训师队伍建设、学习平台建设等方面考虑，但往往过于关注过程，效果意识不强，很多企业为此耗费大量资源却效果欠佳。

创新型企业大学理论体系是基于效果达成，从企业大学的价值角度入手解读企业大学的建设与运营，代表性的理论有“智库型企业大学”和“价值创造型企业大学”。智库型企业大学理论将企业大学划分为赋能导向的培训型企业大学、推动创新导向的药店式企业大学、增强组织凝聚力的宗教型企业大学。价值创造型企业大学按照企业大学的服务方向和成熟度将企业大学划分为内向型企业大学和内外结合型企业大学两类。内向型企业大学通常具有培训专家、成长顾问、绩效伙伴学三种身份，内外结合型企业大学整合基于任务、基于问题、基于能力、基于绩效四种培训模式，强调培训的重点是服务于组织成长的需要。

三、结合实际拟定企业大学发展战略

在明确企业大学价值创造逻辑并选定企业大学建设指导理论后，需要结合企业情况制定企业大学发展战略，从而明确企业大学定位、发展目标、组织架构与运作模式等。

企业大学战略制订相对于企业战略而言相对简单，通过选定的企业大学理论基本可确定企业大学的基本功能、组织架构、运作模式及建设路径等，再根据企业规模、业务类型、行业地位、企业偏好这四个因素即可进一步确定企业大学定位及其发展规划。

四、明确绩效管理方案并选好经营团队

明确绩效管理方案并选好经营团队是企业大学筹备非常关键的工作。通过绩效管理方案可以引导和激励经营团队围绕既定的战略规划开展工作，有效实现企业大学战略目标。

事在人为，经营团队是企业大学发展战略得以实施的关键因素。企业大学经营团队的选择是很多企业较难抉择的问题，不论内部人选还是外部引进，不经过实践的磨合，在思路、能力与实现战略目标的匹配方面往往难以实现完全匹配，因此，市场上出现了企业大学专业服务机构来帮助企业解决这方面的问题。年度培训预算相对较少的企业大学，可选择企业内部员工组建经营团队。为弥补内部员工能力的不足，可以外派学习或外聘内训、辅导等形式，以较低的成本引进先进的企业大学运作模式，快速推动企业大学运作成熟。年度培训预算相对较多的企业，可选择专业企业大学孵化机构通过“猎头 + 后续支持”的模式，协助企业大学快速健康成长。也可选择专业企业大学孵化机构通过“托管 + 内部成长”的模式，确保企业大学快速建设成熟的同时培养出企业大学内部接班人。除此之外，还可以通过管理咨询模式，推进企业大学快速建设成熟并充分发挥价值。

五、企业大学的组织架构及运作模式

1．独立并行型

GE 公司的培训发展中心与人力资源部平级，培训发展中心除全职工作人员及讲师外，不定期邀请一线高层管理人员来兼职授课。全职讲师都具有丰富的业务经验，其职业发展规划中有日后返回业务部门的可能性，取决于讲师对个人发展方向的不同选择。兼职讲师无薪水且自付差旅费，但在 GE 内部已形成一种价值观，对讲师个人名誉有很大提升。外部讲师只占 10% ～ 15% 的比例，外部讲师是长期合作的，因而非常了解 GE 的变化发展。

GE 学院组织架构如下图所示。

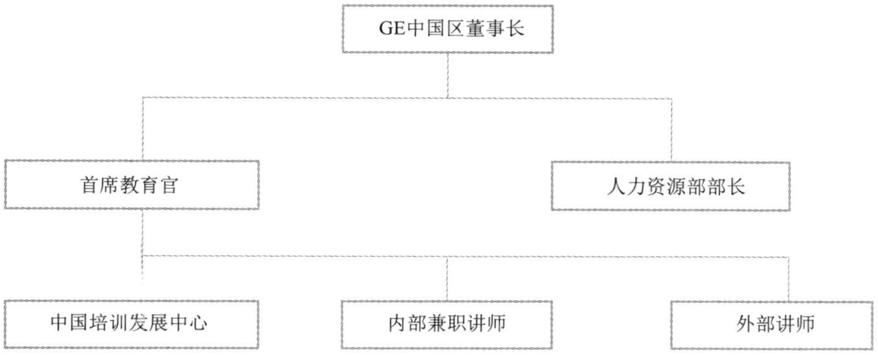

GE 学院组织架构

麦当劳汉堡大学进行独立的成本核算，学员的个人费用由区域调拨，非课程时间段其设施对外开放。不仅负责麦当劳餐厅的营运培训，而且还负责集团其他产业部门的培训。其课程开发以市场、企业战略及业务为导向，每年一次信息补充，每两年一次课程更新。研发部将由麦当劳全球高层管理人员组成的专家团提出的概念性内容转化为全球统一的课程，资讯传播部负责在培训体系内部宣传，出版时事通信。

汉堡大学组织架构如下图所示。

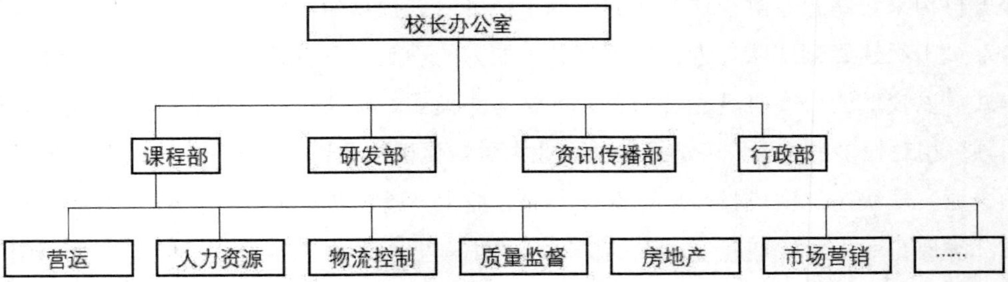

汉堡大学组织架构

2．从属型

海尔大学创建伊始就被定位为：要成为海尔员工思想锻造的熔炉和能力培训基地，要成为中国企业界的“哈佛大学”。致力于提高市场效果为目标实施创新能力的培训。海尔大学负责集团整体培训工作、初级领导后备人才的培养，集团各单位设培训主管，由其负责本单位人员的培训工作。海尔大学有权对集团内各单位的培训管理体系方面的工作展开审核。集团的培训管理模式为总裁授权人力资源部门，人力资源开发中心主任任培训管理者，直接向最高管理层报告培训管理体系的业绩和改进需求。

海尔大学组织架构如下图所示。

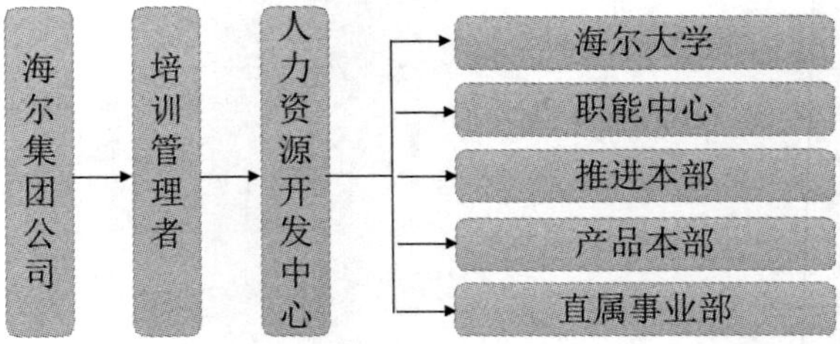

海尔大学组织架构

3．交互性

华为大学负责人力资源中的培训、测评模块，为HRD提供专业的应用数据。企业大学校长兼任人力资源部副总监，人力资源部总监兼任大学副校长。企业大学内训部门主管同时接受人力资源部、企业大学双重考核。

华为大学组织架构如下图所示。

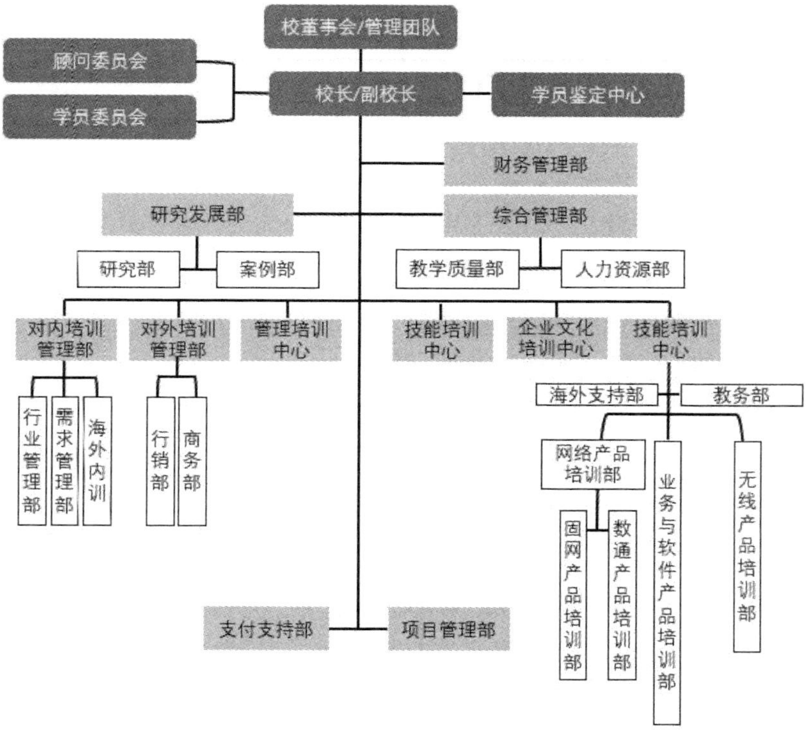

华为大学组织架构

14.2.4　企业大学的价值创造

一、企业大学价值创造的四大关键

企业大学价值创造四大核心点为一个规划、三大模式，一个规划即为企业大学战略规划，三大模式分别为基于价值创造的培训管理模式、快速成长模式和绩效挖潜模式。其中战略规划是基础，指引企业大学建设方向。三大模式是关键，是企业大学价值创造的关键落脚点。三大模式是指培训管理模式、绩效挖潜模式及快速成长模式。三大模式中，基于价值创造的培训管理模式是基础，是其他两大模式发挥效果的前提。绩效挖潜模式是基于价值创造的培训管理模式的升级，直接推动企业绩效和竞争力提升。快速成长模式是上述两大模式的有力补充，重在形成人才辈出的机制、打造规模领导力。

1．企业大学战略规划

企业大学战略规划，即通过制订科学的战略规划，明确企业大学建设路径、方向、阶段重点、衡量标准和关键控制点，推动企业大学快速晋级，避免反复试错而导致的大量人力、物力、财力和时间的浪费。

企业大学战略规划，首先根据企业的实际情况和所要服务的学员对象明确企业大学定位：内向型或内外结合型。无论是内向型企业大学还是内外结合型企业大学，最佳发展路径是一般先价值创造中心，后利润中心。其最优路径是先打造成熟的基于价值创造的培训管理模式，让有限的培训资源创造最大价值，并获得企业的认同，在此基础上打造成熟的绩效挖潜模式，快速、大幅、持续提升企业绩效和竞争力，同时获得企业的大力支持。然后打造成熟的快速成长模式，形成人才辈出的机制并打造规模领导力，在获得企业信赖的同时，成为挖潜专家级企业大学，在此基础上，可将前三阶段积累的知识和经验提炼开发出产品，对外提供服务，最终成为利润中心。

企业大学规划战略时，很多企业往往采用传统的规范化建设理念，将大量资源沉淀到硬件、体系、课件、讲师队伍建设、课程等常规性内容上，企业大学耗费大量时间和资源，只是成为加强版的传统培训中心，企业大学建设资源并未得到合理配置与高效应用。

2．基于价值创造的培训管理模式

基于价值创造的培训管理模式，主要解决企业培训效果不佳的问题，通过经营诊断明确企业存在的问题后，设计系统的培训方案以有效配置资源并使培训价值最大化，旨在帮助企业利用有限的培训资源创造最大价值，这一模式是企业大学或传统培训中心开展培训工作的基础。

打造基于价值创造的培训管理模式，重在年度培训方案的设计和培训管理模式的优化。首先，通过围绕企业战略设计系统的年度培训方案，促进战略的顺利实施，确保有限的培训资源投放到最有价值的项目中。其次，通过优化培训管理各个环节形成最优培训管理模式，让每个培训项目均能产生最大价值。需要特别注意的是，本阶段应设法提高培训投资回报率，并形成最优培训管理模式，让培训工作获得普遍认同。

3．绩效挖潜模式

绩效挖潜模式是基于价值创造的培训管理模式的升级版，以开源、节流和竞争力提升为导向，以瓶颈、短板突破和核心能力提升为突破口，整合对标挖潜、行动学习、学习型组织等现代技术手段，往往可以在短时间内获得大幅提升甚至是革命性的突破，能够有效推动企业创造价值，促进企业绩效和竞争力的快速持续提升。

打造绩效挖潜模式，重在长效挖潜机制的建设、挖潜队伍建设、项目挖潜活动的统筹推进。挖潜机制建设首要建设高效挖潜运作平台，在确保高效运作的基础上，再构建长效挖潜机制，以充分激发员工的积极性和创造性。挖潜队伍建设包含率队赶超的中高管队伍、统筹挖潜的各级管理队伍、项目挖潜的项目运作队伍以及岗位挖潜的岗位创标队伍这四支队伍的建设，实质是以效果导向、价值创造等思想和相应的方法、工具来武装核心人才队伍，提升企业战斗力。项目挖潜活动的统筹推进，重点在于通过全面降本增效法和对标手段梳理各级单位的潜能，在此基础上合理评估、有效配置资源开展项目挖潜活动，并通过辅导支持等手段协助项目组充分挖掘潜能。需要特别注意的是，本阶段应设法提高挖潜效果，并形成最优的绩效挖潜模式，让企业大学获得企业的大力支持。

虽然精益管理、管理提升、项目改善（QC）、降本增效等都属于绩效挖潜活动，但大多企业的这些活动并未形成最优模式，效果一般。企业大学要运作好绩效挖潜工作，需要整合行动学习、对标管理、学习型组织、标准化、量化、精细化和知识管理等手段，并优化绩效挖潜的各个环节，把握好价值创造核心点形成最优模式。

4．快速成长模式

快速成长模式，即围绕战略和组织能力建设，整合运用能力素质模型、学习地图、职业规划、人才测评、岗位攻略、任务包、晋级包、人才盘点、继任计划、人才梯队建设、核心人才开发等管理工具或方法，形成人才辈出的机制，打造规模领导力，最终促进组织快速成长的最优方式。该模式主要解决很多企业人才培养效果不佳的问题，旨在缩短核心人才成长周期，加快企业成长速度。

打造快速成长模式，重在快速成长体系优化、核心人才队伍开发和组织能力开发。构建快速成长体系，重在构建组织能力开发机制和核心人才开发机制，并通过学习分享平台构建、学习氛围塑造、学习能力训练、知识管理等配套建设，构建高效的快速成长平台。核心人才开发，重点通过能力素质模型、岗位攻略、任务包、晋级包、课程开发、学习知识库、学习项目实施等手段，缩短人才成才周期。组织能力开发，重点围绕企业战略和核心能力构建，通过组织能力地图、组织能力诊断、人机协同的学习项目设计运营等手段，快速提升组织竞争力。需要特别注意的是，本阶段应设法提高核心人才开发和组织能力开发效果，并形成最优的快速成长模式，让企业大学获得企业的信赖。

传统企业开展核心人才开发工作，把人才培养作为核心，把工作重点放在能力素质模型开发、课件开发、培训活动实施上，忽视结果导向的快速成长机制的建设，不少企业陷入为开发人才而开发人才的怪圈。建议以结果为导向，将人才培养工作转化为快速成长工作，不仅关注核心人才成长，同时加强组织能力开发，加速企业成长。

二、企业大学人才培养模式的探索

人才培养模式的选择是办好企业大学的关键，需要特别重视以下几个方面的问题。

1．培养模式的变革与创新

从企业大学的本质特性来看，企业大学是企业为内部员工进行职业教育的专门机构，不是传统培训部门的升级，而是一种战略层次下的全新组织形态，企业大学着重的不只是员工培训与生涯发展，更重视组织整体绩效的提升。企业大学不只是满足员工在技能训练上的需求，还要满足企业在整体经营策略上的需求，因此企业办大学必须在人才培养模式上变革与创新。

2．组织文化及变革力量是关键

企业大学的人才培养模式重点不在其有形的组织，而在其组织文化及变革力量。最高领导是否有组织变革的决心，通过各种方式激励员工自主的学习意愿，是企业大学成功的关键。如将员工的绩效与其升迁考核制度连接起来，将企业大学与国内外大学的学分、学位或认证机制相互结合等。

3．课程开发需“量体裁衣”

首先要对企业存在的实际问题和学员能力素质差距加以诊断，并结合企业发展战略、业务实际和员工发展的需要等，进行深入性的学习需求分析，明确课程所要达到的教学目标。其次，在此基础上组织企业内外部专家和实际工作者一起进行具体的课程内容设计。这样开发出来的课程既能够与工作岗位、学员需要紧密结合起来，又能使课程具有较强的操作性和现实指导作用。

4．快速响应需求变化

教学内容应基于行业发展趋势和市场变化的动向，给予及时、灵敏的反应。企业大学要定期深入经营管理一线去调研企业工作岗位所需要的新知识、新技能，发掘企业一线新的学习需要，及时把这些内容整合到具体的教学内容之中。同时，为防止教学内容与实际的分离，企业大学在师资来源方面也应聘请有实践经验的企业界人士加盟。比如，惠普商学院的计量就几乎全部来自中国惠普公司的高层经理，公司从总裁开始，包括大批高层经理都是商学院的授权讲师。由于他们均在企业任职多年，在长期工作实践中积累了丰富的业务及管理经验，有利于保证商学院教学内容的应用性和实际效果。

5．行动式教育教学方法

企业大学的教学活动大多是以解决实际问题、满足企业经营管理需要为导向的，其教学过程非常强调学员的亲身参与，注重培养学员的实际操作能力和应用技巧。企业大学常用的教学方法一般有两种：一是“项目制”教学法。具体做法是在教学过程中，企业大学大多会结合教学内容提出一个具体的“管理项目”，并为学员配备经验丰富的项目指导教师，通过各种手段激发学员自身的潜力和智慧，引导学员紧密结合项目特点，来解决预定的训练目标。如西门子学院的“业务影响项目”就是一个很好的例子。该项目在实施中，学院先让学员学习一定的专业课程，然后要求学员从各自的部门现状出发，提出有教学价值的业务项目，经过集体讨论后组成一个跨职能、跨部门的临时项目小组，让学员一起来参与具体设计和解决业务中的现实问题。由于这些项目要求学生必须将学的理论知识和技能融会贯通，依据自己的判断力去解决问题，因此，对提升学员解决问题的能力、提高实际工作的技能起到了较好的作用。二是在岗培训法。在岗培训是企业大学常用的人才培养方法，它指的是学员在工作岗位上学习，从而获得知识、提升技能的方法。在岗培训的步骤，一般包括确认学员已有的经验和技能、拟定学习的动机、说明示范、实际应用和练习、追踪评估等。如海尔大学在技能方面就采取了在工作场所进行的“即时培训”模式。通过发掘员工实际工作中遇到的典型问题，组织学员在现场进行分析、研讨，使学员在具体的工作事例剖析中，学到知识、掌握技能并改变观念。另外，为强化学习效果，企业大学在教学结束后，一般还通过考试、考核等形式开展不同岗位系列的内部职业任职资格认证，如销售经理资格认证等。对某些专业性较强的岗位，企业大学还采取与外部社会认证机构合作的办法，鼓励学员参加相关专业的岗位资格认证。

14.3 创见未来，学习的革命

本书在开篇回顾了整个人类认知以及培训管理进化发展的历史，感叹着这个没什么了不起又确实伟大的物种，一步步走到了 21 世纪。在生物界，蜜蜂通过跳舞的方式传递着危险信号，蚂蚁通过触角反馈信息，我们人类作为高级动物，发明了一整套系统的语言，通过声音传播信息。中国作为四大发明的文明古国，发明的造纸术、印刷术都为人类文明的谱写与传承起着不可磨灭的关键作用。通过不断的科技进步，我们现在知道了人类一切发展的基础都是靠信息的传递，而这个传递过程正是依靠着系统的、正确的、高效的培训来完成的。随着人类寿命的增长，我们的生活方式、处世哲学都发生着巨大的变化。传统的三段式人生，即前 20 年上学长大成人，中间 40 年在一个单位奉献青春，60 岁退休回家养老的人生模式即将彻底发生改变。

人类的寿命在增长，各个行业的洗牌速度也在不断加快，前十年还在使用的大哥大、BP 机已经只能陈列在电子设备博物馆中。计算机领域有一个著名的摩尔定律，意思是说当价格不变时，集成电路上可容纳的元器件的数目，每隔 18 个～ 24 个月便会增加一倍，性能也将提升一倍。换言之，每一美元所能买到的电脑性能，将每隔 18 个～ 24 个月翻一倍以上。这一定律揭示了信息技术进步的速度并不是以线性速度在增长，而是呈指数级的增长。指数增长是非常有迷惑性的，经济学中“荷塘效应”的原理：假设第一天，池塘里有一片荷叶，一天后新长出两片，两天后新长出四片，三天后新长出八片，可能一直到第 47 天，我们也只看到池塘里依然只有不到四分之一的地方长有荷叶，大部分水面还是空的，而到第 48 天荷叶就掩盖了半个池塘，又过了仅仅一天，荷叶就掩盖了整个池塘。在第 47 天的“临界点”之前，信息可能都处于缓慢的滋长期，难以引起人们的注意，而一旦到了最后一天，瞬间爆发，其影响力将让人瞠目结舌。我们可能还听说过一个在国际象棋上放米粒的故事，说的是一个年轻人得到了国王嘉奖，他说不要金子，不要银子，而是要一些大米。规则就是在国际象棋 64 个格子上，第 1 格放 1 粒米，第 2 格放 2 粒米，第 3 格放 4 粒米，第 4 格放 8 粒米，以此类推，每个格的米粒数是前一格的 2 倍。国王想都没有想就同意了，结果到最后我们才发现，这个年轻人要的大米数量非常庞大。奇点是指一个非常极限的状态，通常是一个在数学上被称为未定义的点，或当它在特别的情况下无法完序，以致于此点出现在异常的集合中。《奇点来临》的作者雷·库兹韦尔将奇点这个概念引用到技术上，他指出，根据摩尔定律的速度，科技进步不断按指数级增长，人类将在 2045 年到达奇点，那时候人类的技术会突破一个新的高度，届时整个世界将会发生翻天覆地的变化。目前人脑的运算能力在每秒 10 的 17 次方这个数量级，比电脑还要快 100 倍，我们人类进化到今天用了几百万年的时间，但是根据摩尔定律，最多再过七八年的功夫，电脑的计算能力将和人脑完全一致，此后人类将被电脑落的越来越远，电脑运算速度在翻番，价格却是每年都在减半。我们现实生活中的感受也是如此，普通人最早接触的是 486 电脑，用的是 DOS 操作系统，过了很久出现了 586 搭配 Window 3.2 系统，到现在四核处理器、八核处理器，Window XP、Window 7、Window 10 更新速度越来越快。回溯过往，从黑白屏幕的手机到 iPhone 问世到今天的智能手机，手机迭代更新的速度让人目不暇接。

当今最火爆的科技词汇非“人工智能”莫属，的确，人工智能的兴起将为人类带来新的体验，2017 年被认为是人工智能在全球范围内受到极大关注的一年，几乎每天都有相关的消息传来，Google 公司 Alphabet 公开测试无人驾驶汽车，阿里宣布投资千亿成立达摩院，百度机器人入驻肯德基等。新技术总会催生新的职位需求，也会摧毁一些岗位。咨询公司 Gartner 指出，2019 年之前人工智能造成的失业将多于其创造的工作机会。但从 2020 年开始，人工智能创造就业数量将会超过造成的失业数量，人工智能会在“杀死”工作机会的同时，制造新的工作机会。我们先来看一下目前已经得到公认的，在未来将被最先淘汰的一些职业。第一个就是中层经理。世界上最大的对冲基金桥水基金宣布正在开发一套人工智能软件来取代经理，自动管理公司的日常事务，包括招聘、解雇以及其他战略决策等工作，使公司的管理变得像投资过程一样系统化。桥水基金创始人瑞·达利欧（Ray Dalio）出版的《原则》一书已经成为中国企业培训的必读书目，他在书中为企业培训，甚至是人生规划提出了具体可行的一整套方案。桥水基金也正在公司创始人瑞·达利欧的经营哲学基础上，创建一整套原则操作系统，瑞·达利欧相信人类要像机器一样工作，人的弱点在于被情绪干扰而不能达到最佳水平，他认为这个问题可以通过系统实践克服。桥水基金的最新技术会将达利欧惯用的管理方法融合到软件系统中，就像用 GPS 一样，员工每天也按照这些程序化的安排工作，一位熟悉此项目的员工把它描述为“把 Ray 的大脑复制到电脑上”。桥水基金将在五年内完成并推出这个产品。第二个将被替代的行业是律师行业。去年 9 月，美国的律师事务所贝克豪斯“雇佣”了机器人律师 ROSS 帮助处理一起破产案。ROSS 运行的是 IBM 沃森的技术，可帮助律师加快研究案件速度。以前几个助手需要花几个小时才能处理的任务现在只需一个助手花少部分时间来完成。这对客户是好消息，但对很多刚毕业的法律专业学生来说是坏消息。DoNotPay 公司已帮助超过 160 000 人在伦敦、纽约和西雅图等地打官司，并将很快扩展到旧金山、洛杉矶、丹佛和芝加哥等地。到时候你填写一张调查问卷，如果机器人律师认为你并没有违规，它就会发一封信进行申辩，据称成功率达到 60%。国内人工智能同样在争抢律师们的饭碗。杭州云栖大会上，无讼创始人蒋勇现场对其主持研发的法律机器人“法小淘”的功能演示惊艳了全场。据新华社报道，2017 年，重庆法院系统运用人工智能与大数据，探索在信用卡纠纷案件中打造“类型化案件智能审判平台”，试点 4 个月来，共受理信用卡纠纷案件 4 589 起，平均立案时间缩短到 10 分钟以内，平均审理周期 27.94 天。由此可见，越是这种条款内容固定化的行业，也是最容易被机器替代的，因为重复标准化正是机器学习的长项。第三个将被替代的行业是记者。2015 年 9 月，腾讯财经一篇名为“8 月 CPI 涨 2% 创 12 个月新高”的文章占领各大头条，其文章平平，作者却是大有来头的自动化新闻写作机器人，从此记者失业、编辑下岗的呼声不绝于耳。此后，今日头条研发的 AI 写稿机器人 xiaomingbot 在 2016 年里约奥运会上实时撰写新闻稿件；2017 年初，南方都市报的“小南”机器人写出的稿件令自媒体人无法分辨机器写稿痕迹；腾讯表示 Dreamwriter 已经能够自动学习，生成模板，写出跨领域的稿件。Narrative Science 联合创始人 Kris Hammond 在 2015 年 6 月接受《卫报》采访时预测，到 2030 年，90% 的新闻都将由计算机编写，而一些勤奋的机器人甚至可以在那之前就获得普利策奖。第四个被替代的行业将是司机。2017 年 12 月 20 日，百度的 Apollo 无人驾驶汽车开进了雄安新区。12 月 22 日，苹果提交了一份关于自动驾驶汽车的专利申请，证实了彭博社在 2016 年报道苹果测试自动驾车系统的事实。Uber 和 Lyft 毫不掩饰他们想要用机器人替换成千上万的业余出租车司机的计划。尽管早期测试遇到了监管和安全方面的问题，如今还在继续推进中。预计在 2020 年代初，出租车和城市公交车会成为最先获得自动化的交通工具。第五个将被替代的工作是快递员。百度研究无人车，京东做的是无人仓。巨大的物流需求之下，巨头们纷纷加码无人拣货与无人配送领域。目前京东的无人配送车从体积上划分的话一共有九类，最大的体积据悉能够容纳几十斤快递，同时京东的无人配送车能够自己根据目的地去规划一条最短的路线进行配送，不仅能够智能识别路口红绿灯，同时还有效避免了道路障碍。在国外，雅乐轩酒店正在试验一个名为 Botlr 的机器人管家，让它把毛巾或洗浴用品送到客人的房间，还不会向你收小费。Starship 技术公司的送货机器人看起来像是一个加强版的扫地机器人，不过它可以把食品和包裹送到附近的地方。DoorDash 和 Postmates 已经宣布与 Starship 技术公司开展合作。2017 年 12 月，亚马逊使用无人机向顾客配送了第一个包裹。Amazon Prime Air 则承诺在 30 分钟或更短时间内送达重量不超过 5 磅的包裹。接下来，导购、收银员、电商客服人员、翻译等服务行业也将受到冲击。2017 年 7 月 8 日，阿里巴巴旗下的“无人零售店”在杭州举办的 2017 淘宝造物节上亮相。在无人零售店内，顾客能够自助实现扫码进场、自助收费等零售步骤。随着 RFID 的标签技术发展，使得无人便利店正在迅猛蓬勃发展，利用射频识别技术，无须直接接触、激光扫描、人工干预即可完成。单项技术的发展似乎不能被称为复杂的“人工智能”，但 2017 年内无人零售技术效率的跳跃性提升让 2018 年的大规模“无收营员”零售场景成为一种具有数据支持的可能性。在美国，著名汉堡连锁品牌 CaliBurger 在 12 月 19 日展示了最新的人脸识别点单机，能够通过自己建立的忠诚账号（loyalty account）生成自己喜欢食物的模板。每一次光临 CaliBurger 时，机器能够依据之前的偏好记录为消费者自动下单或重新挑选，省去了导购员的推荐服务。在我国，排名前三的股份制银行从 2018 年开始试点，目标是全国所有网点，对公零售柜台，一个人不留，全部采用智慧柜台代替人工。分行资产、远程授权、财务报销等业务集中总行处理。按全国 40 家分行算，每个分行 40 个网点，分流 5 人，本部分流 50 人（最保守估计），共计分流 1 万人。银行柜台的业务模式化、提供的金融服务能够逐个追溯是程序替代人工的原因。总结起来，就是人工智能将把未来的产业两头化，中间行业被掏空。也就是说，科研设计行业、教育培训、娱乐行业会得以保留，个人服务行业比如理发、化妆、餐饮等行业，也会被保留下来。中间大量的重复性、机械性劳动将被人工智能或机器人取代，所以上述那些典型的行业将是被人工智能冲击的重灾区。

未来，没有任何行业会是铁饭碗，许多行业在将来可能会消失，取而代之的是无人机、自动驾驶、人工智能机器人等刚刚起步的新兴产业。回顾一下人类已经消失的职业，再看看如今正在消失的或者马上将要被替代的行业，人类自我更新迭代的速度只会越来越快，如果跟不上人类整体的进步节奏，无疑将会是下一个被取代的个体。科技给我们带来了更多便利，随之而来的也有很多新的人类从来没有考虑过的议题，甚至还有大量新职业还没有出现，我们在奇点来临之前还无法预测。但是可以肯定的是，随着人类寿命的增加，传统的学习模式、整个人生规划与划分模式都将被彻底颠覆。多段式人生将正式开启，在未来，地区和城市间的发展不平衡问题将愈发突出，那些不愿接受新事物、害怕改变的人将会被时代彻底抛弃，自我否定、自我更新、自我认知升级将会是一个常态。50 岁的人重回学校，学习一个像人工智能这种十年前还没听说过的新专业将成为家常便饭，70 岁的人又发现了一个新的潜在行业，从传统行业转型开始新的创业也将不足为奇。在人类未来的百岁人生中，人们的价值观将不断被颠覆、重建、再颠覆、再重建，唯一不变贯穿人类生命始终的将是：终身学习。终身学习是一种理念，更是一种工作和学习的态度！

谈到这里，本书也到了最后阶段，但总是感觉意犹未尽，还是想说些什么，这本书从培训管理发展、实施管理、工具、流程、体系管理等方面进行论述，但是真正出色的培训还是知易行难，作为人力资源管理者的我们，借用之前阅读过的《学习的革命》里面的一些感受，在这里和大家做最后分享。

首先，在企业里培训学习必须跟经营实践直接联系，千万不要死抱标准的“学习课程”不放，而是要把学习融会贯通到项目、工作以及工作流程中。如果你有能力和意愿给和你站在一起的人们注入力量，而这些人给企业增加了价值，其他人也会接踵而至。

其次，让学习成为一种战略选择。学习是战略抉择，必须认定学习是一个战略问题，事关经营成败。也要克服学习的阻碍，要细心挖掘集体经验，不能急于行动，也不能靠自己所知道的东西采取行动。

再次，“学习”不能等同于“培训”。在大多数企业中，“学习”仍等同于“培训”，即真正注重的还是旧式的培训。学习本质上不是一堆概念、流程、工具，甚至也不是一种思维方式，学习是一种能力，必须把它看作一个系统。企业培训成功与否取决于培训是否遵循了成人学习的规律，而一个人的学习效果应该从他是否把学习到的知识用到实践中去来衡量。

最后，未来学习将经历一场革命。学习成为企业领导的一部分，学习是一场马拉松，而不是一场短跑，不要因注重短期业绩指标而放弃学习。如果学习不能在既定的时间内产生经营结果，领导者就会轻易放弃它，而那样做会是一个巨大的损失。

眼界决定宽度，思想决定未来。最重要的是敢想，敢制订更高的目标，别人才会帮你、成就你，你也才能取得成功。愿本书带来的信息对读者有一些启发和帮助，能让你更好地去迎接那个已经到来但还未普及的未来。祝好运！

14.4　企业大学经典案例分享

摩托罗拉企业大学是国内早期出现的企业大学，和一些著名的培训和咨询机构、优秀的大学和商学院以及企业内的学习组织建立了合作伙伴关系。摩托罗拉大学设有领导力管理学院、营销学院、质量学院、供应链学院和工程学院等五个专业学院，拥有强大的讲师团队和富有经验的咨询专家队伍。讲师来自公司内部、国内和海外学术机构和院校。选择的讲师和咨询专家都曾经是学术带头人、项目领导者，并在摩托罗拉大学有5年～15年的授课经验。很多人目前还在不同领域担任很高的职务。摩托罗拉大学的讲师和咨询专家具有丰富的知识和超前的实践指导经验，讲师的经验源于在摩托罗拉公司长年从事管理工作和担当专业技术骨干的经历，他们的优势在于既懂技术又懂管理，同时自己就是实践者。有些咨询专家在教学、实践和学术方面均有建树。

海尔大学（Haier University）始建于1999年底，互联网时代，海尔发展战略相应调整，由制造产品价值的企业转为制造创客价值的平台。海尔大学的培训基地硬件设施一流，处处散发出浓郁的海尔文化气息，但海尔集团首席执行官张瑞敏指出："企业办大学关键在于其内涵和软件，海尔大学要成为海尔员工思想锻造的熔炉和能力提升的黄埔军校。"在这一思想的指导下，海尔大学重点抓企业文化和模式创新的建设，开始了以"观念、案例、互动、传播、创新"为主线的培训活动，为海尔生态圈创客的培养和输送起到了积极的推动作用。海尔大学以经营战略为先导，聚焦创客加速培养，促进人人创客战略落地，帮助创业者成功创业的同时输出海尔的创新管理模式，吸引一流资源打造学习生态系统，打造创客自助、用户定制的开放的学习资源平台，加速创客孵化及小微转型，在与用户开放并联、实时互动的过程中，激发员工活力，推进小微引爆，推动组织文化转型。海尔大学对员工提供全方位个性化的能力提升解决方案，使员工能自主学习，自主发展，激发每个员工的"创业、创新"精神，让每个人都成为创业者，成为自己的CEO。对企业而言，为企业搭建了一个可持续增值的生态圈；对社会来说，海尔人力资源管理模式树立了互联网时代企业管理的新路标。

后 记

记着还是2015年11月，中创信测的贺清君老师找到我，说中国铁道出版社正在策划一套人力资源管理丛书，希望通过这个平台把我的经验和对管理的理解同大家交流一下。当时没想太多，就想着有一个相互交流、共同学习的机会，二话没说就把这个“任务”接了下来，但是很快因为“无知者无畏”付出了代价。我个人习惯通过直接阅读整本书籍并学习后，获取知识，经验很欠缺，造成基础阅读量不够，但恰恰书籍写作需要构建在一定阅读量的基础上，在这本书写作初期，常常是“巧妇难为无米之炊”，也经历过肚子里面有“货”但是写不出来的阶段。经过一段时期的焦虑、迷茫甚至退缩，最艰难的时候想过放弃，但最后关头，凭借着“还是答应的事请就要尽心尽力地办好，兑现自己承诺”这样的信念，每天强迫自己阅读一定相关信息，每月制定一定量的写作任务，将任务逐一分解，就这样一点点战胜一个又一个的“小山头”后，慢慢地收获了阅读和写作的快乐。

“不忘初心，方得始终。”可以说，在写作的两年时间里，对自己的知识也是一次重新的梳理。客观上使我对人力资源管理培养开发有了更进一步的认识和理解。在实际工作中，很多时候可以应用书中提到的思考方式和处理方法，第一次写书还是小有成就感的！

首先感谢公司各个层级领导给我提供了一个非常棒的工作和学习的机会，没有这样好的机会，很多工作是无从谈起。

其次感谢我热爱的人力资源团队。在本书编写过程中，孙珊、邵燕辅助配合进行大量的文案校对、编辑整理工作。胡琴参与第五章、第十一章的编写工作，王陈实参与第三章、第九章的编写工作，邵燕参与第十二章、第十四章的编写工作，张宏参与第十三章的编写工作。宋天重、徐小涵、刘宇飞参与本书的部分章节整理、企业培训案例整理工作。有效组织团队沉淀实际工作中的管理经验，更广泛阅读业内相关文献、访谈权威大咖、采纳相关参考书籍权威解释，并利用网络资源扩充案例资料进行编著。每次在工作上最艰难的时候，是你们用实际行动给了我最大帮助和支持！这段过程我们一起经历过，相信多年以后回忆起来仍然是最美好的！

感谢书籍写作过程中给予帮助的朋友！特别感谢三人行创始人惠鹏兄弟、积木教育的俊杰姐、Online.edu 的 CEO 王岩、京东方人力资源副总裁陈雷川，太多了，不在这里一一感谢，记在心里！

最后感谢我的家人，书籍牺牲掉了很多陪你们的时间，感觉两年下来最对不起的就是你们，但是你们还是在背后默默给予付出和支持！我爱你们！

感恩！

2020 年 6 月 23 日

北京

参考文献

［1］周俊宏 . 世界 500 强企业培训精粹 [M]. 武汉：华中科技大学出版社，2012.

［2］许丽娟 . 员工培训与发展 [M]. 上海： 华东理工大学出版社，2008.

［3］金延平 . 人员培训与开发 [M]. 2 版 . 大连： 东北财经大学出版社，2010.

［4］马丁 . 培训课程设计与开发 [M]. 北京：中国铁道出版社，2011.

［5］袁燕华 . 培训课程开发与设计案例集 [M]. 北京：人民邮电出版社，2011.

［6］张俊婿 , 韩伟静 . 企业培训体系设计全案 [M]. 北京：人民邮电出版社，2011.

［7］王淑珍 , 王铜安 . 现代人力资源培训与开发 [M]. 北京：清华大学出版社，2015.

［8］王江涛 . 培训能力开发及管理实务 [M]. 上海：复旦大学出版社，2014.

［9］王丽莹， 潘淑贞 . 人力资源培训与开发 [M]. 广州：华南理工大学出版社，2011.

［10］高敬原 . 华为公司培训体系评析 [J]. 企业改革与管理，2013(8).

［11］金延平 . 人员培训与开发 [M]. 大连：东北财经大学出版社，2006.

［12］张剑 . 现代人力资源管理理论与实务 [M]. 北京：北京交通大学出版社，2010.

［13］刘雄飞 . 万科是怎样培养人才的 [J]. 企业文化（上旬刊），2015(8).

［14］所罗门，孙乔 . 培训战略与实务 [M]. 北京：商务印书馆国际有限公司，1999.

［15］于文浩 . 战略性打造企业培训体系的“三重门”：基于业务生命周期视角 [J]. 现代远程教育研究，2017(2).

［16］解祥华 . 现代企业培训的特征与发展趋势分析 [J]. 企业经济，2008(3).

［17］张全忠 . 充分利用企业内部的培训资源：建立企业内部培训师队伍 [J]. 中国人力资源开发，2014(10).

［18］张珊 . 中国企业大学人才培养模式探索 [J]. 现代经济信息，2011(18).

［19］杨述奎 , 叶舟 . 向 NBA 学习 全球管理内训标本 [M] . 北京：地震出版社，2005.

［20］史定军 , 陈岑 . 利用学习地图构建卓越培训体系 [J]. 人力资源管理，2014(4).

［21］彭荣 . 关于中国企业大学培养经济管理人才模式的探索 [J] . 商场现代化，2008(35).

［22］刘彦 . 试论心理学在职工培训中的应用 [J]. 大陆桥视野，2016(10).

读者意见反馈表

亲爱的读者：

感谢您对中国铁道出版社有限公司的支持，您的建议是我们不断改进工作的信息来源，您的需求是我们不断开拓创新的基础。为了更好地服务读者，出版更多的精品图书，希望您能在百忙之中抽出时间填写这份意见反馈表发给我们。随书纸制表格请在填好后剪下寄到：北京市西城区右安门西街8号中国铁道出版社有限公司大众出版中心 王佩 收（邮编：100054）。此外，读者也可以直接通过电子邮件把意见反馈给我们，E-mail地址是：505733396@qq.com。我们将选出意见中肯的热心读者，赠送本社的其他图书作为奖励。同时，我们将充分考虑您的意见和建议，并尽可能地给您满意的答复。谢谢！

所购书名：______________________

个人资料：

姓名：__________ 性别：__________ 年龄：__________ 文化程度：__________

职业：__________ 电话：__________ E-mail：__________

通信地址：______________________ 邮编：__________

您是如何得知本书的：

□书店宣传 □网络宣传 □展会促销 □出版社图书目录 □老师指定 □杂志、报纸等的介绍 □别人推荐

□其他（请指明）______________________

您从何处得到本书的：

□书店 □邮购 □商场、超市等卖场 □图书销售的网站 □培训学校 □其他

影响您购买本书的因素（可多选）：

□内容实用 □价格合理 □装帧设计精美 □带多媒体教学光盘 □优惠促销 □书评广告 □出版社知名度

□作者名气 □工作、生活和学习的需要 □其他

您对本书封面设计的满意程度：

□很满意 □比较满意 □一般 □不满意 □改进建议

您对本书的总体满意程度：

从文字的角度 □很满意 □比较满意 □一般 □不满意

从技术的角度 □很满意 □比较满意 □一般 □不满意

您希望书中图的比例是多少：

□少量的图片辅以大量的文字 □图文比例相当 □大量的图片辅以少量的文字

您希望本书的定价是多少：

本书最令您满意的是：

1.

2.

您在使用本书时遇到哪些困难：

1.

2.

您希望本书在哪些方面进行改进：

1.

2.

您需要购买哪些方面的图书？对我社现有图书有什么好的建议？

您更喜欢阅读哪些类型和层次的书籍（可多选）？

□入门类 □精通类 □综合类 □问答类 □图解类 □查询手册类

您在学习计算机的过程中有什么困难？

您的其他要求：